图文中华史学

明史讲义

孟森 ◎ 著

人民东方出版传媒
People's Oriental Publishing & Media
东方出版社
The Oriental Press

图书在版编目（ＣＩＰ）数据

明史讲义 / 孟森 著 . — 北京：东方出版社 ,2024.3
ISBN 978-7-5207-3276-5

Ⅰ . ①明… Ⅱ . ①孟… Ⅲ . ①中国历史 – 研究 – 明代 Ⅳ . ① K248.07

中国国家版本馆 CIP 数据核字（2023）第 217445 号

明史讲义
（MINGSHI JIANGYI）

作　　者：孟　森
责任编辑：邢　远　徐洪坤
出　　版：东方出版社
发　　行：人民东方出版传媒有限公司
地　　址：北京市东城区朝阳门内大街 166 号
邮　　编：100010
印　　刷：天津旭丰源印刷有限公司
版　　次：2024 年 3 月第 1 版
印　　次：2024 年 3 月第 1 次印刷
开　　本：650 毫米 ×920 毫米　1/16
印　　张：18
字　　数：200 千字
书　　号：ISBN 978-7-5207-3276-5
定　　价：88.00 元
发行电话：（010）85924663　85924644　85924641

总序

中国文化是一个大故事，是中国历史上的大故事，是人类文化史上的大故事。

谁要是从宏观上讲这个大故事，他会讲解中国文化的源远流长，讲解它的古老性和长度；他会讲解中国文化的不断再生性和高度创造性，讲解它的高度和深度；他更会讲解中国文化的多元性和包容性，讲解它的宽度和丰富性。

讲解中国文化大故事的方式，多种多样，有中国文化通史，也有分门别类的中国文化史。这一类的书很多，想必大家都看到过。

现在呈现给读者的这一大套书，叫作"图文中国文化系列丛书"。这套书的最大特点，是有文有图，图文并茂；既精心用优美的文字讲中国文化，又慧眼用精美图像、图画直观中国文化。两者相得益彰，相映生辉。静心阅览这套书，既是读书，又是欣赏绘画。欣赏来自海内外二百余家图书馆、博物馆和艺术馆的图像和图画。

"图文中国文化系列丛书"广泛涵盖了历史上中国文化的各个方面，共有十六个系列：图文古人生活、图文中华美学、图文古人游记、图文中华史学、图文古代名人、图文诸子百家、图文中国哲学、图文传统智慧、图文国学启蒙、图文古代兵书、图文中华医道、图文中华养生、图文古典小说、图文古典诗赋、图文笔记小品、图文评书传奇，全景式地展示中国文化之意境，中国文化之真境，中国文化之善境，中国文化之美境。

这是一套中国文化的大书，又是一套人人可以轻松阅读的经典。

期待爱好中国文化的读者，能从这套"图文中国文化系列丛书"中获得丰富的知识、深层的智慧和审美的愉悦。

王中江

2023 年 7 月 10 日

前言

　　《明史讲义》著于二十世纪三十年代，为孟森先生在北京大学授课时的讲稿，后来由中华书局等多家出版社出版，长期作为各大高校的历史教材。《明史讲义》通篇文言，史料翔实，具有很高的学术价值，是现代明史研究的力作之一。《明史讲义》全书分为总论和各论两编，分别从整体和部分对明朝历史做了细致的解读。

　　孟森先生推崇孟子，其史学观追求"民贵君轻"。所以，他在总体上把民生当作衡量明朝政治成功与失败的关键，在论述上也有所侧重。他把明朝的开国制度看成明朝统治的根本，"故于明一代，当措意其制作；措意明之制作，即当究心于明祖之开国"；他肯定"仁宣之治"，"然两朝之致太平则非虚语，惟尽心民事之效耳。民为邦本，使民所得，即为极治"，他批判武宗、世宗，"四海困穷，天禄永终，理不可易。明祚中衰，以正德、嘉靖为显著，当时尚无人民负担加重，即事业开发加多之学说，其奢俭之为得失犹易考见"。对于崇祯皇帝试图力挽狂澜，他也有独到见解:"当可以恤民时,君臣锐意刻剥,至临殉之日,乃叹曰'苦我民',使早存此一念,以为辨别用人之准,则救亡仍有可望,乃有几微大权在手,即不肯发是心,犹不自承为亡国之君,何可得也!"在今天看来,这些论述仍极具史学研究价值。

此次出版,为兼顾学术性与通俗性,对原著中的部分章节略做删减,以帮助读者简明地梳理出明史脉络。在呈现方式上,书中插有大量精美图画,并附图注,说明其作者、年代、版本、收藏地等信息。在阅读大家之作的同时,也可领略古画之美。

限于水平,如有疏漏之处,还望读者朋友多多斧正。

目录

第一章　开国

中国自三代以后，得国最正者，惟汉与明。匹夫起事，无凭借威柄之嫌；为民除暴，无预窥神器之意。世或言明太祖曾奉韩林儿龙凤年号，为其后来所讳言，此不考史实而度以小人之心者也。明祖有国，当元尽紊法度之后，一切准古酌今，扫除更始，所定制度，遂奠二百数十年之国基。渐废弛则国祚渐衰，至万历之末而纪纲尽坏，国事亦遂不可为。有志之人屡议修复旧制，而君相已万万无此能力，然犹延数十年而后亡。能稍复其旧制者反是代明之清，除武力别有根柢外，所必与明立异者，不过章服小节，其余国计民生、官方吏治，不过能师其万历以前之规模，遂又奠二百数十年之国基。清无制作，尽守明之制作，而国祚亦与明相等。明主中国二百七十七年，清主中国二百六十八年。故于明一代，当措意其制作；措意明之制作，即当究心于明祖之开国。

第一节　太祖起事之前提

　　《明史》断代起于洪武元年，而叙明事者不能以洪武纪元为限，当以太祖起事之始为始。《史》《本纪》如此。陈鹤《明纪》，自注起元顺帝至正十一年，夏燮《明通鉴》起至正十二年，皆与《本纪》相应合。夫言明一代之史，除一支一节之纪述不可胜数外，自以正史为骨干。而变其体，则有《纪事本末》、有编年之《纪》及《通鉴》。《纪事本末》成于《明史》之前，其取材不限于《明史》。后来《明史》

▶明太祖坐像

（明）佚名　收藏于中国台北故宫博物院

朱元璋（1328—1398），初名重八，后更名兴宗，字国瑞，濠州钟离（今安徽凤阳）人。朱元璋年少时家境贫困，没有钱读书，只能为地主放牛来补贴家用。25岁时，朱元璋参加了郭子兴领导的红巾军起义，龙凤七年（1361年）受封吴国公，龙凤十年自称吴王。元至正二十八年（1368年），朱元璋在南京称帝，国号大明，年号洪武，因此其统治时期被称为「洪武之治」。对于贪官污吏的惩治，洪武初年，他曾命人剥了一对贪污父子的皮，制成两面鼓，挂在衙门口，以示警戒。对于朱元璋的评价，历来不一：他曾大力打击贪污，恢复经济，是史上少见的勤政皇帝；但是他通过廷杖大臣、废相、设锦衣卫、大杀功臣等毒辣手段建立起来的维护皇权的政治体制，也为明朝后来内臣宦官专权埋下了隐患。

马皇后像

（明）佚名　收藏于中国台北故宫博物院

孝慈高皇后（1332—1382）马氏，名不详。马氏幼年失怙，12岁时被红巾军首领郭子兴收养，后来朱元璋投靠郭子兴，得其赏识，遂将马氏嫁给了朱元璋。朱元璋被郭子兴猜忌时，没有粮食吃，饿得不行，是马氏偷拿炊饼，藏在怀中给朱元璋吃。据说，因为炊饼刚出锅，很烫，把马氏胸前的皮肤都烫伤了。朱元璋很爱马氏，称帝后，立即册封她为皇后。马皇后生性善良，晚年的朱元璋嗜杀成性，因马皇后常常劝谏，才救下了很多大臣的性命。马皇后病重，朱元璋到处求良医，但她却对朱元璋说：「死生，命也，祷祀何益！且医何能活人乎？」朱元璋听了，便问她还有什么心愿未了，她说：「愿陛下求贤纳谏，慎终如始，子孙皆贤，臣民得所而已。」马皇后去世后，朱元璋再也没有册立皇后。明太祖朱元璋与孝慈高皇后马氏合葬于明孝陵。

既成，清代又以敕修名义成《通鉴辑览》之《明鉴》及《纲目三编》。《明纪》及《明通鉴》乃敢准以下笔。清代之治《明史》者终不免有应顾之时忌，此俟随时提清。今欲知史之本义，莫重于为法为戒。人知明之有国，为明驱除者群雄，不知群雄亦当时之人民耳。何以致人民起而称雄，颠覆旧政府，而使应时而起者得取而代之？此非群雄之所能自为，乃统治人民之元帝室迫使其民不得不称雄，不得不群雄中造就一最雄者而与天下更始也。叙群雄者，以至正八年起事之方国珍为始。其实民得称雄，已为较有知识、较有作用之健者，其人已不肯冒昧首祸犯令于清平之世，一皂隶缚之而遂就法，盖已知纲纪尽弛，行之可以得志而后动也。故推元末之乱本，不能不溯元室致乱之故。

元之武力，自古所无，大地之上，由亚而欧，皆其兵力所到，至今为泰西所震惊。乃入中国不过数十年，遂为极散漫、极脆弱之废物。其故维何？所谓"马上得之，马上治之"，不知礼法刑政为何事。凡历朝享国稍久者，必有一朝之制度。制度渐坏，国祚渐衰。有经久难坏之制度，即有历久始衰之国祚。有周之制度，即有周之八百年；有汉之制度，即有汉之四百年；唐宋皆然。惟元无制度，其享国即在武力之上，其能钳制人民数十年而后动者，即其武力之横绝历代也。元之无制度，若但为其书不传，则亦正有《元典章》等传本，岂知元即有因袭前代之文物，元之当国者正绝不行用。此当从《元史》中于奏疏文求其反证，乃可得之。

顺帝至正三年，监察御史乌古孙良桢以国俗父死则妻其后母，兄弟死则收其妻，父母死无忧制，遂上言："纲常皆出于天，而不可变。议法之吏乃云：'国人不拘此例，诸国人各从本俗。'是汉人、南人当守纲常，国人、诸国人不必守纲常也。名曰优之，实则陷之；外若尊之，内实侮之。推其本心，所以待国人者不若汉人、南人之厚也。

请下礼官有司及右科进士在朝者会议。自天子至于庶人皆从礼制，以成列圣未遑之典，明万世不易之道。"奏入不报。又至正十五年正月辛未，大鄂尔多儒学教授郑咺建言："蒙古乃国家本族，宜教之以礼，而犹循本俗，不行三年之丧；又收继庶母叔婶兄嫂。恐贻笑后世，必宜改革，绳以礼法。"不报。元至至正，已为末一年号，不过数年，濒于亡矣，而犹以夷俗自居，曰"列圣未遑之典"，可知开国以来无不如是。其曰"议法之吏"，则固未尝不言立法，惟法特为汉人、南人设耳。

元之国境广大，民族众多，蒙古谓之国人，中国本部谓之汉人，自余谓之各国人，亦云色目人。色目之中，西藏亦一色目，而又以信佛之故，纵西僧为暴于国中。录《元通鉴》一则为例：

徐达像
选自《历代帝皇名贤像》　佚名

徐达（1332—1385），字天德，濠州钟离永丰乡人。徐达不仅是朱元璋幼年好友，还是朱棣的岳父。徐达有勇有谋，是朱元璋的得力大将，帮朱元璋一路夺下滁州（今属安徽）、和州（今安徽和县）、大都等地，军功赫赫。洪武三年（1370年），被封为魏国公。洪武十七年（1384年），徐达患背疽，次年卒，追封中山王，谥武宁。民间流传他是因功高震主，被朱元璋赐蒸鹅全宴毒杀的（传说患背疽者，忌吃河鹅），但可信度不高。

武宗至大元年戊申正月己丑，西番僧在上都者，强市民薪，民诉于留守李璧。璧方询其由，僧率其党持白梃突入公府，隔案引璧发，捽诸地，棰扑交下，拽归闭诸空室。久乃得脱，奔诉于朝，僧竟遇赦免。未几，其徒龚柯等与诸王妃争道，拉妃堕车殴之，语侵上，事闻，亦释不问。时宣政院方奉诏，言："殴西僧者断其手，詈之者截其舌。"皇太子帝母弟仁宗。亟上言："此法昔所未有。"乃寝其令。

此时尚为元之全盛时代，混一中国未及三十年，其了无制度如此。至元之兵力，西人至今震慑，然考之《史》，元亦并无经久之兵制，一往用其饥穷为暴、胁众觅食之故技，侵掠万里，既得温饱，即伎俩无复存焉，非若历代军制既定，威令久而后渝者比。再录《元通鉴》一则见例：

成宗元贞二年丙申十月，赣州民刘六十聚众至万余，建立名号。朝廷遣将讨之，观望退缩，守令又因以扰良民，盗势益炽盛。江南行省左丞董士选请自往，即日就道，不求益兵，但率掾吏李霆镇、元明善二人持文书以去，众莫测其所为。至赣境，捕官吏害民者治之。民相告语曰："不知有官法如此。"进至兴国，距贼营不百里，命择将校分兵守地待命，察知激乱之人，悉寘于法，复诛奸民之为囊橐者，于是民争出自效。不数日，六十就擒，余众悉散。军中获贼所为文书，具有旁近郡县富人姓名，霆镇、明善请焚之，民心益安。遣使以事平报于朝，博果密召其使，谓之曰："董公上功簿耶？"使者曰："某且行，左丞授之言曰：'朝廷若以军功为问，但言镇抚无状，得免罪幸甚，何功之可言！'"因出其书，但请黜赃吏数人而已，不言破贼事。时称其不伐。

当成宗时，去统一中国仅十余年，元贞二年，距世祖之死仅二年，而蒙古在中国之兵力已如此。有事每倚汉人，惟宰相尚为世祖时顾命旧臣，能容汉人，汉人因亦乐为之用，间有盗乱，旋即平之。至顺帝时之群雄，其起因大有可言矣。《明史》叙群雄以方国珍为始，起于至正八年，顺帝即位之第十四年。其前至元三年，顺帝亦用至元纪年，与世祖同年号，亦其无法度之证。顺帝即位之第五年，广州朱光卿反，汝宁棒胡反，以后各地蜂起，久者亘数年不定。而元之所以处分此事，则蒙古既不足用，又仇汉人使不为用，夫然后群雄乃起，而群雄中遂有明太祖其人，固知能成大事者，非轻逞其一朝之忿者也。其时中国之不能不反元者，据述之如下：

至元三年广州变起之后，四月癸酉，禁汉人、南人、高丽人不得执持军器，有马者拘入官。是为因乱事而益歧视人民。是月，诏省、院、台、部宣慰司、廉访司及部府幕官之长并用蒙古、色目人。是为歧视人民而绝多数人登进之路。五月戊申，诏汝宁棒胡、广东朱光卿、聂秀卿等皆系汉人，汉人有官于省、台、院及翰林集贤者，可讲求诛捕之法以闻。是为以种族之嫌忌，令已仕者皆不安于职。八月癸未，弛高丽执持军器之禁。是为无自卫权者独有汉人。又其前二月己丑，汝宁献所获棒胡弥勒佛小旗、伪宣敕，并紫金印、量天尺，时大臣有忌汉官者，取所献班地上，问曰："此欲何为邪？"意汉官讳言反，将以罪中之。侍御史许有壬曰："此曹建年号，称李老君太子，部署士卒以敌官军，反状甚明，尚何言？"其语遂塞。是又以逆臆之心料汉官或为汉人轻减反者罪名，则可将汉官皆坐以逆党，而一律铲除之以为快。是岁，巴延请杀张、王、刘、李、赵五姓汉人，帝不从。是为宰相起意屠戮汉人，先就人数最多之姓为始。以姓分应杀不应杀，设想已极不道，帝虽不从，此风声已不可令天下闻矣。后于至正十一年，巴延已败，托克托代为相。六月，《通鉴》又书云："丞相托克托议军事，每回避汉人、南人；方入奏事，目顾同列，韩伯高、韩大雅随后来，遽令门者勿纳。入言曰：'方今河南汉人反，宜榜示天下，令一概剿捕。蒙古、色目因迁谪在外者，皆召还京师，勿令诖误。'于是榜出，河北之民亦有变而从红军者矣。"红军者，是年刘福通起，用红巾为号，谓之红军。未几，芝麻李、徐寿辉相继起，皆用红巾，红军遂遍各行省。明年，郭子兴起于濠，濠为太祖所居，遂亦相从而走险矣。《明史》所立群雄之传，以方国珍为起事之最先，其以前之旋起旋灭者不计，即其以后如芝麻李之不久为元所灭者亦不计，以太祖所托始之故，郭子兴不但有传，且序于群雄之首。所为传者共八人，其后三人：扩廓帖木儿、陈友定，虽起自义兵而能自发展，与群雄略

常遇春像
选自《历代帝皇名贤像》 佚名

常遇春（1330—1369），字伯仁，号燕衡，南直隶怀远（今属安徽）人。常遇春体貌雄伟，性格沉毅果敢，且统军有方，史载他「爱抚士卒」「每与敌战，出则当先，退则殿后，未尝败北，士卒乐为之用」，被誉为「天下奇男子」。他曾说「我率十万人便可横行天下」，人送绰号「常十万」。朱元璋评价其「虽古名将，未有过之」。投靠朱元璋后，在采石一战成名，升为元帅。后来，又帮助朱元璋打败了陈友谅和张士诚，与徐达一起攻克大都。攻占元上都后，凯旋途中，常遇春暴病而亡。朱元璋闻讯写诗痛悼：「忽闻昨日常公薨，泪洒乾坤草木湿。」追封其为开平王，谥号忠武，陪葬孝陵。

同。然既尽忠于元，在明代修《元史》时当入之，如扩廓之义父察罕帖木儿，已入《元史》矣，扩廓事亦附见。但从顺帝出亡后，尚有屡图兴复之兵，《元史》竟截去不载。友定之殉元，尚在顺帝未遁之时，何以亦不与察罕为同类？至把匝剌瓦尔密，尤为元之宗室，据其封国，不肯降明而死，何为与群雄同列？《元史》无宗室传，故不辑为有系属之传，然有《诸王表》，亦未于云南王忽哥赤之后列至把匝剌瓦尔密，遂以最后殉国之宗王，亦不入《元史》。至《明史》乃纪之为群雄之列。清修《明史》因之，于《明史》中列元臣传。清又于《明史》中遗张煌言、李定国、郑成功等，今乃入《清史稿》。此与明修《元史》有意漏落扩廓等若相应和。此一异也。

第二节　太祖起事至洪武建元以前

　　三代以下，名为禅让，实乃篡夺，得国惟以革命为正大。革命之起，急于称帝称王者，篡夺之心理也，惟以吊民伐罪为号召，则必不以己身之名号驾乎为国为民之上。亦有虽不知革命意义，而自量其不足争名号，惟挟其狡健乘乱以侥一时之利者，若群雄中之方国珍，不称名号，而反侧甚久，虽无大志，究不失自知之明，其卒以善终，即其智足自卫。至元之遗忠，由《明史》强列于群雄者，自当别论，其余则无不急于窃号以自娱。太祖依郭子兴以起，子兴起于濠州，与孙德崖辈四人局处一城，未久即为芝麻李余党彭大、赵君用所凌占。彭、赵据濠以称王，子兴反恃太祖得滁而走依之，然即欲称王于滁，为太祖劝阻而勉辍，遂无聊而死。至太祖既下集庆，元集庆路，太祖改应天，即今南京，又得沿江诸郡，始设元帅府及行中书省，自总省与府之事以统军民之政，不过仍元代官署之名为治理之作用而已。元惟仇视汉人，于南人尤甚。太祖起自南方，所至礼其贤隽，得徽州后，邓愈荐徽儒李升，召问治道，对以"高筑墙""广积粮""缓称王"三语，太祖善之。就此三语，即可见非当时群雄所能了解。高筑墙，则非流转飘忽之劫盗；广积粮，则非妨农旷土随地因粮之饥军，必如此而后可以救离乱；再以缓称王为不窃名号之表示。太祖善之，此实可信其非浮慕，有事实可证也。至正十六年三月，始下集庆，前一年，先由和州取太平，其间分徇近邑，兵事正剧，乃十七年五月，《纪》书："上元、宁国、句容献瑞麦。"其急倡农务可知。十八年二月，太祖以军兴民失农业，乙亥，以康茂才为营田使。此皆并世所无之事，不惟倡乱之群雄所未暇，即元之行省又何尝念及此也。至称号一事，终以仍用元代官名无从表异于为元之义军，故于十六年七月称吴国公，而先于十五年奉韩林儿之通檄用宋年号，此非心服刘福通及林儿，为种族之见，人心思宋，奉宋则名义较安耳。嗣后，至林儿为张士诚军所覆灭，福通见杀，太祖以林儿归，时已至正二十三年，陈友谅败死、张士诚穷蹙之后，乃用林儿名义，进号吴王，犹用林儿龙凤年号。至二十七年，乃以吴纪年，仍无年号，则在林儿已死之后也。林儿本由太祖救安丰时拨回，置之滁州。二十六年，遣廖永忠迎归应天，至瓜步，覆其舟，林儿死。《永忠本传》言："帝以咎永忠。及大封功臣，谕诸将曰：'永忠战鄱阳时，忘躯拒敌，可谓奇男子，然使所善儒生窥朕意，徼封爵，故止封侯而不公。'"此可知永忠自希太祖旨，而太祖竟无意于此，特林儿本毫无可拥之骏竖，生死不足计，不以此正永忠之罪耳。太祖自始非受林儿丝毫庇荫，非借林儿丝毫权势，天下大定，若林儿不死，太祖必有以处之。如汉如夏，力屈来降，犹封以侯爵；郭子兴则追封王爵；若封林儿亦必比于滁阳，及身而止，岂虑其尚有余焰复燃邪？廖永忠之瓜步沉舟，实为多事，然太祖若正其罪，反拟以名分归林儿，亦可不必，但心鄙之而已。后来儒生以太祖初用龙凤年号为失策，如《明通鉴》所论，其实亦重视空文，所见与廖永忠相类。总之，不足深论也。

至其戡乱之成功，应外来之机会者半，恃自有之胜算者亦半。当微弱之时，不无以身试验之事；逮规模稍定，即纯以法度裁之，无侥幸求济之事，此为数百年基业所由奠，非奸雄规一时之利者所能及也。太祖当困极为僧之日，居濠之皇觉寺，红军已遍起于徐、颍、蕲、黄，郭子兴以濠应之。太祖思避兵，卜于神，谋所向，去留皆不吉；卜从乱，乃大吉。此非真听命于神也，元之可取，明者知之，但匹夫能否取而代之，此非人谋所能料，从乱军以救死，毫无凭借，将依倡乱之人为凭借，其人又非素有倚信之人，欲往从之，只可以济否托诸命运，故以卜决疑。读史者不当信其卜之有神，但窥其当疑而疑，便非奸人走险举动。夫子兴则平常一倡乱者耳，收容太祖非有真知，猜疑太祖亦无定识，幸自始即得其以养女马公女相配，所配又即最有意识之高皇后，得向子兴妻时时调护，而太祖乃由子兴所任军职之名义外出收军，豪杰归向，一朝开国诸元勋大半结纳于此时。人才之所由聚，大抵由元忌南人，南人尤多在草泽，特无可与共事之人而未出耳。共有效死之计，得可信重之人而效命，宜其相踵而至耳。在子兴军中有亲冒矢石之危，且曾为孙德崖军所执而欲加害，有张姓者力止之，乃与子兴所执之德崖交换释还，此皆微弱时之不无赖有天幸也。

既得应天，领有江南数郡之地，斯时应付三方，其于中原，则纯恃机会。元之兵虽窭败，若得肯奉职之将，究以朝命征调，国威震慑，绝非倡乱者所易敌。脱脱以丞相督师，一平芝麻李如拾芥，再攻张士诚，几下其都高邮州城，以谗去，士诚乃幸免。前平芝麻李时，李余党遁入濠州，脱脱遣贾鲁围濠，亦几陷，贾鲁忽以暴疾卒，围解，否则郭子兴一军亦无噍类，太祖或与并尽矣。脱脱亦已非元臣之知大体者，然尚有为元用命之心，元帝信谗窜逐之，后惟荒淫无道，邪僻用事。刘福通红军四出，其将关先生、破头潘、冯长舅、沙刘二、王士诚趋晋、冀，遍及山西，分出京东，毁上都宫殿，上都为元世祖始都，即今多伦地，从此元帝无北巡之事，陷辽阳，直抵高丽；白不信、大刀敖、李喜喜趋关中，陷兴元，今汉中南郑，入凤翔，为察罕帖木儿所破，乃入蜀，又分陷宁夏、灵武诸边地；毛贵出山东北犯，元义兵万户田丰亦降福通，遍陷山东诸郡，合毛贵逼畿辅，顺帝至议迁都，遍征四方兵入卫；福通自出没河南北，取宋旧都为韩林儿都，宋之名号行于中国者大半。元之国势如此，自无暇复问江左，惟义兵中有察罕一军，力遏红军，由陕东下，破宋都，又平山东，几欲荡定中原，骎骎南下。太祖亦已遣使通好，察罕报书而留使不遣。未几，察罕为降人田丰等所刺死，子扩廓仍统其军，来归前使。其时元命户部尚书张昶、郎中马合谋来授太祖为江西行省平章政事，太祖以察罕已死，不受命，杀马合谋，留张昶用之。扩廓虽能继察罕之事，而与察罕同起事者不服，又元将之稍能军者孛罗帖木儿日夜与扩廓相攻，以故太祖终无北顾忧。逮孛罗挟元帝肆虐见诛，元亦不可为矣。此所谓予太祖以机会者也。

至陈友谅、张士诚二敌，实为太祖蕢除之资。太祖起淮西，士诚起淮东；太祖取集庆，士诚取平江。江左一隅，同时分占，旁收列郡，所在接触。友谅则在长江上游，以池、太之间为兵冲。以兵力言，陈悍于张；以战事言，张繁于陈。常情必悉力于张矣，太祖则知张为自守虏，陈锐于展拓，急攻张则陈必合而相图；急攻陈，张不遽合，后顾之忧较缓，故反诱友谅速来。友谅与太祖将康茂才有旧，茂才亦新自集庆降太祖，太祖使其以愿为内应诱友谅直趋建康。当是时，友谅来侵，势张甚，欲迎敌，则虑其偏师缀我，乘建康之空虚，顺流捷下，覆我根本，诸将至有议乞降者。太祖与刘基决策，诱其深入，设伏以待于境，大破之。士诚自惧，不敢动。此以筹略胜也。既乘胜略定上游列郡，而士诚又自淮东攻安丰，今寿县，时韩林儿之汴都为察罕所破，刘福通挟以退安丰，太祖虑士诚得安丰则难制，急救安丰，刘基劝阻，不听。士诚将吕珍已攻杀福通，太祖击退珍，取林儿归置滁州，弃安丰不守，为元将竹昌等所袭取，亦听之。友谅先据龙兴，为江西要地，至是已降太祖，友谅急攻之，朱文正、邓愈等力守不下，太祖自安丰归后救之，大战鄱阳湖中。史载太祖危而获济，有刘基促太祖易舟免炮击、周颠用洞元术祭风、张中预克决胜时日诸异迹，此皆不足深论。惟太祖于胜后谢刘基，谓："不听劝阻，从事安丰，使友谅不顿兵于洪都，太祖取龙兴，改名洪都，后改南昌，直取建康，则大事去矣。"此则亦微有侥幸也。友谅以此役中流矢死，其太尉张定边自军中挟友谅之子理回武昌，僭帝号，明年亦降。于是士诚益无能为。士诚先以其弟士德为太祖所获，士德为略取浙西最有力之人，被擒，大沮丧。太祖欲留士德招士诚，士德密通信士诚，令降元以图建康，不食而死。士诚因去号受元官，又不能守臣节，后平江既破，家属自焚死，士诚亦自缢，其兄弟皆不屈。友谅、士诚皆平，方国珍自降，于是克福建，陈友定徇节仰药死，徐达等北伐，遂入大都，元帝北遁。是年，太祖始建元洪武，克大都，则洪武元年之八月庚午也。先是，上年十月，既平张士诚，即议北伐，常遇春谓："南方已定，兵力有余，直捣元都，都城既克，余皆建瓴而下。"太祖曰："元建都百年，城守必固，悬师深入，顿于坚城之下，馈饷不继，援兵四集，非我利也。先取山东，撤其屏蔽；旋师河南，断其两翼；拔潼关而守之，据其户槛。天下形势，入我掌握，然后进兵元都，彼势孤援绝，不战而克。既克元都，鼓行而西，云中、九原以及关、陇，可席卷而下。"于是北伐以山东为始。洪武元年二月，山东悉平，移师河南，四五月间，行省平章梁王阿鲁温送款，<small>阿鲁温即察罕帖木儿之父也。</small>迭克陕、虢，遂取潼关，关中诸将李思齐、张良弼辈四窜。声援已绝，进取元都，太祖谕徐达："克城之日，毋掳掠，毋焚荡，毋妄杀人，必使市不易肆，民安其生，凡元之宗戚，皆善待之。"以闰七月规取河北，兵不留行，拒战甚少。是月二十七日丙寅，遂入通州，元主宵遁。八月二日庚午，师至元都齐化门，即填濠登城而入，仅执杀监国宗室淮王帖木儿不花、太尉中书左丞相庆童等数人，封府库及图籍宝物，故宫殿门，以兵守之，宫人妃主，令其宦寺护视，号令士卒无侵暴，人民安堵。是为明祖代元有国之日。就《明史》言，以洪武纪元为始；就历代史书系统言，则以大都克后为元亡，乃成统一之明帝国也。

其开国之兵事，虽不能截清于元亡以前，然亦大致已定。此后成两种事状：一、迅扫之余孽；二、永久之防御。平汉、平吴、平闽，已略叙于前。元之两广，广东属江西行省，广西属湖广行省，广西又辖海北海南道及播州安抚司，盖以南方荒服视之也。平汉之后，已取江西、湖广两行省，然未暇遽问两广。至吴元年，即至正二十七年，十月，始命湖广行省平章杨璟取广西。而取广东则海道为便，故于平闽之师既取福建沿海诸郡，即移水师入广东，事在洪武元年，即至正二十八年。二月，广西稍有战事，广东则元左丞何真保境归降。何真亦由义兵起，平诸郡乱，元遂授以江西行省之广东左丞，有威惠，为众所归，知明祖之能定中国，兵至即降。取广东之师在后，而广东反先平，会湖广之师定广西，真之力也。两广之平，亦在洪武元年之秋，与北伐克元都为同时。至蜀与滇，仅能自守，无意于境外之事，故至洪武四年而后平蜀，洪武十四五年而后平滇。此皆有征无战，以不嗜杀之心俾定于一而已。北方则大都下后，王保保即扩廓帖木儿。方据山西，奉元帝诏图恢复，出兵攻大都。徐达不与迎敌，委大都于守将孙兴祖、华云龙，先本奉诏入山西。元年十一月，王保保兵由雁门缘边向北平，明取大都，改名北平，达军乘虚取太原，保保还救，又大败，保保走甘肃，山西遂平。二年三月，移兵入陕西，时陕西直辖甘肃境，其兵皆察罕同起之李思齐所统，大军以次削平，或降或斩，至是年八月，陕西悉平。惟保保入甘肃后，拥兵塞上，犹时时扰西北边。三年正月，再命徐达、李文忠、冯胜、邓愈、汤和等大发兵肃清沙漠。六月，大破保保兵，擒故元王公贵官一千八百余人，士卒八万四千余人，马驼杂畜巨万计。保保挟妻子奔和林，而元主于四月丙戌崩于应昌，子爱猷识里达腊嗣。元主为宋少帝入元后所生之子，生于元仁宗延祐七年庚申，距宋太祖开国之年为第六庚申。先是相传宋太祖因陈抟有"怕听五更头"之言，故全宫中四更末即转六更，终宋世皆然。六更者，更鼓将尽，作繁声以结之，谓之虾蟇更。宋祖未悟更之为庚，后于第五庚申而元世祖即位，越十七年而灭宋，第六庚申而顺帝生，遂以亡元，仍为汉人所得。帝北遁之次年，太行隐士葛溪权衡作《庚申外史》著其事。明祖诏书中亦称顺帝为庚申君；又诏宁王权编《通鉴博论》，直书瀛国外妇之子，绵延宋末六更之谶。清代学者颇主此说，全谢山并详考《元史》中，帝之生于塞外，及文宗徙之高丽，再徙广西，谓非明宗之子，帝即位，追封其生母迈来迪后及以皮绳马尾拴召虞集之事，佐证实多，非汉人思宋而托为此言以自慰也。爱猷识里达腊早为太子，嗣位于应昌，时李文忠追元主，克兴和，取开平，兴和、开平皆在宣府。开平为元之上都，非今滦州之开平。闻元主崩，疾趋应昌。元嗣主再北遁和林，用王保保自辅。文忠获元帝孙买的里八剌及后妃诸王官属数百人，得宋元历代册宝等物，驼马牛羊无算，穷追至北庆州而还，又降元兵民数万。王保保辅元嗣主，屡扰边。五年正月，再命徐达等北征。五月与王保保战，败绩，死数万人，自是明兵不复大举出塞。八年，王保保卒。元嗣主篡夺相寻，十余年而五易其主。自二十年平海西，元左丞纳哈出降，元无复治理中国遗迹，亦遂去帝号而称汗。终明之世，时而顺服，时而侵扰，以致九边设备，解严之岁较稀。凡此皆濠、滁起事以来，以武戡乱之余波，故虽延及洪武年间，仍附于开国以前之武事，以明其所谓马上得之者如此。

第三节 明开国以后之制度

自有史以来，以元代为最无制度，马上得之，马上治之。当其清明之日，亦有勤政爱民，亦有容纳士大夫一二见道之语，然于长治久安之法度，了无措意之处。元以兵力显，试观《元史·兵志》，止有金军、补军、调军、遣军之法，别无养军、练军之法，是仍裹胁趋利之故技，其他非所问也。元以兵耀万古，于兵之无制度且然，其他刑罚、食货，一切苟简，所谓无规矩而信离娄之明、公输子之巧，无六律而任师旷之聪者也。明承法纪荡然之后，损益百代，以定有国之规，足与汉唐相配。唐所定制，宋承之不敢逾越；明所定制，清承之不敢过差，遂各得数百年。明祖开国规模，惟《纪事本末》立有专篇，欲录之不胜录也，且即尽录之，亦尚未足见太祖制度之真相也。史载一朝之制度，各为专志，古人言："读史要能读志。"此说是矣，然即读志而仍未能了然也。今于明祖创意所成之制度，于史志以外，略举他书，疏通证明之，见明祖经理天下之意。以一二端为例，学者可循是以求之。

国之兴亡系于财之丰耗，阜财者，民也；耗财者，军也。此就经制之国用言。若夫无道之糜费，如土木、淫祀、私恩设官、后宫滥赏，一切不如法而人人知为弊政者，不在议论之列。先言民事。

《食货志》：太祖籍天下户口，置户帖、户籍，具书名、岁、居地，籍上户部，帖给之民，有司岁计其登耗以闻。及郊祀，中书省以户籍陈坛下，荐之天，祭毕而藏之。其视户籍之重如此。洪武十四年，诏天下编赋役黄册，以一百十户为一里，推丁粮多者十户为长，余百户为十甲。甲凡十人，岁役里长一人，甲首一人，董一里一甲之事，先后以丁粮多寡为序。凡十年一周曰排年，在城曰坊，近城曰厢，乡都曰里。里编为册，册首总为一图。鳏寡孤独不任役者，附一甲后为畸零；僧道给度牒，有田者编册如民科，无田者亦为畸零。每十年有司更定其册，以丁粮增减而升降之。册凡四：一上户部；其三则布政司、府、县各存一焉。上户部者册面黄纸，故谓之黄册，年终进呈，送后湖东西二库庋藏之，岁命户科给事中一人、御史二人、户部主事四人厘校讹舛。其后黄册只具文，有司征税编徭则自为一册，曰白册。

按，此段又见《范敏传》。为敏所定之法，文字略同。惟文意当申言之，云："每十年有司更定其册。"又云："黄册年终进呈，岁命给事中、御史、主事等官厘校诖舛。"则十年造册，乃年年有所更改，阅十年而清造一次，非十年中不动也。其后黄册为具文，自指太祖以后。当太祖时，户部与司、府、县均直管此册，并郊祀荐天。黄面以充御览，遣科道司官负厘校之责，若有发觉飞洒诡寄之弊，干连者众，并且常在御览之中，夫子视此为国本，荐于郊祭。其后，造册之制，由清袭用而延至于今，惟黄册早为具文，已浸失太祖重民之恉矣。

洪武四年九月丁丑，帝以郡县吏每额外征收，命有司料民田，以田多者为粮长，专督其乡赋税。粮万石，长副各一人，输以时至，得召见，语合，辄蒙擢用。八年十二月，并定粮长有杂犯死罪及流徙者，许纳铜赎罪。

按，明粮长之制，屡革屡复而终革，原其为制，非永制也。始以定里长之法而革粮长，以里长代之，旋又复。景泰间，革湖广及江北各府及福建等处粮长。自都北京后，南粮运道太远，宣德间改军民兑运，民运止达淮安瓜洲，兑与卫所官军，运载至北，粮长更无召见之路。后来非官累粮长，即粮长扰民，革之犹不尽，时时赖臣工条列其弊，以禁令为之补救而已。然在太祖定法，则以此为天子自与人民亲接之一端，见之史者，如《孝义·郑濂传》。濂以粮长至京，帝问治家长久之道，对曰："谨守祖训，不听妇言。"帝称善。据《今言》，洪武时又有诏天下民年五十以上来朝京师，访民疾苦，有才能者拔用之；其年老不通治道，则宴赍而遣之。自是来者日众。二十六年，诏免天下耆民来朝，则见《本纪》。此则来者任其自愿，不用其言，亦邀宴赍，其来遂无限制，久而不得其益，乃罢之。此皆惟太祖可行之制。充太祖亲民之意，不欲专就选士俊士中求言，绝非后来帝阍难扣之象，而一时浮收中饱、惠泽不下之弊，早不禁而自绝矣。

《元通鉴》：至正二十六年二月辛巳，吴下令禁种糯稻，以塞造酒之源。

洪武元年，太祖初立国，即下令：凡民田五亩至十亩者，栽桑、麻、木棉各半亩，十亩以上倍之。麻，亩征八两；木棉，亩四两；栽桑，以四年起科。不种桑，出绢一匹；不种麻及木棉，出麻布、棉布各一匹。此农桑丝绢所由起。九年，定布绢与米麦相折之价。

按，此用《食货志》文。据《杨思义传》，为思义任户部尚书所请定。当时四方军事正亟，而劝课之为尤亟如此，乌有听其荒废或任种有害之物之理。

十四年，上加意重本抑末，下令：农民之家，许穿绸纱绢布；务贾之家，止许穿布；农民之家，但有一人为商贾者，亦不许穿绸纱。出《农政全书》。十八年，谕户部曰："人皆言农桑衣食之本，然业本必先于黜末，自什一之涂开，奇巧之技作，于是一农执末而百家待食，一女躬织而万夫待衣，欲民之毋贫，得乎？朕思足食在于禁末作，足衣在于禁华靡，宜令天下四民，各守其业，不许游食，庶民之家不许衣锦绣。"出《洪武宝训》

按，阜民以节俭为始，治世皆然，何论国难。但必非在上者以奢导民，而徒以禁令束民所能使其耳目归一，不自厌其质朴也。姑就《纪事本末》所载者证之，至正二十六年，时太祖尚称吴王，六月，命有司访求古今书籍，因谓侍臣詹同等有曰："每于宫中无事，辄取孔子之言观之，如'节用而爱人，使民以时'，真治国良规。孔子之言诚万世师也。"十二月，以明年为吴元年，建庙社，立宫室，己巳，典营缮者以宫室图进，太祖

明代服饰（女）

明代服饰（男）

见雕琢奇丽者命去之，谓中书省臣曰："千古之上，茅茨而圣，雕峻而亡。吾节俭是宝，民力其毋殚乎？"吴元年至正二十七年，九月癸卯，新内三殿成，曰奉天、华盖、谨身。左右楼曰文楼、武楼。殿之后为宫，前曰乾清，后曰坤宁，六宫以次序列，皆朴素不为饰。命博士熊鼎类编古人行事可为鉴戒者，书于壁间；又命侍臣书《大学衍义》于两庑壁间。太祖曰："前代宫室，多施绘画；予用此备朝夕观览，岂不愈于丹青乎？"是日，有言瑞州出文石，可甃地。太祖曰："敦崇俭朴，犹恐习于奢华，尔不能以节俭之道事予，乃导予侈丽！"言者惭而退。洪武元年三月乙酉，蕲州进竹簟，命却之，谕中书省臣口："古者方物之贡，惟服食器用，无玩好之饰；今蕲州进竹簟，未有命而来献，天下闻风，争进奇巧，则劳民伤财自此始矣，其勿受。"仍令四方："非朝廷所需，毋得妄献。"八月，有司奏造乘舆服御诸物，应用金者特命以铜为之，有司言："费小不足惜。"上曰："朕富有四海，岂吝于此？然所谓俭约者，非身先之，何以率下？且奢侈之原，未有不由小至大者也。"十月甲午，司天监进元所置水晶刻漏，备极机巧，中设二木偶人，能按时自击钲鼓。上览之，诏侍臣曰："废万几之务，用心于此，所谓作无益害有益也。"命左右碎之。先是至正二十四年，平汉后，江西行省以友谅镂金床进，太祖观之，谓侍臣曰："此与孟昶七宝溺器何异耶？一床工巧若此，其余可知，穷奢极侈，安得不亡？"命毁之。十二月己巳，上退朝还宫，太子诸王侍；上指宫中隙地谓之曰："此非不可起亭台馆榭为游观之所，诚不忍重伤民力耳。昔商纣琼宫瑶室，天下怨之；汉文帝欲作露台，惜百金之费，当时国富民安。尔等常存儆戒！"六年十一月，潞州贡人参。上曰："人参得之甚艰，毋重劳民，往者金华进香米，太原进葡萄酒，朕俱止之，国家以养民为务，奈何以口腹累人？"命却之。凡此皆洪武初年之事。太祖惟率先恭俭，而后立法以整齐一国，则人已以朴为荣，以华为辱矣，况复有法令在耶！其中如毁元官刻漏一事，此亦中国巧艺不发达之原因；但使明祖在今日，亦必以发展科学与世界争长，惟机巧用之于便民卫国要政，若玩好则仍禁之，固两不相悖，决不因物质文明而遂自眩其耳目。

二十年，命国子生武淳等分行天下州县，随粮定区，区设粮长四人，量度地亩方圆，次以字号，悉书主名及田之丈尺，编类为册，状如鱼鳞，号曰鱼鳞图册。先是黄册之制，以户为主，详具旧管、新收、开除、实在之数，为四柱式；而鱼鳞图册以土田为主，诸原、坂、坟、衍、下、湿、沃、瘠、沙、卤之别毕具。于是以鱼鳞册为经，凡土田之讼质焉；黄册为纬，凡赋役之法定焉。其有质卖田土者，备书其税粮科则，官为籍记之，于是始无产去税存之患。

鱼鳞区图之制，为田土之最要底册，明祖创之，清代仍用，然在江南则有之，江苏之江北即不能皆具。要之，此法沿自明代，今各国之所谓土地台账，即此法也。明于开国之初，即遍遣士人周行天下，大举为之，魄力之伟大无过于此。经界由此正，产权由此定，奸巧无所用其影射之术，此即科学之行于民政者也。当时未措意科学，而尽心民事者自与之暗合；苟不勤民，即科学发达，人自不用，此以见政治科学即由勤政精思以得之耳。

又以中原田多荒芜，命省臣议，计民授田，设司农司，开治河南，掌其事。临濠之田，验其丁力，计亩给之，毋许兼并。北方近城地多不治，召民耕，人给十五亩，蔬地二亩，免租三年。每岁，中书省奏天下垦田数，少者亩以千计，多者至二十余万。官给牛及农具者，乃收其税；额外垦荒者，永不起科。设司农司在三年五月，时中书省犹未废，故志文如此。二十六年，核天下土田，总八百五十万七千六百二十三顷，盖骎骎无弃土矣。

以上两节皆《食货志》文。再证以列传中事实，《循吏·方克勤传》：洪武四年，以方克勤为济宁知府。时中原初定，诏民垦荒，阅三岁乃税，吏征率不俟期，民以诏旨不信，辄弃去，田复荒。克勤与民约，税如期，区田为九等，以差等征发，吏不得为奸，野以日辟。盖虽有诏，而奉行仍赖良吏，惟贤有司得行其志。可见诏旨未尝不信，但吏奸宜戢耳。至二十六年而奏大效，殆仍以贤有司不易得乎？克勤，方孝孺之父也。

观明祖之劝课农桑，作养廉俭，已足藏富于民矣。夫其军事方呕，大军四出，取天下而统一之，华夏略定，又有出塞大举，加以百废待举，建官署，设兵卫，坛庙宫殿，城垣仓庾，学校贡举，颁爵制禄，时当开创，虽洪武中叶，兵事粗定，而需费浩繁，取于民者似不容缓，且当时专仰田赋，盐法则借开中以代转运，不为帑项之所取盈。乃自吴元年起，陆续免征，正在军事旁午之际，至十三年，并普免天下田租，其余部分之蠲免，且有一免累数年者。盖足国之要在垦土，有土此有财；丰财之要在自克其欲，移挥霍于私欲者以供国用，则虽用军之际，不但军给而并时时有以惠被兵之民，此为定天下之根本。兹汇举明祖开国时蠲赋之事略如下：

至正二十五年，常遇春克赣州。汉将熊天瑞守赣，常加赋横敛民财，及其降，有司请仍旧征之，太祖曰："此岂可为额耶？"命亟罢之，并免去年秋粮之未输者。《元通鉴》。

吴元年至正二十七年，正月乙未，谕中书省："太平、应天诸郡，吾创业地，供亿最劳。"戊戌，下令："免太平租二年，应天、镇江、宁国、广德各一年。"

五月，令："徐、宿、濠、泗、寿、邳、东海、安东、襄阳、安

《南都繁会景物图》卷

佚名 收藏于国家博物馆

朱棣迁都北京后，南京虽为留都，但只起到象征性作用。《南都繁会景物图》中，有1000多个不同身份的人物，109个商铺招牌，从侧面反映了明代南京城市商业的盛况，比起北京，并不逊色。

陆等郡县，及自今新附之民，皆复田租三年。"

六月戊申，赐民今年田租。自五月旱，减膳素食，及是日大雨，群臣请复膳，乃有是令。

洪武元年正月甲申，诏遣周铸等一百六十四人往浙西核实田亩，谕中书省臣曰："兵革之余，郡县版籍多亡，今欲经理以清其源，无使过制以病吾民。夫善政在于养民，养民在于宽赋。其遣周铸等往诸府县核实田亩以定赋税，此外无令有所妄扰。"

按，此出《纪事本末》。据《明史·章溢传》，处州田赋，以军兴加至十倍。至是复旧。又《刘基传》，处州粮复旧，视宋制犹亩加五合，惟青田不加，太祖曰："使伯温乡里世世为美谈也。"处州非浙西也，元之浙西道廉访司辖杭、嘉、湖、严、苏、松、常、镇、太各属地。《食货志》："初，太祖定天下官民田赋，凡官田，亩税五升三合；民田，减二升；重租田，八升五合五勺；没官田，一斗二升。惟苏、松、嘉、湖，怒其为张士诚守，籍诸豪族及富民田以为官田，按私租簿为税额，而杨宪为司农卿，又以浙西膏腴，亩加二倍，故浙西官民田赋视他方倍蓰，亩税有二三石者。大抵苏最重，嘉、湖次之，杭又次之。"志文如此。盖至是始遣铸等往核，其后迭有轻减，而至今犹为田赋独重之地。太祖以喜怒用事，是其一失，然究是对于偏隅，其大体固能藏富于民，深合治道也。

二月乙丑，命中书省定役法。上以立国之初，经营兴作，恐役及贫民，乃议验田出夫。于是省臣议：田一顷，出丁夫一人，不及顷者，以别田足之，名曰均工夫。寻编应天十八府州、江西九江、饶州、南康三府均工夫图册。每岁农隙，赴京供役三十日，遣归。其田多而丁少者，以佃人充夫，而田主出米一石资其用；非佃人而计亩出夫者，亩资米二升五合。

按，此为古法。地与丁皆民所应输于国，至清代康、雍两朝，摊丁于地，始不复计丁，而人口亦愈难统计矣。

闰七月，诏免吴江、广德、太平、宁国、和、滁水旱灾租。

二年正月庚戌，诏曰："朕淮右布衣，因天下乱，率众渡江，保民图治。今十有五年，荷天眷佑，悉皆戡定。用是命将北征，齐、鲁之民，馈粮给军，不惮千里，朕轸厥劳，已免元年田租，遭旱，民未苏，其更赐一年。顷者，大军平燕都，下晋、冀，民被兵燹，困征敛，北平、燕南、河东、山西今年田租，亦予蠲免。河南诸郡归附，久欲惠之，西北未平，师过其地，是以未遑。今晋、冀平矣，西抵潼关，北界大河，南至唐、邓、光、息，今年税粮悉除之。"又诏曰："应天、太平、镇江、宣城、广德，去岁蠲租，遇旱，惠不及下，其再免诸郡及无为州今年租税。"

三年三月庚寅朔，诏免南畿、河南、山东、北平及浙江、江西广信、饶州今年田租。是月戊戌，蠲徐州、邳州夏税。

四年正月戊申，免山西、浙江被灾田租。二月，免太平、镇江、宁国田租。五月，免浙江、江西秋粮。八月甲午，免中都、扬州、淮安及泰、滁、无为等州田租。十一月，免河南、陕西被灾田租。

是年十二月，汉中府知府费震坐事逮至京师。震，鄱阳人，以贤良征为吉水知州，有惠政，擢守汉中。岁凶多盗，震发仓粟十余万石贷民，约以秋成收还，民闻皆来归，邻境民亦争赴之。震令占宅自为保伍，籍之得数千家。上闻其事，曰："此良吏也，宜释之以为牧民者劝。"越二年，证实钞局提举，擢震任之。十一年，帝诏吏部曰："资格为常流设耳,有才能者当不次用之。"超擢者九十五人,而拜震户部侍郎,寻进尚书,奉命定丞相、御史大夫岁禄之制,出为湖广布政使,以老致仕。此从《明通鉴》及《震本传》辑。明祖用人,以能勤民事者为标准,天下自然多循吏,而乱后之民得苏息矣。

五年六月,振山东饥,免被灾州县田租。又自五月至七月,凤翔、平凉二府雨雹,伤豆麦,诏免其税。又苏州府崇明县水,诏以所报恐未尽,令悉免之。八月,免通州、海门县被水田租。十月,免应天、太平、镇江、宁国、广德诸郡县田租。

地方报灾,不予驳查,反恐所报未尽,令免通县之税,民斯劝矣。此下太祖蠲赋在各地方者不概列,以省烦复。

洪武十三年五月甲午,雷震谨身殿。己亥,免天下田租。

按,修德以消天变,古来政论如此。果能修德,自有益于民生,即恒以天变为警动而为之,仍盛德事也。汉文、景之世,恒有赐民数年田租之事。明祖当天下初定,已能如此,非自处于撙节以爱养天下,何以得之?

洪武十五年五月丙子,广平府吏王允道言:"磁州产铁,元时置官,岁收百余万斤,请如旧。"帝曰:"朕闻王者使天下无遗贤,不闻无遗利。今军器不乏,而民业已定,无益于国,且重扰民。"杖之,流岭南。

明祖时时以言利为非帝王之体,至杖流言利者。就明代言之,万历间言利之细人蜂起,矿使四出,无矿而指为矿,以讹索破民之家,则与太祖开国之法意正相反。《食货志》:"徐达下山东,近臣请开银场。

太祖谓：'银场之弊，利于官者少，损于民者多，不可开。'其后有请开陕州银矿者，帝曰：'土地所产，有时而穷，岁课成额，征银无已，言利之臣，皆戕民之贼也。'临淄丞乞发山海之藏，以通宝路。帝黜之。"此皆洪武年间之事。不害民即所以利国，深合中国圣贤遗训。万历时尽反其所为，货财积于官中，民穷为乱，外患乘之，一代兴亡之龟鉴如此。

二十年九月，户部言："天下税课，视旧有亏，宜以洪武十八年所收为定额。"上曰："商税多寡，岁有不同，限以定额，岂不病民？"不许。

税额按近年酌定，令必如额，尚非甚病民也，而明祖且不许。万历间，税监四出，无税者起税，无所谓额，阉人横行，有司稍计民命，即奏予重谴，下狱有至十余年者。前后相较，兴亡之故了然。

二十七年三月庚戌，上谕工部曰："人之常情，饱则忘饥，暖则忘寒。卒有不虞，将何以备？比年以来，时岁颇丰，然预防之计不可不早。其广谕民间，如有隙地，种植桑枣，益以木棉，并授以种法，而蠲其税。岁终具数以闻。"

按，军兴时以食为急，种糯米恐其酿酒，则禁之。及是时岁丰食足，上年二十六年，已核垦田至八百五十万七千六百二十三顷，骎骎全国无弃土，乃于足食之外，计赡其衣被之需，及丰其制造农具之木植。明祖可谓尽心民事矣。且桑、枣、棉之田免税，其余裕又足以惠民。此制直至清末，吾乡田亩，尚有免赋之桑枣田，各乡各图皆有此种田额若干，其实已不种桑枣。其乡有公正之董事，以此为地方公产，否则为豪强所擅有之无粮田。盖良法美意，日久间有废弛，然其初时德意不可忘也。又苏州最称赋重，太仓旧本属苏，亦在重赋之列，清中叶以后，以地多产棉，遂援《赋役全书》中棉田免税之例，请得蠲减。此皆沿旧时明制之惠。后来蚕丝为输出之大宗，民间以种桑利厚，不拘桑枣地之免税，虽仍纳普通田税，亦愿种桑。至各县之桑枣额田，今未知其存否矣。

是年八月乙亥，遣国子监生分行天下，督修水利。上谕工部曰："湖堰陂塘，可蓄泄以备旱潦者，因地势修之。"复谕诸生曰："周时井田制行，有潴防沟遂之法，故虽遇旱潦，民不为灾。秦废井田，沟洫之利尽壤，于是因川泽之势，引水溉田而水利兴，惟有司奉行不力，则民受其患。今遣尔等分行郡县，毋妄兴工役，毋掊克吾民。"寻给道里费遣之。明年冬，河渠之役，各郡邑交奏，凡开塘堰四万九百八十七处，河四千一百六十二处，陂渠堤岸五千四十八处。水利既兴，田畴日辟，一时称富庶焉。

此与上洪武二十年定天下鱼鳞图册，均遣国子生而不遣官吏，是明初以社会之事任用学生之成绩。水利为农田根本，今天下旧有之堰闸皆坏，河渠失修，旱潦之患，动辄数千里为一灾区。明祖于天下初定，全国大举为之，建设之伟，无过于此。

明初用国子监生为此两大事，皆以全国为量，以民生为本。可知其求于士者，绝非后世溺于八股之意。又有一事可以互证者，二十五年秋七月，岢岚州学正吴从权、山阴教谕张恒给由至京师，上问民间疾苦。皆对曰："职在课士，民事无所与。"帝怒曰："宋胡瑗为苏湖教授，其教兼经义治事；汉贾谊、董仲舒皆起田里，敷陈时务；唐马周不得亲见太宗，且教武臣言事。今既集朝堂，朕亲询问，俱无以对，志圣贤之道者固如是乎？"命窜之远方，榜示天下学校以为鉴戒。此事见《纪事本末·开国规模》篇，而《明史》则载《门克新传》内。太祖之期待学校师生本意如此。

明代长剑

次言军事：

《明史·兵志序》："明以武功定天下，革元旧制，自京师达于郡县，皆立卫、所，外统之都司，内统于五军都督府，而上十二卫为天子亲军者不与焉。征伐则命将充总兵官，调卫所军领之。既旋，则将上所佩印，官军各回卫所。盖得唐府兵遗意。"夫所谓得唐府兵遗意，后人于唐府兵之本意，初不甚了然，即于明之兵制，亦沿其流而莫能深原其本。即如唐以藩镇割据而亡，此在玄宗以前乌有是事之牙蘖。唐之府兵，一变而𬙂骑，此不过宿卫改用募士耳，犹之明于永乐间改立三大营，景泰中又改团练营，皆不过京营之变迁。至唐变方镇而开割据之门，明变召募而成民变之祸，则皆纯乎忘其本矣。今惟由明之卫所军以窥见唐之府兵，且知明与唐之初制，其养兵皆不用耗财，而兵且兼有生财之用，兵制之善，实无以复加。此不可不稍详其制度，以为谈中国兵事者作一大参考也。

第一，先考明卫所兵是否即唐之府兵。《新唐书·兵志》："初，府兵之置，居无事时，耕于野，其番上者，宿卫京师而已。若四方有事，则命将以出，事解辄罢，兵散于府，将归于朝。故士不失业，而将帅无握兵之重，所以防微渐绝祸乱之萌也。"据此文，即知与《明兵志》文适合。

第二，再考明卫所兵饷械之所出是否与唐府兵之制同。《唐兵志》："凡府三等：兵千二百人为上，千人为中，八百人为下。府置折冲都尉一人，左、右果毅都尉各一人，长史、兵曹、别将各一人，校尉六人。士以三百人为团，团有校尉；五十人为队，队有正；十人为火，火有长。火备六驮马。凡火，具乌布幕、铁马盂、布槽、钟、𫔮、凿、碓、筐、斧、钳、锯皆一，甲床二，镰二；队具火钻一，胸马绳一，首羁、足绊皆三；人具弓一，矢三十，胡禄、横刀、砺石、大觿、毡帽、毡装、行縢皆一。麦饭九斗，米二斗，皆自备，并其介胄戎具，藏于库。有所征行，则视其入而出给之。其番上宿卫者，惟给弓、矢、横刀而已。"又云："军有坊，置主一人，以检察户口，劝课农桑。"据此文，兵一人至一火、一队，皆有应自备之食粮及用具，而此外又有介胄戎具，则不在内。其尚未能明了者，此所备之时限，是否为每一年期所纳之数。既劳其力为兵，又令自备各具与粮，自必因其所耕之田由国家所给，即以此代租税为出征时之用，而平常之给养自仰于田之收获，不待言也。观其军中置有坊主以检察户口，劝课农桑，可知军有军之户口农桑，绝与无田无亡借饷以楜口之兵不同。至介胄戎具出自何所，《唐志》皆未言明。此则证以明制，则知皆出于兵之所供，而兵之能供此费，皆由应纳之赋税，有具粮械以纳者，尚有如民田所应纳之租者在，此应据明制而推知者也。

《明史·兵志》："太祖下集庆路，为吴王，罢诸翼统军元帅，置武德、龙骧、豹韬、飞熊、威武、广武、兴武、英武、鹰扬、骁骑、神武、雄武、凤翔、天策、振武、宣武、羽林十七卫亲军指挥使司。革诸将袭元旧制枢密、平章、元帅、总管、万户诸官号，而核其所部兵，五千人为指挥，千人为千户，百人为百户，五十人为总旗，十人为小旗。天下既定，度要害地，系一郡者设所，连郡者设卫，大率五千六百人为卫，千一百二十人为千户所，百十有二人为百户所，所设总旗二，小旗十，大小连比以成军。其取兵，有从征，有归附，有谪发。从征者，诸将所部兵，既定其地，因以留戍；归附，则胜国及僭伪诸降卒；谪发，以罪迁隶为兵者。其军皆世籍。此其大较也。"

定军卫法，《本纪》不载，《纪事本末》系之洪武元年二月，《洪武圣政记》则系之元年正月。《刘基传》："太祖即皇帝位，基奏定军卫法。"则可知自在元年之初，且此为刘基所奏定。《圣政记》亦云然。

初定之兵数，较洪武元年所定之数略少，非少也，初定时，但定军制，未定军籍，故止计兵数，官长不在内。洪武元年所定，则以卫系籍，兵与官皆附卫为籍，世世不改，则并计人数而较增多耳。附籍之后，受地执业，有室家，长子孙。一家之内，为军及官者一人；其余人丁，官之子弟为舍人，兵之子弟为余丁，既为出缺时充补，又为正兵及官调发时或勤操练时执耕稼之事。于是兵非浮浪之人，充兵非消耗之业，养兵非糜费之事矣。其受地执业之制，出于屯田。明之初制，无军不屯。此卫所之根本制度，亦即府兵之根本制度也。

《食货志》："屯田之制：曰军屯，曰民屯。太祖初立民兵万户府，寓兵于农，其法最善。又令诸将屯兵龙江诸处，惟康茂才绩最，乃下令褒之，因以申饬将士。洪武三年，中书省请税太原、朔州屯卒，命勿征。明年，中书省言：'河南、山东、北平、陕西、山西及直隶淮安诸府屯田，凡官给牛种者十税五；自备者十税三。'诏：'且勿征，三年后，亩收租一斗。'六年，太仆丞梁埜仙帖木尔言：'宁夏境内及四川，西南至船城，东北至塔滩，相去八百里，土膏沃，宜招集流亡屯田。'从之。是时，遣邓愈、汤和诸将屯陕西、彰德、汝宁、北平、永平，徙山西、真定民屯凤阳。又因海运饷辽，有溺死者，遂益讲屯政，天下卫、所、州、县军民皆事垦辟矣。其制：移民就宽乡，或召募，或罪徙者为民，皆领之有司；而军屯则领之卫所。边地，三分守城，七分屯种；内地，二分守城，八分屯种。每军受田五十亩，为一分，给耕牛、农具，教树植，复租赋，遣官劝输，诛侵暴之吏。初，亩税一斗。三十五年定科则：军田一分，正粮十二石，贮屯仓，听本军自支；余粮为本卫所官军俸粮。"

　　《明史》以屯田为田赋之一种，故入《食货志》，此史馆诸臣之不注意于兵事也。今详为推考，不但知明代兵制之善，并知唐代府兵之真意。又史臣以屯田为《食货志》中一事，故民屯与军屯相杂，其言民屯乃移民垦荒，固为足食之一事；军屯则既可不弃地利，又能使国无养兵之费，而兵有保卫地方之实。夫责兵以卫民，曰汝职务宜然，此以名义相责，非以身家之利害相共也。兵为无产之人，受甚薄之给养，而为有产之人作保障，其势不可必恃，来不知其所从，去不知其所向，此种雇倩无根之人而假之以武器，习之以战阵，谓能使见利而不起盗心，见害而不思苟免，是以劳役待兵，而又以圣贤望兵也。人受田五十亩，兵有产矣；一家占为此籍，兵与地方相共矣，既无从出没为非，更不能恝视身家所在之地。国必有兵，兵必有制。明兵制之善，史臣不能发挥之，此亦书生之不解世务也。

　　当洪武之世，极力兴举屯政，然不急于升科，以坚其企业之意。至三十五年乃定科则，三十五年即建文四年，革除以后之纪年矣。军田一分即五十亩，纳正粮十二石，每亩合二斗四升，是为其受产之负担。贮屯仓听本军自支，所支者兵之月粮，又为其受役之报酬。考明之兵饷，《食货志·俸饷》类："天下卫所军士月粮，洪武中，令京外卫马军，月支米二石，步军，总旗一石五斗，小旗一石二斗，军一石，城守者如数给，屯田者半之，民匠充军者八斗，牧马千户所一石，民丁编军操练者一石，江阴、横海水军梢班碇手一石五斗。阵亡病故军给丧费一石，在营病故者半之。籍没免死充军者，谓之恩军，家四口以上一石，二口以下六斗，无家口者四斗。又给军士月盐，有家口者二斤，无者一斤。在外卫所军士以钞准。"据此，则一年支粮十二石为军饷原则，马军、水军较有例外加增，但是少数。惟军为屯军，则利在田业，饷额减半。据军屯分配成数，边地三分守城，七分屯种；内地二分守城，八分屯种。其三七与二八，并非指定七成或八成之军永为农民，只是全军中轮流抽出三成或二成专任军役，如是则恒有七八成之兵可在农亩，即恒有七八成之兵只需半饷。夫七八成半饷之兵，是即等于三四成额军不需给饷也。以三四成余剩之额饷，给二三成城守之额兵，实余额饷一二成，为官长及马兵、水兵等之加额，及上级官之俸给，皆有余裕，而军械亦括于其中。据唐府兵之制而互证之，可以了然矣。惟边地屯种之军，成数较少，设粮秣不足，运购尤艰，明初更立"中盐"一法，与筹饷相辅而行。盐既开中，又兴商屯，既给军，又垦荒，孔子所谓"因民之所利而利之，惠而不费"。真谋国之至计也。

《食货志》："有明盐法，莫善于开中。洪武三年，山西行省言：'大同粮储，自陵县运至泰和岭，路远甚烦，请令商人于大同仓入米一石，太原仓入米一石三斗，给淮盐一小引。凡大引四百斤，小引二百斤。商人鬻毕，即以原给引目赴所在官司缴之，如此则转运费省而边储充。'帝从之。召商输粮而与之盐，谓之开中。其后各行省边境，多招商中盐，以为军储，盐法边计，相辅而行。四年，定中盐例，输米临濠、开封、陈桥、襄阳、安陆、荆州、归州、大同、太原、孟津、北平、河南府、陈州、北通州诸仓，计道里近远，自五石至一石有差。先后增减则例不一，率视时缓急，米直高下，中纳者利否，道远地险，则减而轻之。编置勘合及底簿，发各布政司及都司卫所，商缴粮毕，书所纳粮及应支盐数，赍齐赴各转运提举司照数支盐。转运诸司亦有底簿，此照勘合相符，如数给与。鬻盐有定所，刊诸铜版。犯私盐者罪至死，伪造引者如之，盐与引离，即以私盐论。"

按，《史·志》文微有含混，明初中盐，当系令商运官粮赴边远之地，粮入仓后，给商盐引，赴产盐所在之官署，仍纳盐之场价，领盐赴销盐之地，照官定岸地出售。商人习于转输，以运粮之劳费，易得盐引为报酬，领盐又加运盐之劳费，运至销盐之岸，官为定价，使商有可图之利。又计销盐之地，民欲得盐，所必需之费，可胜负担者，而定其价，期不病食盐之民，而有利于运盐之商，即更有利于待饷之兵。至国家所课盐利，仍在官定场价之中，并不因商之开中而有加损，所谓一举而数善备也。惟洪武四年之则例所定如是，故一小引二百斤之盐，至少需中米一石；道里近者至需五石之多。是可知其纯以运费计算，非以米价计算也。至云："先后增减则例不一，率视时缓急，米直高下，中纳者利否，道远地险，则减而轻之。"其中有"米直高下"一项，则是令商纳米矣。此后来改则例之所定。故《志》文又云："宣德三年。户部尚书夏原吉以北京官吏军匠粮饷不支，条上预备策，言：'中盐旧则太重，商贾少至，请更定之。'乃定每引自二斗五升至一斗五升有差，召商纳米。"明一代米价无甚变动，至其末造，俸饷折价，尚以银一两作米二石。洪武至宣德初，中盐之米，额数多寡大异，盖则例屡改，纳米之法亦不同，《史》漏未叙明也。其后至弘治时，废中盐之法，令商以银纳课，边储遂乏，说见下。

《食货志·屯田》下云："明初，募盐商于各边开中，谓之商屯。迨弘治中，叶淇变法，而开中始坏，诸淮商悉撤业归，西北商亦多徙家于淮，边地为墟，米石直银五两，而边储枵然矣。"《叶淇本传》："淇居户部六年，直亮有执，能为国家惜财用，每廷议用兵，辄持不可。惟变开中之制，令淮商以银代粟，盐课骤增至百万，悉输之运司，边储由此萧然矣。"

中盐之法，军守边，民供饷，以盐居其中，为之枢纽，故曰开中。其始但令商司运，既而改则例直令纳粟，盖又兴商屯之法，指边之旷地，军所垦不尽者，令商得兴屯，所获之粟，即以输边，易引以贩盐。商更无远道运粮之费，而有领地营垦之利，国家则又多一辟土足食之助力，又所谓一举而数善备也。开中法废，商不需屯，淮商固弃垦而归淮，西北商之业淮盐者，亦徙家于淮，以专务纳课贩盐，盐遂与边储无涉，而多集课银，徒供暴君污吏之挥霍。边备既虚，转饷一事，劳扰天下，而仍不济急，民穷财尽，铤而走险之祸遂以亡明。此其目光，但见一时见金之充积，而不知即使得金不浪用，仍以济边，妨屯弃地，购粟运远，已万万不偿所失，况一得见金，徒长奢费，不复急顾边储，非至边军窘急，不筹救济。而奢费既开，更无复归节约之日，谓亡明之因即种于此，无不可也。

中盐之制本起于宋，宋不重视，以为有得有失。明中盐之为善法，正在商屯，诚实业盐之商，信国家之法令，盐垦兼营，不趋歧径。当时近淮之豪民怂恿变法，不任饷边之劳，而欲占行盐之利，以增课之说动叶淇，淇以乡情而中其说。《明史》不详其原委，今更以《明通考》补说明之。

《续通考》："弘治五年八月，令两淮等盐引俱召商开中，纳银类解户部太仓，以备边储。初，各边开中商人招民垦种，筑台堡自相保聚，边方菽粟无甚贵之时。成化间，始有折纳银者，然未尝著为令也。至是户部尚书叶淇，淮安人，《淇本传》，山阳人。盐商皆其亲识，因与淇言：'商人赴边纳粮，价少而有远涉之虞；在运司纳银，价多而得易办之利。'淇然之。内阁徐溥，淇同年最厚，淇遂请召商纳银运司，类解太仓，分给各边，每引输银三四钱有差，视国初米值加倍，明初中盐每小引，未详纳米若干，宣德初以为重，而改为至多二斗五升。时米值每石不过银五钱，纳银至三四钱，可得米七八斗矣，故曰"视国初米值加倍"也。而商无远运之苦，一时太仓之银，累至百余万。然赴边开中之法废，商屯撤业，菽粟翔贵，边储日虚矣。"

华钰《盐策议》曰："洪武、永乐时，内地大贾争赴九边，垦田积粟，以便开中。朝中暮支，价平息倍，商乐转输，边免飞挽，士饱马腾，缓急有备，策至良也。岁引初无定额，皆资主客兵饷，从边庾受券，不令轻纳盐醝司也。自司农叶淇为淮商地，此淮商盖不安于屯垦者，输盐一引，输粟二斗五升，轻请增额，准改折色，径于运司上纳，于是每引纳银三钱五分，或四钱二分。又令客商谓非淮商，无见盐，淮商在淮有场产盐，在边则有屯产粟，故有见盐，许本场买补，西北商即客商，胥内徙便转贩，而边计大坏。今正引虽仍赴边中，余课悉如淇议矣。正引仍赴边中者，原额二斗五升之值仍解边也。余课悉如淇议者，增纳之银，均由运司解户部太仓也。屯废而边缺粟，粟价大增，而解以从前之价，如边计何？"

由以上两端，见明初之民事军事制度，纯以土地与财政相权，有生财，无耗财。凡以养兵而病国者宜深鉴之。《续通考》：明初制，在外兵马尽是屯兵，官俸兵粮，皆出于是。帝尝曰："吾养兵百万，要不费百姓一粒米。"故京师屯田，有以远田三亩易城外民田一亩者。

史家之言制度，具在各志。今专提民事军事之与财政相通者郑重言之，实以民生之与国计为维系不亡之根本。此外就各志言制度历数之如下：

《志》第一《天文》。《志》第二《五行》。

以上两《志》，不关制度，其学科亦各有专门，当别为研究，不入此讲义。

《志》第三《历》。

历法在明代，实仍元旧，而开参用阳历之端。太祖始为吴王，于元至正二十七年，改称吴元年，十一月乙未冬至，御史中丞兼太史院使刘基等上戊申大统历，戊申为明年洪武元年。《大统历》为明一代历书之名，其法实仍元之《授时历》，但用《大统》为历名，以为一代之制而已。洪武元年，改太史院为司天监，又置回回司天监。回回司天监，本元旧有，元《历志》："世祖至元四年，西域札马鲁丁撰进《万年历》，世祖稍颁行之。"此为《回回历》行于中国之时。时元未并宋，在中国只行于北方。此历当是用回回法之阴阳合历。《元史》谓《万年历》已不传，无以明其详状。但《回回历》以彼国之年为纪元之始，建国之日为元旦，其纪元在唐武德五年，其第一元旦为阴历六月三日。明自置回回司天监，后于洪武三年，与司天监均改为钦天监。三十一年，又罢回回钦天监，以其历法隶本监，分为四科：曰天文，曰漏刻，曰回回，曰历。盖回回历与各占一科耳。正德以后，始觉用《授时历》法连推日食皆不合，议改而未成，惟以《回回历》供《大统历》参考。万历末，天主教徒利玛窦等始来中国，受其学者始议修历，直至崇祯末始定新历法为《大统历法》，未施行而明亡，遂为清之《时宪历》所取用矣。

《志》第四《地理》。

明之幅员远逊于元，元除属地庞大无伦不计外，其辖于中书省及行省者，尚非明之所能尽有。元之为省十二，中书省一，行中书省十一。其中书省及辽东行省，明已不全，其岭北行省、征东行省，明盖无之。明全国俗称两京十三省，北京、南京两辖境皆称直隶，余分十三区，各设布政司，即两直隶与十三布政司也。其建置沿革事属专门，不入此讲义。

《志》第五《礼》。

礼之为用，制节谨度，纳民轨物，凡有国者所同，孔子所谓"与奢宁俭"，此为为国以礼之本意。前于民事中已见大略。其余俟礼学专门研究。至帝制时之郊庙坛，朝觐山陵，多非当务之急。官民阶级，今亦难为区别。至为庶民定制，《志》文虽不多，亦在礼学专门范围。

《志》第六《乐》。《志》第七《仪卫》。《志》第八《舆服》。

以上三《志》，乐属专门；仪卫、舆服乃帝制时代之物，因帝制时代而繁复，今当并入礼制而言，亦俟专门肄之。

《志》第九《选举》。

明选举之法有四，末流专重科目，几乎止有科举取士、铨选任官两事。四为：一．学校、二、科目、三、荐举、四、铨选。

学校之制，至明而始普及，且为经制之普及。古时只有国学、郡县学；守令得人则兴，去官辄罢。或因尊师而设书院，皆人存政举之事。洪武元年七月，带刀舍人周宗上疏，请天下府州县开设学校。上嘉纳之。事见《纪事本末》。周宗史无传，惟《兴宗孝康皇帝传》："洪武元年正月，立为皇太子，带刀舍人周宗上书乞教太子，上嘉纳。"盖其人专以教育为念，每上书皆及此事。而天下府州县设学，尤开前古所未有。屡荷嘉纳，亦不闻重用其人，特以带刀舍人言事，可见开国人才之多也。是为天下遍设学校之始。太祖特重学校，往往任国学生为民事奔走全国，说已见前。《续通考》又载："洪武十六年九月，命给事中及国子生、各卫舍人分行天下，清理军籍。"则清军事亦使国子生分任之，又不仅民事而已。《志》言："洪武二十六年，尽擢监生刘政、龙镡等六十四人为行省布政、按察两使及参政、参议、副使、佥事等官。其一旦而重用之至于如此，其为四方大吏者盖无算也。李扩等自文华、武英擢御史，扩寻改给事中兼齐相府录事，盖台谏之选，亦出于太学。其常调者，乃为府州县六品以下官。初以北方丧乱之余，人鲜知学，遣国子生林伯云等三百六十六人分教各郡，后乃推及他省，择其壮岁能文者为教谕等官。太祖虽间行科举，而监生与荐举人才参用者居多，故其时布列中外者太学生最盛。"府县学生则以贡入太学。《志》又言："贡生入监，初由生员选择，既命各学岁贡一人，故谓之岁贡。其例亦屡更：洪武二十一年，定府州县学以一二三年为差，二十五年，定府学岁二人，州学二岁三人，县学岁一人。"此皆举洪武年事，见太祖于学校定为造就人才之正路。各布政司以佥事为提学官。提学官在任，三岁两试，每试录取生员，府学四十人，州县以次减十。师生月廪食米人六斗，有司给以鱼肉。学官月俸有差。应科举者亦必出自学校，是为学校与科举合一。此终明之世皆然。惟国子监生之不足取重于世，则太祖置学校之本意失矣。

科目沿唐、宋之旧，而稍变其试士之法，专取《四书》《五经》命题，仿宋经义，然代古人语气为之，体用排偶，谓之八股，通谓之制义。据《志》所言，代古人语气而用排偶者，谓之八股；其它通谓之制义。则制义不尽用八股体，但仿宋经义，则其本指耳。洪武三年，始设科举，所取之士，宠遇甚厚，乃未几谓："所取多后生少年，能以所学措诸行事者寡。"遂令有司察举贤才，而罢科举不用。至十五年复设。十七年始定科举之式。盖太祖时初未以科举为取士一定之法，其曰后为永制者，乃太祖以后之迁流也。本由唐、宋历代所行，明代专用经义为试文之体，实由重视宋儒之讲学，欲得如朱、陆大儒之师法，以矫古科目专尚词赋之弊。在太祖犹为可行可止，常与学校、荐举相参，决不专任科目也。然自专重科目之后，并学校之课程亦集中于八股，提学所以试士者皆以八股文为殿最，则科目固不足尽得士之用，学校更失其造士之本原，此决非明祖所及料。惟遍设学校实始于明。若后世学校之制，参用明祖之意，教以实用之学，使学校不为虚设，而取士则仍凭考试，不以学校之绩分为准，所重视者在考试，而学校中求得之机械式文凭，自无所用之矣。至明科举制中，举人、进

明代宋濂铭端砚

士、翰林之名目，乡、会试之年分，典试、同考之派遣，厘正文体，防杜关节，一切事实，在科举废后，已非必需之知识，专门求之，以订史实，此行有余力之事也。

荐举一途，在汉为得士惟一之路，汉以后亦用之，而参以门第之见，所谓九品中正，设有专官，当时谓"上品无寒门，下品无世族"。此乡举里选之积重也。唐之行科举，正以矫其流弊，在唐尚未尽脱门第求才之习，然终以科举制之加密，而孤寒登进之路日宽。至宋则为纯粹之考试矣。明承宋后，太祖尽复荐举之法。始克金陵，即辟儒士范祖幹、叶仪；克婺州，召儒士许元、胡翰等日讲经史治道；克处州，征耆儒宋濂、刘基、章溢、叶琛，至建康，创礼贤馆处之。此皆在太祖起事草创之年，所从荐举之得人已如此。元至正二十四年，太祖即吴王位，犹称龙凤十年，始建百官，即敕中书省，令州县岁举贤才及武勇谋略通晓天文之士，间及兼通书律者。既而严选举之禁，有滥举者逮治之。是为荐举定为制度之始。吴元年，遣起居注吴林、魏观等以币帛求遗贤于四方。洪武元年，征天下贤才至京，授以守令。其年冬，又遣文元吉、詹同、魏观、吴辅、赵寿等分行天下，访求贤才，各赐白金而遣之。三年，开科举。然是年仍谕廷臣曰："六部总领天下之务，非学问博洽才德兼美之士，不足以居之，虑有隐居山林或屈在下僚者，其令有司悉心推访。"至六年，则又罢科举，别令有司察举贤才，以德行为本，而文艺次之。其目：曰聪明正直，曰贤良方正，曰孝悌力田，曰儒士，曰孝廉，曰秀才，曰人才，曰耆民，皆礼送京师，不次擢用。而各省贡士亦由太学以进。于是罢科举者十年，至十七年始复行科举。而荐举之法并行不废。时中外大小臣工皆得推举，下至仓库司局诸杂流亦令举文学才干之士。其被荐而至者又令转荐，以故山林岩穴、草茅穷居无不获自达于上，由布衣而登大僚者不可胜数。耆儒鲍恂、余诠、全思诚、张长年辈，年九十余，征至京，即命为文华殿大学士。儒士王本、杜斅、赵民望、吴源特置为四辅官，兼太子宾客。《职官志》："洪武十三年正月，诛丞相胡惟庸，遂罢中书省。九月，置四辅官，以儒士王本等为之。置四辅时告太庙，以王本、杜祐、龚斅为春官。杜斅、赵民望、吴源为夏官，兼太子宾客。秋、冬官缺，以本等摄之。一月内分司上中下三旬，位列公、侯、都督之次。寻亦罢。十五年，仿宋制，置华盖殿、武英殿、文渊阁、东阁诸大学士，又置文华殿大学士以辅导太子，秩皆正五品。二十八年，敕谕群臣：国家罢丞相，设府、部、院、寺以分理庶务，立法至为详善。以后嗣君，其毋得议置丞相，臣下有奏请设立者，论以极刑。当是时以翰林春坊详看诸司奏启，兼司平驳，大学士特侍左右备顾问而已。"盖此皆于罢中书省后以充补宰相之职者。贤良郭有道，秀才范敏、曾泰，税户人才郑沂，儒士赵翥，起家为尚书。儒士张子源、张宗德为侍郎。耆儒刘埙、关贤为副都御史。明经张文通、阮仲志为佥都御史。人材赫从道为大理少卿。孝廉李德为府尹。儒士吴颙为祭酒。贤良栾世英、徐景升、李延中，儒士张璲、王廉为布政使。孝悌李好诚、聂士举，贤良蒋安素、蒋正言、张端，文学朱亮为参政。儒士郑孔麟、王德常、黄桐生，贤良余应举、马卫、许安、范孟宗、何德忠、孙仲贤、王福、王清，聪明张大亨、金思存为参议。凡其显擢者如此，其以渐而跻贵仕者又无算也。尝谕礼部："经明行修练达时务之士，征至京师，年六十以上七十以下者，置翰林以备顾问；四十以上六十以下者，于六部及布、按两司用之。"盖是时仕进无他途，故往往多骤贵者。而吏部奏荐举当除官者，多至三千七百余人，其少者亦至一千九百余人。又俾富户耆民皆得进见，奏对称旨，辄予美官。而会稽僧郭传由宋濂荐，擢为翰林应奉。此皆可得而考者也。泊科举复兴，两途并用，亦未尝畸重轻。建文、永乐间，犹有内授翰林，外授藩司者，而杨士奇以处士、陈济以布衣遽命为《太祖实录》总裁官。其不拘资格又如此。自后科举日重，荐举日益轻，能文之士，率由场屋进以为荣，有司虽数奉求贤之诏，而人才既衰，第应故事而已。《志》文所述略如上。人主无用贤之识，亦无求贤之诚，特殊之材遂无以自见，非俯首就场屋试，不能进身，则八股遂为五百年选士之特制矣。

铨选之法，在太祖时不甚重，天下未定，求贤求才惟恐不及，惟必得贤且才而后用之；既用之后，发觉其非贤或恃才作弊者，诛戮不少贷，法在必行，无情可徇。《史·志》以铨选为选举之一端，直是后来逐渐设立，太祖时破除资格，略无铨选成法可言。《志》言："洪武间定南北更调之制，南人官北，北人官南。其后，官制渐定，自学官外，不得官本省，亦不限南北也。"

此为太祖时一种选法，不过回避本籍而已。始以南北相避，继则仅避本省，不限南北，学官则并不避本省。

《志》又言："初，太祖尝御奉天门选官，且谕：'毋拘资格。'选人有即授侍郎者，而监司最多。进士监生及荐举者参错互用，给事、御史亦初授升迁各半。"

此为太祖时又一种选法，以毋拘资格为前提，内而侍郎，外而监司，俱可由选人径得之。其选人则出自进士、监生及荐举三种：进士即科举所得；监生即学校所造成，若今之毕业生；荐举，则凡官皆为举人者，惟滥举则连坐。给事为谏官，分六科，谓之科臣；御史为言官，分各道，谓之道臣。谏官得封驳诏敕，直规君上之失；言官得参论中外，不避贵近之尊。此等清贵之职，亦使初授之选人居半，定为选额，又不比侍郎监司之不为额定矣。

明初用人之不拘资格至于如此。其所以不开幸门，反能整肃官方者，当时士大夫并不因得官之易而敢于奔竞，止有招之不来之患。是何也？一有不称职，辄遭诛戮，自揣未可侥幸，即避之恐后。此当于全史中理会之，备列如下：太祖定法律，遵用唐律，为一代之制。然于律外又特定《大诰》。洪武十八年，第一次定《大诰》，其目十条，第十条曰："寰中士夫不为君用，其罪皆至抄札。"次年复作《续编》《三编》。《刑法志》："凡三诰所列，凌迟枭示种诛者无虑千百，弃市以下万数，贵溪儒士夏伯启叔侄断指不仕；苏州人才姚润、王谟被征不至，皆诛而籍其家。其寰中士夫不为君用之科所由设也。"夫士夫至求不仕而断指，明祖又诛之而籍其家，且因此勒之《大诰》，定为专条，后有似夏、姚、王诸人者，皆诛死籍没。盖既被荐举，即不许遁免，可知时无奔竞之风矣。

太祖时，士大夫初以声绩著，而后不免因事诛死者，就《列传》所载，其人已夥，专辑之可成一宗类案。其以功臣典兵有威望，遭忌而致死者，尚不在其列。亦每有发为忠言，触怒而被戮者，如李仕鲁以辟佛，命武士捽搏之，立死阶下；陈汶辉亦以此忤旨，惧罪投金水桥下死；叶伯巨以言诸王分封太侈，死狱中；王朴以与帝辨是非不肯屈，戮死。如此之类亦多。

洪武中有大狱四：胡惟庸以宰相谋叛，诛之宜也，而连引至数万人；蓝玉恃功骄纵，已不当与谋反同论，死者又数万人，此犹曰贵臣牵连取忌，别有用意；其余两案，一为郭桓案，以惩贪墨，死者亦数万人，既而知审刑官希指牵引，又论审刑官极刑；又有空印案，迹近作弊，坐死者又极众。此两案皆为惩贪杜弊而起，死者如此之惨，皆令士夫惧为君用之故。再分列之如下：

一、空印案。此案《本纪》未载，惟《刑法志》言："十五年空印事发。每岁，布政司、府、州、县吏诣户部核钱粮军需诸事，以道远，预持空印文书，遇部驳即改，以为常。及是，帝疑有奸，大怒，论诸长吏死，佐贰榜百戍边。宁海人郑士利上书讼其冤，复杖戍之。"《志》以此事为洪武十五年，非也。《方征传》，征以论空印事贬沁阳驿丞，其奏中言："去年各行省官吏以用空印雁重罪。"下又言："十三年，以事逮至京，卒。"则其贬驿丞在十三年之前，其奏已言去年，则又在其前。又方孝孺《逊志斋集·先府君行状》，孝孺父克勤以洪武八年被谪，逾年释归。又以空印事被逮。九年九月，卒于京师。则是九年事也。又《郑士利传》，士利上书讼空印之冤，乃因星变求言。星变乃九年事，求言在九年闰九月，皆为空印案在九年之证。《郑士利传》："兄士元，刚直有才学，由进士历官湖广按察使佥事。荆襄卒乘乱掠妇女，吏不敢问，士元立言于将领，还所掠。安陆有冤狱，御史台已谳上，士元奏其冤，得白。会考校钱谷册书空印事觉，凡主印者论死，佐贰以下榜一百，戍远方，士元亦坐是系狱。时帝方盛怒，以为欺罔，丞相、御史莫敢谏。丞相之官亦废于十三年，案发在有丞相之日，亦可证非十五年。士利叹曰：'上不知，以空印为大罪，诚得人言之，上圣明，宁有不悟？'会星变求言，士利曰：'可矣。'既而读诏，有假公言私者罪。士利曰：'吾所欲言，为天子杀无罪者耳。吾兄非主印者，固当出，需吾兄杖出乃言，即死不恨。'士元出，士利乃为书数千言，言数事，而于空印事尤详，曰：'陛下欲深罪空印者，恐奸吏得挟空印纸为文移以虐民耳。夫文移必完印乃可，今考较书策，乃合两缝印，非一印一纸比，纵得之亦不能行，况不可得乎？钱谷之数，府必合省，省必合部，数难县决，至部乃定。省府去部，远者六七千里，近亦三四千里，册成而后用印，往返非期年不可，以故先印而后书，此权宜之务，所从来久，何足深罪？且国家立法，必先明示天下，而后罪犯法者，以其故犯也。自立国至今，未尝有空印之律，有司相承，不知其罪，今一旦诛之，何以使受诛者无辞？朝廷求贤士置庶位，得之甚难，位至郡守，皆数十年所成就通达廉明之士，非如草菅然，可刈而复生也，陛下奈何以不足罪之罪而坏足用之材乎？臣窃为陛下惜之！'书成，闭门逆旅泣数日。兄子问曰：'叔何所苦？'士利曰：'吾有书欲上，触天子怒必受祸，然杀我生数百人，我何恨？'遂入奏。帝览书大怒，下丞相御史杂问，究主使者。士利笑曰：'顾吾书足用否耳，吾业为国家言事，自分必死，谁为我谋？'狱具，与士元皆输作江浦，而空印者竟多不免。"据士利言杀我生数百人，则坐死之主印长官数百人，其佐贰又数倍之，则亦必有受杖戍边者数千人矣。

二、郭桓案。《刑法志》：其推原中外贪墨所起，以六曹为罪魁，郭桓为诛首。郭桓者，户部侍郎也。帝疑北平二司官吏李彧、赵全德等与桓为奸利，自六部左、右侍郎下皆死，赃七百万，词连直省诸官吏，系死者数万人，核赃所寄借，遍天下民，中人之家，大抵皆破。时咸归谤，御史余敏、丁廷举或以为言，帝乃手诏列桓等罪，而论右审刑吴庸等极刑，以厌天下心，言："朕诏有司除奸，顾反生奸扰吾民。今后有如此者，遇赦不宥。"《本纪》："洪武十八年三月己丑，户部侍郎郭桓坐盗官粮诛。"《七卿表》，是年二月，以罪诛者，有礼部尚书赵瑁、刑部尚书王惠迪、工部侍郎麦至德。盖皆坐郭桓案而死者。麦至德亦以代尚书而见《七卿表》。其余六部侍郎以下，据《志》言多死者，其名不可考矣。此亦明初惩贪之一大狱。

太祖之治污吏，其奉法无私之略例：《本纪》："三十年六月己酉，驸马都尉欧阳伦有罪赐死。"《公主传》："安庆公主，宁国主母妹，《宁国主传》："孝慈皇后生。"则安庆亦马后所生之贵主，洪武十四年，下嫁欧阳伦。伦颇不法，洪武末，茶禁方严，数遣私人贩茶出境，所至绎骚，虽大吏不敢问。有家奴周保者尤横，辄呼有司科民车至数十辆，遇河桥巡检司，擅捶辱司吏，吏不堪，以闻。帝大怒，赐伦死，保等皆伏诛。"《明通鉴》："初，诏西番互市，始设茶马司于陕西、四川等处，令番人纳马易茶，并严禁私茶出境。时伦奉使至川、陕，辄载巴茶出境贸易，所在不胜其扰。陕西布政司檄所属起车载茶渡河，家人周保索车至五十两，兰县河桥司巡检被捶不堪，诉于朝。上大怒，遂坐法，并保等诛之，茶货没入官。以河桥吏能不避权贵，赐敕褒嘉。"又《胡大海传》："初，太祖克婺州，禁酿酒，大海子首犯之。太祖怒，欲行法，时大海方征越，都事王恺请勿诛，以安大海心。太祖曰：'宁可使大海叛我，不可使我法不行。竟手刃之。'"克婺州在元至正十八年，大敌未灭其一，正倚赖武人之时，而犯令必行，不容宽假如此。至于马后，患难相依，德性相服，生平恩意极笃，爱婿犯法，诛不逾时，并赏及举发者。所谓"自古皆有死，民无信不立"。信之一字，为治国之根本，必如是而后破格用人，不开幸门。其后，渐不能握此威柄，则以选政授权吏部，但慎简一吏部尚书，选法自清。又其后，吏部虽得人，仍不胜有力者无穷之请托，则以拈阄杜之，以抽签却之，遂为较公平之选法，而用才之意荒矣。然而宦官宫妾，每取中旨授官，多不由吏部，此则末世之所谓破格，足以召乱亡而已矣。

《志》第十《职官》。

明官制初仍元旧，虽多所更张，而以中书为政本，尚是魏、晋以来之传统。魏、晋以权臣当国，取前代而代之，未取代以前，便于独握政权，故以录尚书事之名总揽国政。王肃说《尚书》"纳于大麓"，破麓为录，以附会当时篡夺之制。但重臣柄国，亦未尝不合古义。古虽六官并列，实以冢宰为总枢，此则明代所取法也。明兴仍设中书省，置左右丞相，为省长官。洪武十三年正月，诛丞相胡惟庸，遂罢省。当未罢省时，六部为中书省隶属，丞相正一品，平章政事从一品，左右丞正二品，参知政事从二品，其下乃为尚书正三品，侍郎正四品。罢省，乃升六部秩，尚书正二品，侍郎正三品。始犹设四辅官，位列公、侯、都督之次。未几，即罢。十五年置大学士，秩正五品，特侍左右备顾问而已。政归六部，仿古六官之意，吏部为取人任官之官，责任尤重。二十八年，敕谕群臣："国家罢丞相，设府都督部尚书院都御史寺列卿以分理庶务，立法至为详善，以后嗣君不得议置丞相，臣下有奏请设立者，论以极刑。"当是时，以翰林、春坊看详诸司奏启，兼司平驳。是为千余年来政本之一大改革。御史台古与省对立，明初改台为都察院，与部并立，是为七卿。外官之制，明初下集庆时，承元之旧，亦设行中书省，自领江南行中书省，时在元至正十六年。

至正十八年，克婺州，置中书分省，后复略定地方，即置行省，其官惟无丞相，自平章政事以下，略同中书省。洪武九年，改浙江、江西、福建、北平、广西、四川、山东、广东、河南、陕西、湖广、山西十二行省俱为布政使司，凡行省原有平章政事、左右丞等官均罢，改参知政事为布政使。十五年，增置云南布政司。明全国区域为两直隶十三布政司。盖自永乐以后迁都北平，北平为北京，遂以北京所属府州县为北直隶。永乐十三年，又添设贵州布政司，遂成两直隶十三布政司，俗称两京十三省。初置司与六部均重，布政司入为尚书侍郎，副都御史每出为布政使。正统以后乃无之。

每布政司所辖，举世循元旧，犹称为省。省之长官，为都、布、按三司，都即都指挥使司，布即布政使司，按则按察使司也。元肃政廉访使，其初原称提刑按察司，各辖一道，各行省共分二十二道，皆隶于御史台，直隶内台者八道，称内道；隶江南行御史台者十道；隶陕西行御史台者四道。明初，下集庆时，置提刑按察司，以王习古、王德为佥事。时盖设官而未设使。吴元年，置各道按察司，设按察使。十四年，置各道分司。十五年，又置天下府州县按察分司，以儒士王存中等五百三十一人为试佥事，人按二县，凡官吏贤否，军民利病，皆得廉问纠举。今各府州县城多有察院旧址，或里巷以察院为名者。各处志书载额编留支钱粮，尚有察院门子等名色。十六年，尽罢试佥事，设定副使及佥事，多寡从其分道之数。二十九年，定分四十一道，此为后来分道之始。唐分天下为十道，乃最大之分区制，即为最高之外官。元廉访使亦分道，即按察使之职。明以道为按察分司，后又以布政使之参政、参议亦分道，遂均称道臣。清初尚因之，清中弃，直以道为监司，不属两司佐贰矣。而按察使为各省之长官，与都、布并称三司。

《志》第十一《食货》。

《食货志》为一代理财之政，国之命脉在是，前已言之。太祖时慎重用财，率天下以俭之道，略已见前。其后来之变迁荒谬，别见后各篇。

《志》第十二《河渠》。

河自北宋时由北决而南，为大患数百年。至元末，贾鲁始定汇淮入海，明初亦常有小决，为河患之常。太祖时未有大举。运河，以帝都在南，太祖时亦无所注意，惟以水利兴农，洪武中修凿之迹具详《志》文。最伟之举，在二十七年分遣国子生及人才遍诣天下，督修水利，已具前。

《志》第十三《兵》。《志》第十四《刑》。

以上两《志》，兵之精义已具前。太祖用刑颇酷，说亦见前。惟所刑皆官吏，而非虐民，斯为承大乱之后，得刑乱重典之意，虽非盛德事，而于国本无伤，亦且深有整饬之效也。

《志》第十五《艺文》。

此非制度，可不必入本讲义。但须知明《艺文志》，乃专载明一代之著述，其于前代典籍存佚，不敢断定。目录家于此《志》功用较微。

明代龙袍

明代龙袍

明成祖真像

第二章

靖难

靖难之名，为成祖篡国时所自命。成祖名棣，原封燕王，为太祖第四子，母碽妃。太祖立嗣，以嫡以长，自为吴王，即立长子标为世子，既登帝位，即立为皇太子，洪武二十五年四月丙子薨，谥曰懿文太子。是年九月，立太子第二子允炆为皇太孙。三十一年闰五月，太祖崩。辛卯，太孙即皇帝位，以明年为建文元年。建文元年七月癸酉，燕王棣举兵反，称其师曰靖难。累战至四年六月乙丑，都城陷，帝遁去，棣入即帝位，尽反建文朝政，并年号而去之，谓其时曰革除。于是，太祖开国之法度颇有变易，分别纪之，以见成祖于篡弑之恶外，在明一代之功过为何若。至仁、宣两朝，承成祖之业，未有蹉跌，合为一时代述之。

第一节　建文朝事之得失

建文一朝之政治，其真实记载，已为永乐时毁灭无遗，设有丝毫不可示人之失德，必为其时诋毁之口实，攻之不遗余力矣。然观成祖所以毁建文，不过以削夺宗藩一事为举兵之名。既篡大位，于建文朝事一切革除，初不问其当否，其临朝公言建文时政之不善者惟有变乱官制云尔。削夺宗藩，未始非帝之失策，更改官制，亦多非当务之急，然皆无罪状可言，成祖以为罪则罪之，既篡以后，谁与抗辩？然帝之善政美德，史中竟尚有存留，盖虽欲毁灭之而事实有不能也。

帝为兴宗孝康皇帝子，兴宗即懿文太子标。帝即位后，追尊为帝，靖难后，复废为懿文太子。《兴宗本传》："为人友爱，秦、周诸王数有过，辄调护之。"盖出天性。《明通鉴》于蓝玉之狱，文末叙云："初玉征纳克楚即纳哈出归，言于皇太子：'燕王在国，阴有不臣心。'太子殊无意，而语喷喷闻于燕王，不数月而玉祸作。"此亦见太子大度，而燕王之不能为少主臣，由来久矣。

尹守衡《史窃·蓝玉传论》云："世传蓝玉初欲结知燕王，北征还至北平，献王名马，王不受，玉惭谢。归见太子，太子妃，开平王女也，因说太子曰：'殿下试观皇上，于诸子中最爱者为谁？'太子曰：'鸰鸠之爱，焉有轩轾？'玉顿首曰：'臣望燕王英武，得人心，威名日盛，皇上所钟爱。又闻术者言："燕地有天子气。"臣幸托肺腑，愿殿下自爱！'嗟夫！幸太子孝友，不入其言耳，不然，建成之难，当先自玉发之。"此为《明鉴》之所本。但尹氏为明臣，尊成祖，此作罪状蓝玉语。

太子多盛德，具见《本传》。帝立建文为太孙，盖以太子第二子，而其兄幼殇，以伦序当立也。《太祖实录》，在建文时修成者，亦已革除作废，成祖又将建文年间政治文字焚毁，使后人即欲搜考而不可得。焚毁事见《王艮传》，所焚必不止一次，此可推见。

《王艮传》："艮，字敬止，吉水人，建文二年进士，对策第一。貌寝，易以胡靖，即胡广也，艮次之，又次李贯。三人皆同里，并授修撰，如洪武中故事，设立史馆居之，预修《太祖实录》及类要、时政记诸书，一时大著作皆综理之。数上书言时务。燕兵薄京城，艮与妻子诀曰：'食人之禄者死人之事，吾不可复生矣。'解缙、吴溥与艮、靖比舍居，城陷前一夕皆集溥舍，缙陈说大义，靖亦奋激慷慨，艮独流涕不言。三人去，溥子与弼尚幼，叹曰：'胡叔能死，是大佳事。'溥曰：'不然，独王叔死耳。'语未毕，隔墙闻靖呼：'外喧甚，谨视豚。'溥顾与弼曰：'一豚尚不能舍，肯舍生乎？'须史艮舍哭，饮鸩死矣。缙驰谒，成祖甚喜。明日荐靖，召至，叩头谢，贯亦迎附。后成祖出建文时群臣封事千余通令缙等遍阅，事涉兵农钱谷者留之，诸言语干犯及他一切皆焚毁。因从容问贯、缙等曰：'尔等宜皆有之。'众未对，贯独顿首曰：'臣实未尝有也。'成祖曰：'尔以无为美耶？食其禄，任其事，当国家危急，官近侍，独无一言可乎？朕独恶夫诱建文坏祖法乱政者耳。'后贯迁中允，坐累死狱中，临卒叹曰：'吾愧王敬止矣！'"

然《惠帝本纪》所载，侍懿文疾及居丧之孝；请于太祖，改定《洪武律》七十三条之仁。甫即位，诏："兴州、营州、开平诸卫军，全家在伍者免一人；天下卫所军，单丁者放为民。"是年十二月，赐天下明年田租之半，释黥军及囚徒还乡里。此等皆不易得之仁政。尤重大者，二年二月，均江、浙田赋，诏曰："国家有惟正之供，江、浙赋独重，而苏、松官田悉准私税，用惩一时，岂可为定则？今悉与减免，亩毋逾一斗；苏、松人仍得官户部。"此为善补太祖之过，深得帝王平均全国人民之意。成祖亦以坏祖制罪建文而悉复之，遂令苏、松之民至今受其祸，此善政之不能磨灭者也。

若其美德，史尽没之，以无实录可据，今由列传中搜辑数事，可见帝之为君气象。

《尹昌隆传》："帝初即位，视朝晏，昌隆疏谏曰：'高皇帝鸡鸣而起，昧爽而朝，未日出而临百官。陛下宜追绳祖武，兢兢业业，忧勤万几。今日上数刻，犹未临朝，群臣宿卫，疲于伺候，旷废职业，上下懈弛，播之天下，传之四裔，非社稷福也。'帝曰：'昌隆言切直，礼部其宣示天下，使知朕过。'"

《明纪》《明通鉴》于此事，皆云帝有疾视朝晏，昌隆疏谏，左右请以疾谕之，帝曰："直谏难得，何可沮也？其以疏宣示天下，使知朕过。"所谓有疾，未知确否，如果拒谏，即非疾亦可言疾；既纳谏，即真疾亦不必言疾。清嘉庆初，编修洪亮吉上书请代奏，亦言视朝稍晏等语，严旨立斩，临刑改戍伊犁，旋赦还，遂亦称盛德。视此又何如也！

《史窃》："革除元年，礼部左侍郎陈性善上书言事，上悉允行；群臣酌议，复有不便者更之。性善入朝，叩头言曰：'陛下不以臣愚，猥承顾问，臣僭陈上听，许臣必行，今又更之，所谓为法自戾，无以信于天下矣。高皇帝临御三十一年，未尝听人一言，犯颜者戮无赦，陛下受言而不终，反不如高皇帝不受之为愈矣。'上曰：'皇祖天禀神智，群臣莫及，然每人言有理，则亦从之，非愎谏也。朕性愚昧，暗于治理，视天下愚夫愚妇，一能胜予，敢不受谏。卿言为法自戾，深中朕过，非卿忠谠，朕何以得闻过失？赏绢百匹，以旌直臣。'"

《明史·陈性善传》："一日帝退朝，独留性善，赐坐，问治天下要道，手书以进。性善尽所言，悉从之，已，为有司所格。性善进曰：'陛下不以臣不肖，猥承顾问，既僭尘圣听，许臣必行，未几辄改，事同反汗，何以信天下？'帝为动容。"以此证《史窃》之说，其事为必有，且互见帝之虚衷。惟《史窃》有高皇帝未尝听人一言之语，恐无是理，盖语气轻重间失之耳。

帝仁柔乐善，实为守文令主，但英断不足，所用齐泰、黄子澄固非任当日艰巨之材；即所敬信之方孝孺亦不免迂阔之消，主张削藩，轻为祸始。然方以古官制、古宫殿门名日夜讲求，自命制作，其所以应变之道，多不中窾要。后人特以齐、黄及方皆能死事，正学先生被祸尤酷，百世崇拜其大节，然于事实之得失则不可不知也。

削藩一事，古有明鉴，正学先生以学问名世，何竟不能以古为鉴，避其覆辙！汉初强宗，与明初同，贾谊痛哭而谈，未见用于文帝，至景帝时，晁错建议削藩，遂有吴、楚七国之变，以师武臣力，仅而克之，天下已被涂炭，且祸本未拔。至武帝时，用主父偃推恩之策，诸王之国，不削自削。至强藩尽而又无以制异姓之奸，王莽篡汉，诸侯王无一能与抗者，此为别一义。果不主削藩，自当权有无强宗之利害；既主削藩，则贾谊之说、主父偃之谋不可废也。且当时明明有上此策者，帝甫即位，当洪武三十一年，未改建文之号之日，高巍已言之，帝固不省，齐、黄亦不为意，时方孝孺已至，帝方倚以致太平，倘助巍之说，必可见听，亦竟不然，此不能不谓帝之暗，亦诸臣之疏也。

《高巍传》："惠帝即位，上疏乞归田里。未几，辽州知州王钦应诏辟巍，巍因赴吏部上书论时政，用事者方议削诸王，独巍与御史韩郁先后请加恩，略曰：'高皇帝分封诸王，比之古制既皆过当，诸王又率多骄逸不法，违犯朝制，不削朝廷纲纪不立；削之则伤亲亲之恩。贾谊曰："欲天下治安，莫如众建诸侯而少其力。"今盍师其意，勿行晁错削夺之谋，而效主父偃推恩之策，在北诸王子弟分封于南，在南诸王子弟分封于北，如此则藩王之权不削而自削矣。臣又愿益隆亲亲之礼，岁时伏腊使人馈问，贤者下诏褒赏之；骄逸不法者，初犯容之，再犯赦之，三犯不改，则告太庙废处之，岂有不顺服者哉？'书奏，上颔之。"颔之者，不置可否耳。观其削夺日亟，则帝与用事诸臣成见已定，良言不能入也。巍言在洪武三十一年十月，削藩事甫动，亟用其言，朝廷与诸王尚未尽成隙，既隆其礼，又推以分封之恩，违言何自而起？乃数月之间削夺四起，又不敢遽动燕藩，反放遣其三子归国，以释其称兵顾忌之私，此亦谬矣。韩郁疏专言削夺之非，与魏意不同，不录。

　　燕师既起，命将北征，濒行戒之曰："昔萧绎举兵入京，而令其下曰：'一门之内，自极兵威，不祥之甚。'今尔将士与燕王对垒，务体此意，毋使朕有杀叔父名。"以故燕兵败时，成祖以身为殿，遇急则以身为诸叛将之盾，官军相顾愕眙，不敢发一矢，论者以此为帝之仁柔取败。此尚不足责，仁人之言，于理为长，不当以成败论。独惜其既不欲伤恩，何不并善处于未削夺之先而使削夺之事亦无所用之也。后燕既篡，帝之诸弟无一得免，少子文圭甫二岁，幽之凤阳，至三世以后，英宗朝方出之，年五十七，尚不能辨牛马，此则所谓"一门之内，自极兵威"，成祖实行之矣。《南史》原作"六门之内。"《通鉴》注：台城六门：大司马、万春、东华、西华、太阳、承明六门也。

第二节 靖难兵起之事实

　　成祖以洪武三年封燕王，十三年之国。二十三年同晋王讨乃儿不花，晋王怯不敢进，王倍道趋迤都山，获其全部而还。太祖大喜。是后屡率诸将出征，并令王节制沿边士马，王威名大振。

　　《太祖本纪》："三十一年五月戊午，都督杨文从燕王棣、武定侯郭英从辽王植备御开平，俱听燕王节制。"《纲目三编》以为《太祖实录》已经永乐间改修两次，所书为燕王张大之词，盖不足信，当是杨文从燕王、

像真祖成明

帝名棣太祖四子在位二十二年號永樂

明成祖真像
选自《历代帝王像》（清）
姚文瀚 收藏于美国纽约大
都会艺术博物馆

明成祖朱棣（1360年5月2日—1424年8月12日），明太祖朱元璋第四子，洪武三年（1370年）受封为燕王。建文元年（1399年）朱棣发动靖难之役，建文四年（1402年）攻占南京，即皇帝位，改年号为永乐，因此明成祖朱棣也被称为「永乐大帝」。永乐四年（1406年），明成祖开始营建北京，永乐十九年（1421年）正式迁都北京，奠定了明清以来五百年间的北京城市格局。明成祖在位期间多有作为，对内完善政治制度，发展经济；对外开疆拓土，使明朝国力得到空前发展，该时期被称为「永乐盛世」。永乐二十二年（1424年），明成祖在北征大军班师返京途中病重而亡，享年65岁郭英从辽王，各受节制，非谓并辽王亦听燕王节制也。此皆嫌恶燕王之说，其实即经节制沿边诸军，岂遂为太祖许其篡立？此等处不足深辩，要之养其积威，故能驱所部为逆，又能慑制讨逆之军，所由来者渐矣。

三十一年闰五月，太祖崩，皇太孙即位，遗诏："诸王临国中，毋得至京师。"王自北平入奔丧，闻诏乃止。

《纪事本末》："洪武二十五年四月丙子，皇太子薨，皇太孙生而额颅稍偏，性颖聪，善读节。《史窃》："君生顶颅颇偏，太祖抚之曰：'半边儿月。'意不怿。而是时元妃生子雄英矣，后六年雄英蚤世，于是君为长，而读书甚聪颖，太祖始稍异之。"太祖每令赋诗，多不喜。一日令之属对，大不称旨，复以命燕王，语乃佳。郑晓《逊国记》："太祖命帝赋新月，应声云：'谁将玉指甲，抓破碧天痕？影落江湖上，蛟龙不敢吞。'太祖凄然久之，曰：'必免于难。'钱谦益《历朝诗集》云叶子奇《草木子余录》载皇太子《新月》诗云云。所谓皇太子者庚申君之子也，野史以为懿文太子作，为不及享国之谶。而晓则以为建文作。考杨维桢《东维子诗集》，此诗为维桢作，则诸书皆附会也。太祖常有意易储，刘三吾曰：'若然，置秦、晋二王何地？'太祖乃止。"《明史·刘三吾传》但云："太子薨，上御东阁门，召对群臣，恸哭，三吾进曰：'皇孙世嫡，承统，礼也。'太孙之立由此。"《明通鉴》谓诸书所说太祖欲立燕王，皆成祖改修之《太祖实录》如此。王鸿绪《史稿》尚从之；正史不然，书法谨严矣。

《齐泰传》："皇太孙素重泰，及即位，命与黄子澄同参国政，寻进尚书，时遗诏诸王临国中，毋奔丧，王国吏听朝廷节制。《太祖本纪》遗诏中，省此句未载。诸王谓泰矫皇考诏，间骨肉，皆不悦。"

初高皇后崩，洪武十五年，太祖选高僧侍诸王，为诵经荐福，左善世宗泐举道衍，《姚广孝本传》："长洲人，本医家子，年十四为僧，名道衍，字斯道，事道士席应真，尽得其阴阳术数之学。尝游嵩山寺，相者袁珙见之曰：'是何异僧？目三角，形如病虎，性必嗜杀，刘秉忠流也。'道衍大喜。洪武中，诏通儒书僧试礼部，不受官，赐僧服还。经北固山，赋诗怀古，其侪宗泐曰：'此岂释子语耶？'道衍笑不答。"燕王与语甚合，请以从。《纪事本末》："诸王封国时，太祖多择名僧为侍，僧道衍知燕王当嗣大位，自言曰：'大王使臣得侍，奉一白帽与大王戴。'盖白冠王，其文皇也。燕王遂乞道衍得之。"至北平，住持庆寿寺，出入府中，迹甚密，时时屏人语。惠帝立，削夺诸王，周、湘、代、齐、岷相继得罪，道衍遂密劝成祖举兵，成祖曰："民心向彼，奈何？"道衍曰："臣知天道，何论民心！"乃进袁珙及卜者金忠，于是成祖意益决。

《袁珙传》："生有异禀，好学能诗，尝游海外洛伽山，珙，鄞人，遇异僧别古崖，授以相人术，先仰视皎日，目尽眩，布赤黑豆暗室中辨之；又悬五色缕窗外，映月别其色；皆无讹，然后相人。其法以夜中燃两炬，视人形状气色，而参以所生年月，百无一谬。洪武中，遇姚广孝于嵩山寺，谓之曰：'公刘秉忠之俦也，幸自爱。'后广孝荐于燕王，召至北平，王杂卫士类己者九人，掺弓矢饮肆中，珙一见即前跪曰：'殿下何轻身至此？'九人者笑其谬，珙言益切。王乃起去，召珙宫中谛视，曰：'龙行虎步，日角插天，太平天子也，年四十，须过脐，即登大宝矣。'已见藩邸诸校卒，皆许以公侯将帅。王虑语泄，遣之还。及即位，召拜太常寺丞。所居鄞城西，绕舍种柳，自号柳庄居士，有《柳庄集》。"

《金忠传》："忠，鄞人，少读书，善《易》卜。兄戍通州亡，忠补戍，贫不能行，相者袁珙资之。既至，编卒伍，卖卜北平市，多中，市人传以为神。僧道衍称于成祖。成祖将起兵，托疾召忠卜，得铸印乘轩之卦，曰：'此象贵不可言。'自是出入燕府中，常以所占劝举大事，成祖深信之。燕兵起，自署官属，授忠王府纪善，守通州，南兵数攻城不克。已召置左右，有疑辄问，术益验，且时进谋画，遂拜右长史，赞戎务，为谋臣矣。"

按，成祖之成大业，史多夸其为术士所推许，此即行险侥幸者所为，非有他功德可得天下，直由命相致之耳。

靖难之师，起于削藩，削藩之议，由来已久。

《史窃》："太祖时政治严核，中外万几，太孙每奉裁决，济以宽大，中外欣欣爱戴，独诸王皆挟叔父之尊，多不逊服，太孙常以为忧。先是，太祖封诸王，辽、宁、燕、谷、代、晋、秦、庆、肃九国皆边虏，岁令训将练兵，有事皆得提兵专制，便防御，因语太孙曰：'朕以御虏付诸王，可令边尘不动，贻汝以安。'太孙曰：'虏不靖，诸王御之；诸王不靖，孰御之？'太祖默然，良久曰：'汝意何如？'太孙曰：'以德怀之，以礼制之，不可则削其地，又不可则变置其人，又其甚则举兵伐之。'太祖曰：'是也，无以易此矣。'"此说太祖亦以为是。诚能行之，削藩前尚有事在，以德怀，以礼制，建文朝无暇为也，用高巍之说，则庶几矣。

《黄子澄传》："惠帝为皇太孙时，尝坐东角门，谓子澄子澄本以修撰为东宫伴读曰：'诸王尊属拥兵多不法，奈何？'对曰：'诸王护卫兵才足自守，倘有变，临以六师，其谁能支？汉七国非不强，卒底亡灭，大小强弱势不同而顺逆之理异也。'太孙是其言。比即位，命子澄兼翰林学士，与齐泰同参国政，谓曰：'先生忆昔东角门之言乎？'子澄顿首曰：'不敢忘。'退而与泰谋，泰欲先图燕，子澄曰：'不然，周、齐、湘、代、岷诸王在先帝时，尚多不法，削之有名，今欲问罪宜先周，周王，燕之母弟，削周，是翦燕手足也。'谋定，明日入白帝，会有言周王橚不法者，遂命李景隆率兵袭执之，词连湘、代诸府，于是废橚及岷王楩为庶人，幽代王桂于大同，囚齐王榑于京师，湘王柏自焚死。下燕议周王罪，燕王上书申救，帝览书恻然，谓事宜且止，子澄与泰争之，未决，出相语曰：'今事势如此，安可不断？'明日，又入言曰：'今所虑者独燕王耳，宜因其称病袭之。'帝犹豫曰：'朕即位未久，连黜诸王，若又削燕，何以自解于天下？'子澄对曰：'先人者制人，毋为人制。'帝曰：'燕王智勇善用兵，虽病恐难猝图。'乃止。"此《传》文中"周王，燕之母弟，削周，是翦燕手足也"之语，为成祖改《实录》而不免漏笔。《诸王传》已称马后生太子及秦、晋、燕、周四王，今子澄云云，明明太子与秦、晋二王不与燕、周同母也。成祖以夺嫡之故，冒为嫡出，而没其所生之母，后更发见硕妃神主而后得其实。说详下。

子澄主用兵，以汉平七国乱为喻，汉惟得周亚夫而将之，子澄乃荐李景隆可大任，即何以敢与七国事并论也？此齐、黄之失也。《湘王柏本传》，有文武材，未著罪状，惧无以自明而自焚。亦太惨。既畏强藩，又授以口实，帝之当断不断，不失为仁者之过，任事者谋之不臧，则无以自解。周王被执，在洪武三十一年五月，至八月，帝欲释之，泰与子澄争久之，乃废为庶人，徙蒙化。又逮齐、代、岷诸王。明年四月，湘王自焚，齐王、代王废为庶人。六月，岷王废为庶人，徙漳州。七月，逮燕府官属，而燕王反矣。

成祖之决策称兵，早从道衍辈怂恿，即未削藩，亦必谋逆。

《姚广孝传》："成祖意决，阴选将校，勾军卒，收材勇异能之士。燕邸，故元宫也，深邃，道衍练兵后苑中，穴地作重屋，缭以厚垣，密鐶甃瓴瓶缶，日夜铸军器，畜鹅鸭乱其声。"

　　帝与齐、黄图燕，亦思所以弱之，即位之年，冬十一月，工部侍郎张昺为北平布政使，谢贵、张信掌北平都指挥使司，察燕阴事。建文元年三月，都督宋忠、徐凯、耿𪩘率兵三万屯开平、临清、山海关，调北平、永清二卫军于彰德、顺德。四月，太祖小祥，先是燕世子高炽及其弟高煦、高燧入临，至是王忧惧称病笃，乞三子归。齐泰欲遂收之，子澄曰："不若遣归，示彼不疑，乃可袭而取也。"竟遣还。王喜曰："吾父子复得相聚，天赞我矣。"六月，燕山护卫百户倪谅上变，告燕官校于谅、周铎等阴事，逮系至京，皆戮之。有诏责燕王，王乃佯狂称疾，走呼市中，夺酒食，语多妄乱，或卧土壤，弥日不苏。张昺、谢贵入问疾，王盛夏围炉摇颤曰："寒甚！"宫中亦杖而行。长史葛诚密告昺、贵曰："燕王本无恙，公等勿懈。"正月，王遣诚入奏事，帝密问燕邸事，诚具以实告，遣诚还燕，使为内应，至则燕王察其色异，心疑之。会燕王使护卫百户邓庸诣阙奏事，齐泰请执讯之，具言王将举兵状。泰即发符往逮燕府官属，密令谢贵、张昺图燕，使约长史葛诚、指挥卢振为内应。以张信为燕王旧所信任，密敕之，使执燕王，信叛附燕，以情告，王下拜曰："生我一家者子也。"召道衍谋，令护卫指挥张玉、朱能等率壮士八百人入卫。及逮官属诏至，秋七月，谢贵、张昺督诸卫士皆甲，围府第索所逮诸官属。王称疾愈，御东殿，伏壮士左右及端礼门内，召贵、昺付所逮者，贵、昺至，卫士甚众，及门，门者呵止之，贵、昺入，王曳杖坐，赐宴行酒，忽怒詈曰："编户齐民，兄弟宗族尚相恤，身为天子亲属，旦夕莫必其命，县官待我如此，天下何事不可为乎？"护卫军前擒贵、昺，捽卢振、葛诚等下殿，皆斩之。命张玉等乘夜出，攻夺九门，黎明尽克。乃下令安集军民，三日，城中大定。都指挥彭二战死，余瑱走居庸关，马宣巷战不胜，走蓟州，教授余逢辰死之，参政郭资、副使墨麟、佥事吕震等降于燕。宋忠自开平率兵三万至居庸关，不敢进，退保怀来。癸酉，燕王誓师，以诛齐泰、黄子澄为名，去建文年号，仍称洪武三十二年，署官属，以张玉、朱能、邱福为都指挥佥事，擢先以张昺等疏草密报燕府之按察司吏李友直为布政司参议。上书称："祖训云：'朝无正臣，内有奸恶，则亲王训兵待命，天子密诏诸王统领镇兵讨平之。'臣谨俯伏待命。"书奏，议讨燕，齐泰曰："明其为贼，敌乃可克。"遂削燕王属籍，以伐燕布告天下。时太祖功臣存者已少，乃拜长兴侯耿炳文为大将军，驸马都尉李坚、都督宁忠为副将军，率诸将分道并进。时燕王既于七月初五日癸酉举事，是夜攻夺九门，次日甲戌，即出师，次通州，指挥房胜以城降。张玉请先定蓟州，免后顾忧。丙子，陷蓟州，马宣被擒，骂不绝口死。己卯，陷居庸关，俞瑱退怀来依宋忠。甲申，陷怀来，宋忠、俞瑱被执死，将校被俘不降死者百余人，其力斗阵殁者有都指挥彭聚、孙泰。

《宋忠传》："时北平将士在忠部下者，忠告以家属并为燕屠灭，盍努力复仇报国恩。燕王侦知之，《记事本末》："王据鞍指挥有喜色。"急令其家人张故旗帜为前锋，呼父兄子弟相问劳，将士咸喜曰：'我家固无恙，宋总兵欺我。'遂无斗志。"此北平将士，即忠前赴开平时所调燕府护卫精锐隶麾下以弱燕者，家在北平，即不以诳语为此辈所轻，犹恐燕抚其家属以相招致，忠乃以意造言，欲劫制其人为己用，宜燕王闻之而喜矣。齐、黄以忠一军压燕之北，责任甚重，所调燕之护卫，以朝命燕不敢违，只可分燕之力，乃欲用以制燕之死命，又无他方略，徒以诳语冀欺之，是反助燕以倒戈内应之势耳。齐、黄命将如此，举北平城守之文武长官不能胜一燕府，举为图燕所布之军将，不能牵缀北平之后，以待朝廷讨伐之师，而是时军事一任齐、黄，其败事已可见矣。诸城守将降燕者固有之，然效死之士亦甚众，有此士气，奈不能用何！

蓟州既陷，遵化、密云继降燕，怀来陷，永平又降。时帝方锐意文治，日与方孝孺讨论《周官》法度，军事皆取决于泰、子澄。元年二月，更定官制，内外大小诸司及品级勋阶悉仿《周礼》更定。二年八月，承天门灾，改各门名端门、应门、皋门、路门，皆从方孝孺言。耿炳文师出，帝诫将士："毋使朕有杀叔父名。"八月壬戌，及燕兵战于滹沱河北，败绩。帝再择将，子澄荐李景隆可大任，遂以景隆代炳文，赐斧钺俾专征伐，召炳文回。炳文老将，张玉觇之曰："军无纪律，无能为。"代以景隆，燕王闻之曰："李九江膏粱孺子，九江，景隆字，李文忠子也。寡谋而骄，色厉而馁，未常习兵见阵，辄予以五十万，是自坑之也。"时江阴侯吴高奉朝命与杨文、耿𪩘率辽东之师围永平，王救永平，且撤卢沟桥之防，以诱景隆来攻北平。既解永平之围，又直趋大宁，劫宁王与其妃妾世子皆南下，收其所属精锐，尤以朵颜三卫士卒骁勇善骑射，为利所驱，敢与朝廷军士死斗。既免北平之后顾，又尽收战士助战，暂委北平由道衍等辅世子守坚城，以缀景隆，逮大宁师还，与守兵夹击，大败景隆。

《瞿能传》："燕师起，从李景隆北征，攻北平，与其子率精骑千余攻张掖门，垂克，景隆忌之，令候大军同进。于是燕人夜汲水沃城，方大寒，元年十一月，冰凝不可登，景隆卒致大败。"此景隆罪状之一。

景隆遁还德州，燕王出兵扬言攻大同，诱景隆赴救，围蔚州，指挥王忠、李远降燕，进攻大同，俟景隆已出紫荆关，即由居庸入边，南军不耐寒，冻馁死者甚众，坠指者十二三，弃镫仗于道，不可胜记。时已二年正月。四月，景隆复进兵，与燕战于白沟河，平安、瞿能等力战，斩燕将陈亨，亨故大宁降将。瞿能迫燕王，几获之，仅免，旋乘风反攻，杀瞿能父子于阵，景隆军又大败，自德州奔济南。燕军遂入德州，收府库，获粮百余万。山东参政铁铉督饷赴景隆军，会师溃，沿路收溃亡守济南，景隆奔就之，燕师追及，景隆六十万众尚存十余万，燕师击之，景隆复大败，单骑走。燕师围济南，铁铉力捍御不下，朝廷升铉为山东布政使而召景隆还，以左都督盛庸为大将军。帝赦景隆不诛，子澄痛哭争请诛景隆，副都御史练子宁执而数之朝，以哭请，卒不问，旋复任用之，忌盛庸，且间于帝，不得尽其用。《瞿能传》附杨本："从景隆讨燕有功，景隆忌之，不以闻。寻劾景隆丧师辱国，遂以孤军独出，被擒，系北平狱，后被杀。"

《王度传》："为山东道监察御史。建文时，王师屡败，度奏请募兵。小河之捷，奉命劳军徐州，还，方孝孺与度书：'誓死社稷。'燕王称帝，坐方党谪戍贺县，又坐语不逊，放。度有智计，盛庸之代景隆，度密陈便宜，是以有东昌之捷。景隆征还，赦不诛，反用事，忌庸等功，谗间之，度亦见疏。论者以其用有未尽，惜之。"

燕王围济南三月，不下，决水灌城，铉约降，迎王入，及门，下铁板，伤王马首，未中，仍逸去。王怒，以炮击城，铉书高皇帝神牌悬城上，燕兵不敢击。铉复募壮士突击破燕，王乃撤围还。盛庸乘势复德州，兵势大振，擢铉兵部尚书赞理大将军军事，封庸历城侯。九月，庸总平燕诸军北伐。十月，燕兵袭沧州，克之。循河而南，至东昌，遇庸与铉等战，大败燕师，阵斩张玉。玉为燕将，最悍，后所谓靖难第一功臣者也。燕王数危甚，诸将奉帝诏，莫敢加刃，王知之，每奔北，独以一骑殿后，迫者不敢追。是谓东昌之捷，燕军再却还。三年二月，燕再出师，三月朔，次滹沱河，辛巳，与盛庸遇于夹河，阵斩燕将谭渊及其指挥董中峰等，庸军亦失都指挥庄得等骁将数人。

《成祖本纪》："三月辛巳，与盛庸遇于夹河，谭渊战死，朱能、张武殊死斗，庸军少却，会日暮，各敛兵入营。王以十余骑逼庸营野宿，及明起视，已在围中，乃从容引马，鸣角穿营而去，诸将以天子有诏'无使负杀叔父名'，仓卒相顾愕眙，不敢发一矢。"此为《史本纪》明载之事，各书皆言成祖遇败，则恃帝有诏不相害，往往独身为殿以免，盖非虚也。惠帝既崇叔父于交战之时，何不先善全于削藩之始，以王师而卒败于叛藩，其失机固非一端也。

是日战互相胜负，东北风忽起，尘埃涨天，沙砾击面，燕兵在北，乘风纵击，庸大败走德州，吴杰、平安自真定引军与庸会，闻败引还，王诱与战，复败之。于是帝罢齐泰、黄子澄，谪外以解说于燕，而实使之募兵。燕王亦上书，求并撤吴杰、盛庸、平安之众，而后释兵就燕藩，方孝孺请且与报书往复，急令辽东诸将入山海关，攻永平，真定诸将渡卢沟桥，捣北平。五月，燕师驻大名，盛庸、吴杰、平安等分兵扼燕饷道。燕王再上书，帝欲罢庸等兵，孝孺阻之，乃囚燕使。王亦遣降将李远率轻骑南下，焚王师粮，盖德州馈饷皆道徐、沛。六月，远令士卒易甲胄，杂南军中，插柳枝于背为识，过济宁、谷城，直至沛县，南军不之觉，凡粮艘所在尽焚之，军资器械俱烬，运军散走，京师大震，德州遂缺粮。远还，盛庸遣兵邀之，复为远伏兵所败。

中原千里，朝廷设官治理之地，燕师轻行其间，焚粮而返，如入无人之道，此明年燕王所以不转战于山东，直越境遂逼京师也。齐、黄庸碌，孝孺书生，帝仁柔非燕王比，此时而疏忽如此，复有李景隆辈作奸于内，帝于稍能战之将不之信，号令有不能行，前所令攻袭北平之师先后错落，绝无期会，其败宜也。

七月，平安自真定乘虚攻北平，燕世子固守告急，是时方孝孺以门人林嘉猷尝入燕邸，知高煦谋倾世子状，言于上，为书与世子间之。高煦在军中，已知朝廷有去书，于王前言世子反，王大怒，则世子已遣使送朝使及所致书至，未启封也。王乃曰："几杀吾子！"王遣将刘江援北平，而盛庸又檄大同守将房昭引兵入紫荆关，掠保定下邑，驻易州水西寨，据寨以窥北平。燕王在大名，曰："保定失则北平危。"乃班师。九月，平安为刘江所败，王围水西寨，十日克之，乃还北平。十一日，辽东守将杨文始引兵围永平，略蓟州、遵化诸郡县，燕遣刘江往援，杨文败走。是时王称兵已三年，亲冒矢石，为士卒先，常乘胜逐北，亦屡濒于危，所克城邑，兵去旋复为朝廷守，三出三返，所据仅北平、保定、永平三郡而已。

以天下之全力，奉天子之命，讨一叛藩，至是始以真定之兵自南入，大同之兵自西入，辽东之兵自东入，而期会参差，各被击辄败退，中枢无能主兵事者也。

会诏有司系治中官奉使之不法者，先后奔燕，具言京师可取状。王乃慨然思临江一决，不复返顾，道衍力赞之。明年正月，乃直为批亢捣虚之计。

《宦官传》："建文帝嗣位，御内官益严，诏：'出外稍不法，许有司械闻。'及燕师逼江北，内臣多逃入其军，漏朝廷虚实。"据此则宦官入燕军，乃燕师临江时事，《本纪》则在三年之冬，以意度之，当从《宦官传》，此时非内臣漏虚实时也。朝廷虚实，燕自知之，六月已遣李远直下徐、沛焚粮，中原无备，固已大著，以后举动之散漫，岂能逃燕王之目？建文之政，若不轻弄兵，或能用将之贤者，其举动无不优于列帝。驭宦官严而为宦官泄其虚实，岂能咎其严驭？正惟守备虚而不实，足启戎心，宦官不泄，燕岂无侦探乎？

四年正月，燕王由馆陶渡河，徇徐州，平安军来蹑，击败之，又败铁铉军。四月，再与平安战，先败后胜，遂擒平安，置淮安不顾，直趋扬州。天子遣庆成郡主至军中，许割地以和，不听。六月，江防都督陈瑄以舟师叛附于燕，遂自瓜州渡。盛庸以海艘迎战，败绩。既下镇江，遂次龙潭，天子复遣大臣议割地，诸王继至，皆不听。至金川门，谷王橞、李景隆等开门迎降，都城遂陷。下令大索齐泰、黄子澄、方孝孺等五十余人，榜其姓名曰奸臣。己巳，即皇帝位，迁兴宗孝康皇帝主于陵园，仍称懿文太子，大诛奸党，夷其族。诏今年以洪武三十五年为纪，明年为永乐元年，建文中更改成法，一复旧制。

明英宗真像

第三章

夺门

明至英宗之世，童年践祚，太皇太后最贤，抚帝听政，任用旧臣。初年纯守仁、宣遗范，而不纵宦寺则有胜焉。未几，慈宫崩御，阉竖擅权，毒流缙绅，身陷受辱，赖有弟监国，守御得宜，敌挟帝而无所利，卒奉驾还都修好，不可谓非景帝之功在社稷矣。但以争嗣易储，兄弟启衅，贪功之流，拥英宗复辟，反杀景泰时守御功臣，是谓夺门之案。传子宪宗，皆为阉所惑，政令驳杂，纲纪日替。赖有孝宗，挽以恭俭，使英、宪两朝之失德稍有救济，祖宗之修明吏治亦未遽尽坏。考明事者，以孝宗以前为一段落，不至甚戾祖德。故以英、宪、孝三朝合为夺门一案之时代，以述其政治之变迁焉。

第一节　正统初政

　　明自太祖、成祖以后，宣宗崩时未满四十，英宗嗣位时仅九岁。赖辅政者皆仁、宣旧臣，尤赖太皇太后贤明，导帝以委任旧人，一遵仁、宣之政，发号施令，蔚然可观。正统初年，在史为明代全盛之日，其实帝有童心，始终蛊惑于阉人王振，特太皇太后在日，帝尚有所畏惮，振亦未敢放恣耳。故即位以来之善政，不但不改前朝，且有为宣宗补过之处。宣德十年正月即位，是月即罢十三布政司镇守中官，其余减税钞复洪武旧额，罢金银朱砂铜铁坑冶，免其课。三月，放教坊司乐工三千八百余人。诏死罪必三覆奏。八月，减光禄寺膳夫四千七百余人。九月，诏四方毋进祥瑞。释陈祚、郭循于狱，复其官。皆宣宗时已略有缺失而一一为之补救者。其以王振掌司礼监，则亦在宣德十年九月，英宗嗣位之后。

王振盖宦官中狡黠最初之一人，《明史·宦官传》但言其为"蔚州人，少选入内书堂，侍英宗东宫，为局郎"。又云："帝尝以先生呼之。"考明严从简《殊域周咨录》："王振，山西大同人，永乐末，诏许学官考满乏功绩者，审有子嗣，愿自净身，令入宫中训女官辈，时有十余人，后独王振官至太监，世莫知其由教职也。"王振之出身教职，俞曲园《笔记》曾举为异闻。今考《通鉴辑览》及《纲目三编》并《明书》，皆言洪武中设内官监典簿，掌文籍，以通书算小内使为之。又设尚宝监，掌御宝图书，皆仅识字，不明其义。及永乐时，始令听选教官入内教习，然则永乐时使教官入宫充教习，记载甚明，盖皆本《实录》。惟《周咨录》乃明言其净身始入，而王振即其中之一人，是以英宗称以先生，当由宦官宫妾习称有素。宣德元年之内书堂，改刑部主事刘翀为翰林修撰，专授小内使书。其后大学士陈山、修撰朱祚俱专是职。选内使年十岁上下者二三百人，读书其中，后增至四五百人，翰林官四人教习以为常。则自设内书堂以后，教内侍者为外廷之翰林院官，非复净身之辈。而正统初所教之小内使尚未深通文墨，独有王振为已读书而后为阉者，故得独出其所长，以弄冲主于股掌之上也。

仁、宣旧臣，正统初资望重者五人。《纪事本末》："太皇太后张氏尝御便殿，英国公张辅，大学士杨士奇、杨荣、杨溥，尚书胡濙，被旨入朝，上东立，太皇太后顾上曰：'此五人先朝所简贻皇帝者，有行必与之计，非五人赞成，不可行也。'上受命。有顷，宣太监王振，振至俯伏，太皇太后颜色顿异，曰：'汝侍皇帝起居多不律，今

明仁宗像

选自《明代帝后半身像》
册 （明）佚名 收藏于
中国台北故宫博物院

朱高炽（1378年8月16日—1425年5月29日），明朝第四位皇帝，徐达外孙，明成祖长子。朱高炽幼年时，端庄稳重，深受母亲徐氏喜爱，被朱棣立为世子。朱高炽与母亲徐氏在朱棣发动靖难之役后，镇守北平，并成功抵御了李景隆的进攻。永乐二年（1404年），朱高炽被立为太子。朱棣领兵北伐时，朱高炽负责监国。但遭朱高煦、朱高燧嫉妒，他们多次在朱棣面前进谗言。朱棣问及争储事情时，朱高炽只说「知尽子职而已」。永乐二十二年（1424年），朱高炽继位，即明仁宗。他广开言路，虚怀纳谏，大赦天下，使政治清明，史称「仁宣之治」。但明仁宗体弱多病，在位仅八个月便去世了。

《明宣宗行乐图》

（明）佚名　收藏于北京故宫博物院

明宣宗朱瞻基（1399 年 3 月 16 日—1435 年 1 月 31 日）。明仁宗朱高炽长子，曾多次跟随明成祖朱棣北伐。史载，朱瞻基出生时，明成祖朱棣曾梦见明太祖朱元璋赐给他一个大圭，上面写着「传之子孙，永世其昌」，所以明成祖并不想把皇位传给明仁宗。后来，因解缙大呼「好圣孙」（朱瞻基），明成祖朱棣才打消了疑虑。洪熙元年（1425年），朱瞻基即位，年号宣德。平定汉王朱高煦的叛乱后，明宣宗施行了一系列修养兵民的政策，使得明朝大治，与明仁宗并称「仁宣之治」。但是，明宣宗也是有名的「太平天子」，喜好玩乐，此《明宣宗行乐图》描绘的就是其穿着便服在皇家园林里观赏竞技表演的场景，如射箭、蹴鞠、打马球、捶丸、投壶等。另外，明宣宗朱瞻基还设置内书堂，教宫官读书，是为明朝宦官干政的开始。

蹴鞠

投壶

乘辇回宫

当赐汝死。'女官遂加刃振颈。英宗跪为之说，诸大臣皆跪。太皇太后曰：'皇帝年少，岂知此辈祸人家国。我听皇帝暨诸大臣贷振，此后不可令干国事也。'"《纲目三编》系此事于正统二年正月，后人以此时不诛振为惜，而责五臣不能成张后之美。

旧臣虽有五人，张辅武人，胡濙亦才不逮三杨，且其时政在内阁，故正统初政，责在三杨。杨士奇尤为国所倚重，《明史》称士奇公正持大体，雅善知人，好推毂寒士，所荐达有初未识面者，而于谦、周忱、况钟之属皆用士奇荐，居官至一二十年，廉能冠天下，为世名流。然自英宗践阼，王振实早已挟帝用事，非特士奇莫能纠止，即人皇太后亦未尝不牵率其间。自宣德十年，振即掌司礼监，时辅臣方议开经筵，而振乃导上阅武将台，集京营及诸卫武职，试骑射殿最之。有纪广者，尝以卫卒守居庸，得事振，大见亲昵，遂奏广第一，超擢都督金事。自此招权纳赂，诸大臣自士奇以下，皆依违莫能制。《明史》又言太后尝遣振至阁问事，士奇拟议未下，振辄施可否，士奇愠，三日不出。太后问故，荣以实对，太后怒鞭振，仍令至士奇所谢罪，且曰："再尔，必杀无赦。"此当是振始为司礼监时。正统元年三月，太皇太后以士奇等请，始开经筵，为前此数朝未有之重典。《明通鉴》言时振方用事，考功郎中李茂弘谓："今之月讲，不过虚应故事，粉饰太平，而君臣之情不通，暌隔蒙蔽，此可忧也。"即日抗章致仕去。《纪事本末》言四年十月，福建按察金事廖谟杖死驿丞，丞故杨溥乡里，金事又士奇乡里也，溥怨谟论死，士奇欲坐谟因公杀人，争议不决，请裁太后。振曰："二人皆挟乡故，抵命太重，因公太轻，应对品降调。"太后从之。降谟同知。振言既售，自是渐擅朝事。此不过谓张后之前振亦仍得干国事耳。其实，自元年以来，国事何一不为振所隐预。元年十二月，下兵部尚书王骥狱，则以振初用事，欲令朝臣畏己，会骥议边事，五日未奏，振教帝召骥而责之曰："卿等欺朕年幼耶？"遂执骥及右侍郎邝埜下狱。寻释之。未几，右都御史陈智劾张辅回奏稽延，并劾科道不举奏，帝释辅不问，杖御史、给事中各二十。自是言官承振风指，屡摭大臣过，自公侯驸马伯及尚书都御史以下，无不被劾，或下狱，或荷校，至谴谪殆无虚岁。大臣下狱荷校，《明史》所载甚多，兹不一一备录。既而太后复多病，益不及多问外事。五年三月，建北京宫殿。六年九月，奉天、华盖、谨身三殿，乾清、坤宁二宫成，宴百官。故事：中官不与外廷宴。是日，帝遣使问王先生何为？使至，振方大怒曰："周公辅成王，我独不可一坐耶？"使复命。帝蹵然，命开东华中门，召振至，百官候拜于门外，振始悦。振之对帝如此，百官可知。七年十月，太皇太后张氏崩，振益无忌惮，遂去宫门所铸太祖禁内臣预政铁碑。三杨中荣于五年先卒，士奇耄，以子稷为言官所纠，坚卧不出，溥年老势孤，继登庸者皆萎靡，于是大权悉归振。《振传》言："作大第皇城东，建智化寺，穷极土木。兴麓川之师，西南骚动。侍讲刘球因雷震上言，八年五月，雷震奉天殿，敕修省求良言。陈得失，语刺振，振下球狱，使指挥马顺肢解之。大理少卿薛瑄、祭酒李时勉素不礼振，振摭他事陷瑄几死，时勉至荷校国子监门。御史李铎遇振不跪，谪戍铁岭卫。驸马都尉石璟詈其家阉，振恶贱己同类，下璟狱。怒霸州知州张需禁饬牧马，校卒逮之，并坐需举主王铎。又械户部尚书刘中敷、侍郎吴玺、陈瑺于长安门。所忤恨辄加罪谪。内侍张环、顾忠、锦衣卫卒王永心不平，以匿名书暴振罪状，事发，磔于市，不覆奏。帝方倾心向振，尝以先生呼之，赐振敕极褒美。振权日益积重，公侯勋戚呼曰："翁父"。畏祸者争附振免死，赇赂凑集。工部郎中王祐以善谄擢本部侍郎、《纪事本末》："祐貌美而无须，善伺候振颜色，一日振问曰：'王侍郎何无须？'对曰：'老爷所无，儿安敢有？'"

明英宗真像
选自《历代帝王像》 （清）姚文
瀚 收藏于美国纽约大都会艺术博物
馆

明英宗朱祁镇，明朝第六位皇帝，先后使用过正统、天顺两个年号。明英宗朱祁镇即位时年仅九岁，由太皇太后张氏和「三杨」（杨士奇、杨荣、杨溥）辅政，因此得以延续「仁宣之治」。张太后去世、「三杨」也因年老淡出政坛后，宦官王振开始专权，明朝开始走下坡路。正统十四年（1449年）瓦剌蒙古发兵南侵，王振劝英宗五十万大军亲征，结果大败，明军精锐尽数阵亡，王振为乱军所杀，明军精锐尽数阵亡，史称为「土木堡之变」。瓦剌蒙古将领也先捕获明英宗后很是高兴，乘胜南下，企图挟持英宗来打开北京的大门。但于谦等大臣推举英宗之弟郕王朱祁钰继位，率北京军民与瓦剌对抗，并最终取得北京保卫战的胜利。北京保卫战胜利后，也先见没有捞到好处，就释放了明英宗。景泰八年（1457年），在石亨、徐有贞等人的策划下，英宗复辟，改元天顺，史称「夺门之变」。之后，英宗将于谦、范广处决于西市。天顺时期，英宗勤于政事，政治较为清明，不仅释放了在靖难之后被囚禁的建文帝幼子朱文圭，还废除了宫妃殉葬制度。

兵部尚书徐晞等多至屈膝，其从子山林至荫都督指挥，私党马顺、郭敬、陈官、唐童等并肆行无忌，久之构衅瓦拉，振遂败。"以下入下节土木之变。

自正统初至十四年王振挟帝至土木被瓦剌也先所掳，其间政事，前七年上有太皇太后，下有三杨，号称平治，而振实已操权于其间；至后七年，则天下明认权在王振，帝虽日益长大，而倚赖振如父师。迨至蒙尘幸返，复辟以后，犹申讨前日诛戮振党之人，刻木为振形，招魂以葬，祀之智化寺，赐祠曰精忠。而振门下曹吉祥复以夺门功，有宠颛政，此亦见英宗之执迷不悟矣。顾明之根本，初不以此而甚被摧败，则以祖宗立法之深厚，于民生二字，虽至暗之君，至凶之阉，不敢漠视，士大夫稍受荼毒，实无关全国元气，以故君掳而国不摇，人民无离叛之意，敌国外患，反为廓清阉焰之一助，其后于明之全盛无损也。此可以知民为邦本之说，理不可移。其时之民，尚信明帝室足庇以安，孔子所谓必不得已，去兵去食，惟信不可去，"自古皆有死，民无信不立"。斯言足于明英宗之世得一证明也。恤民之政，在正统七年以前，屡见纪、传者弗论。八年以后，尚仍之不改，《纲目三编》于五年秋七月书："遣刑部侍郎何文渊等分行天下，修荒政。"据《实录》云："时太皇太后专以养民为务，每四方水旱，赈济动亿万计，蠲免灾粮或数百万石，闾阎安乐，虽灾不为害。迨王振用事，悉反初政，惟蠲租赈荒，尚仍之不改。"此明见之史文者。盖累朝家法，已成天经地义，官吏可以摧残，惟人民不可扰。且当时国无滥费，蓄积甚厚，凶阉求货，其道甚宽，以后累世权豪阉宦，剥削不尽，迭见以后数篇。至万历之末，始直接逼取民膏，至民实无以聊生，而后内乱外患交迫而至，二百余年巩固之业一朝而覆，民生之所系如是，盖民不信明之尚能庇我，即于覆亡无所惜耳。

第二节　土木之变

　　《明史·瓦剌传》："瓦剌，蒙古部落，在鞑靼西。元亡，其强臣猛可帖木儿据之，死，众分为三：其渠曰马哈木，曰太平，曰把秃孛罗。永乐六年，遣使来朝，贡马请封。明年夏，封马哈木为特进金紫光禄大夫顺宁王，太平为特进金紫光禄大夫贤义王，把秃孛罗为特进金紫光禄大夫安乐王。后马哈木死，子脱欢请袭爵。十六年，封为顺宁王。宣德九年，脱欢袭杀阿鲁台。正统初，脱欢内杀其贤义、安乐两王，尽有其众，欲自称可汗，众不可，乃立元后脱脱不花，以先所并阿鲁台之众归之，自为丞相。四年，脱欢死，子也先嗣，称太师淮王。于是北部皆服属也先，脱脱不花具空名，不复相制。每入贡，主臣并使，朝廷亦两敕答之。"此瓦剌也先已往之略历。

《纲目三编》："正统十四年七月，卫拉特瓦剌，清代改译为卫拉特，今尚称卫拉特旗。分道入寇。自正统初以来，卫拉特遣使入贡，王振以藻饰太平为名，赏赉金帛无算，凡所请乞，亦无不予。已而额森也先清代改译作额森。以二千人贡马，号三千。振怒其诈，令礼部计口给饩，虚报者皆不与，而所请又仅得五之二。额森恚怒，遂诱挟诸部分道大举入寇。此据《实录》所叙，较《瓦剌传》于王振召衅，原委较明。托克托布哈即脱脱不花以乌梁海即兀良哈寇辽东，阿喇知院寇宣府，围赤城，别将寇甘肃，额森自拥众从大同入，至猫儿庄，参将吴浩迎战败死，西宁侯宋瑛、武进伯朱冕、都督同知石亨与额森战于阳和口，为监军太监郭敬所挠，瑛、冕战殁，亨单骑奔还，敬伏草中得免。《瓦剌传》："郭敬监军，诸将悉为所制，军尽覆。"诸边守将俱逃匿。"郭敬为王振私人，见上节引《王振传》。此为瓦剌入寇已闻之败报。又云："边报日数十至，王振劝帝亲征，兵部尚书邝埜、侍郎于谦力言六师不宜轻出。不听。吏部尚书王直率百官力谏，亦不纳。遂下诏令郕王居守，郕王名祁钰，帝弟，帝陷虏，遂即位，是为景泰帝。车驾即发京师，振及英国公张辅、诸公侯伯尚书侍郎以下官军私属五十余万人从行，仓促就道。《纪事本末》："命下二日即行。"军中常夜惊，过居庸关，群臣请驻跸，不允。至宣府，风雨大至，边报益急，群臣交章请留，振嗔怒。成国公朱勇朱能子。等白事，皆膝行听命，尚书王佐、邝埜忤振意，跪草中，至暮不得请。钦天监正彭德清，振私人也，告振曰：'象纬示儆，再前恐危乘舆。'振曰：'倘有此，亦命也。'学士曹鼐曰：

'臣子不足惜，主上系社稷安危，岂可轻进！'振终不从。至阳和，宋瑛、朱冕败殁处，见伏尸满野，众益危惧。八月戊申朔，帝至大同，王振尚欲北行，郭敬密止之，敬在阳和败时，匿草中幸免，故能言其状，始班师。振初议从紫荆关道由蔚州，邀帝幸其家，既恐躏其乡禾，复改道宣府。"

《纪事本末》："振班师，大同总兵郭登告学士曹鼐等，车驾入，宜从紫荆关，庶保无虞。王振不听。振，蔚州人，蔚州，明属大同府，故振亦称大同人。清改属宣化府。因欲邀驾幸其第，既又恐损其禾稼，行四十里，复转而东。"此所叙起人误会，似谓振之不从紫荆关，因欲邀驾至蔚州，既又恐损禾稼，复转而东，又拟转由紫荆关矣。按，紫荆关在易州，由大同东南行，经蔚州入紫荆关，即至顺天府界。若由此路，安得为也先所邀？《明史·瓦剌传》亦同《三编》，惟云改道宣府，军士迂回奔走，壬戌，八月十五，始次土木。《英宗纪》：庚戌师还，是为八月初三。丁巳次宣府，是为初十。庚申，瓦剌兵大至，吴克忠兄弟战殁，朱勇等救之，遇伏，全军尽覆，是为十三日。辛酉次土木，被围，壬戌师溃，帝北狩。较《瓦剌传》详确。足明当日师行日期，为虏所及，全由王振之罪，若由紫荆关，旬日已至京师矣。

又云："邝埜再上章，请疾驱入关，严兵为殿。不报。又诣行殿申请。振怒曰：'腐儒安知兵事？再妄言必死。'埜曰：'我为社稷生灵何得以死惧我？'振愈怒，叱左右挟出之。及发宣府，额森兵袭军后，邝埜所请疾驱入关，即入紫荆关。及发宣府，额森兵袭军后，即庚申诸将败殁之日矣。次日，帝犹行次土木。恭顺侯吴克忠及其弟都督克勤御之，力战死，后军溃散略尽。成国公朱勇、永顺伯薛绶率师四万往援，次鹞儿岭遇伏，全军俱覆。辛酉，次土木，日未晡，去怀来仅二十里，众欲入保城中，振辎重未至，留待之，即驻营土木，地无水草，敌已合围，掘井深二丈余不得水，其南十五里有河，已为敌所据，人马饥渴，束手不得动。敌分道自麻峪口入，都指挥郭懋拒战终夜，敌益增。明日，围御营，不得发，额森遣使议和，帝诏曹鼐草敕许之，敌佯退，振遽令移营，回旋间，行列已乱，敌以劲骑四面蹂躏入，大呼解甲投刃者不杀，众裸袒蹈藉死，尸蔽塞川野，诸宦竖宿卫士矢被体如猬。帝与亲军突围不得出，下马据地坐，敌拥之去，中官喜宁从。振等皆死，官军死伤者数十万，英国公张辅等五十余人皆死。帝既入敌营，敌以校尉袁彬来侍。额森拥帝至宣府，传谕杨洪、罗亨信开门出迎，城上人对曰：'所守者陛下城池，日暮不敢奉诏。'乃复拥帝至大同索金币，广宁伯刘安、都督金事郭登、侍郎沈固、给事中孙祥、知府霍瑄等出谒，伏地恸哭，以金二万余及宋瑛、朱冕、内臣郭敬家资进帝，帝以赐额森等。是时敌营城西，登谋遣壮士劫营迎驾，不果，额森遂拥帝北行。

"帝入敌营之明日，命袁彬作书，遣千户梁贵赍以示怀来守臣，言被留状，且索金帛。守臣送至京师，以是夜三鼓从西长安门入，太后遣使赍金宝文绮，载以八骑，皇后括宫中物佐之，诣额森营，请还车驾。群臣闻之，聚哭于朝，议战守。时京师疲卒羸马不满十万，人情汹汹，侍讲徐珵大言曰：'验之星象，稽之天数，天命已去，惟南迁可以纾难。'珵后改名有贞，谮杀于谦，见下夺门节。《明史》本传言珵于天官、地理、兵法、水利、阴阳、方术之书无不谙究。本年正统十四年秋，荧惑入南斗，珵私语友人刘溥曰："祸不远矣。"亟命妻子南还。《纪事本末》且云珵妻重迁，有难色。珵怒曰："尔不急去，不欲作中国妇耶？"乃行。珵之前知如此。然天命已去，惟南迁可纾难之说，竟不售，且都城亦未破，妻子不去，亦未至遂不为中国妇。"荧惑入南斗，天子下殿走。"古有是占，而理信之。其实何足为信？《明史·天文志》：正统十四年，七月己卯朔，荧惑留守斗。此即徐理所占。而其前洪武十五年九月乙丑，荧惑犯南斗。十九年四月己亥，留斗。七月辛巳，犯斗。八月丁亥，犯斗，则二十三年正月甲戌入斗。终洪武之世，所见者如此，当时又何尝以此为变怪乎？尚书胡濙不可，曰：'文皇定陵寝于此，示子孙不拔之计也。'侍郎于谦厉声曰：'言南迁者可斩也。京师天下根本，一动则大事去矣，独不见南渡乎？请速召勤王兵，誓以死守。'学士陈循是谦言，力赞之。太监兴安亦厉声曰：'若去，陵寝将谁与守？'金英因叱理出之。太后以问太监李永昌，对曰：'陵寝宫阙在兹，仓廪府库百官万姓在兹。'辞甚切。太后悟，议遂定，中外始有固志。越三日，太后遣额森使不得报，命郕王总百官，大小事俱启王始行。"

第三节 成化朝政局

　　天顺八年正月乙卯，初二日，英宗不豫。己未，初六日，皇太子摄事于文华殿。己巳，十六日，大渐。庚午，十七日，崩。乙亥，二十二日，宪宗即位，以明年为成化元年。七月，立皇后吴氏。八月，废之。后立甫逾月，以万贵妃已擅宠，后摘其过杖之，帝怒，废居别宫。帝年甫十八，万贵妃年已三十五，宠冠后宫，帝终身眷之，成化一朝，佞幸竞进，皆凭万氏。帝于宦寺，倚任时无所不至，旋复厌之，即弃之如脱屣，嬖幸恃宫中为奥援，与万历间之郑贵妃略同，盖宵小犹非能专挟天子以行事也。

天顺八年二月，始以内批授官，帝命中官传旨用工人为文思院副使，自后相继不绝，一传旨姓名至百十人，谓之传奉官。文武僧道，滥恩者以千数。明代至是始以官爵为人主私物。

十月，始置皇庄，以没入曹吉祥地为宫中庄田，皇庄之名自此始。给事中齐庄言："天子以四海为家，何必与民争利？"弗听。自是戚畹及中贵家多夺民地为庄田矣。按明太祖宽留田土以供养军蓄马之用，期不扰民。自宪宗笼田产以自私，上行下效，悉归豪强，始而就闲旷以为侵占，闲旷既尽，后起之豪强无尽，以渐而蹙及民生。其端盖造于此。

于是番僧扎实巴乞静海地为常住田，嘉善公主求文安地数百顷，德王请寿张地四千余顷，皆予之。成化四年三月，户科给事中邱弘等上言："国初，北直隶、山东地方土旷人稀，太祖、太宗屡颁明诏，许民耕种，永不科税。乃权豪怙势，专利病民，率指为闲田，乞奏至数十百顷。夫地逾百顷，古者百家恒产也，岂可徇一人之私而夺百家恒产哉？乞收前命还给下民，仍敕该部痛革往弊。"帝然之，诏："自今乞请皆不许。"扎实巴等所乞还之于民。未几，周寿以太后弟冒禁求涿州田六十余顷，帝不得已许之。自是翊圣夫人刘氏求通州、武清县地三百余顷，寿弟长宁伯彧求武强、武邑地六百余顷，皆予之。给事中李森疏谏，不复省。

按，成化间失政甚多，然奏乞闲田，事关永久民间舒蹙之故。所谓闲田，在太祖、太宗宽留以厚民生，历仁、宣暨英宗，未之有改。成化间惟以皇室庄田为倡，大动豪强贪欲之私，又可见祖宗积蓄之厚。先从近畿豪强遍布之地为始，各州县皆有罗掘，自后更及南畿，以及各处军卫留备兴屯之地，一切以闲田名之，祖宗所宽留者积久而尽。无论豪强代兴，日益无已，即边境有事，而以应额外之供，不得不悉索以责民供，民穷而为乱，乱起而民益穷，因果相生，遂成万历、天启之局。当宪宗时，民尚只觉恩泽之稀，未感煎熬之迫，后世言成弘之治，尚慨想以为太平，其实则前数代之遗泽，一朝不易枯竭耳。

再以史传证之，《陈镒传》："正统七年，王翱调辽东，镒复出镇，岁满当代，以陕人乞留，诏仍旧任。时仓储充溢，有军卫者足支十年，无者直可支百年，镒以陈腐委弃可惜，请每岁春夏时给官军为月饷，不复折钞。从之。"凡此皆见正统以前天下积储之厚。祖制未改，在朝多法家弼士。明之君，自英宗为无道之始；明之民，则未尝感觉困苦。坏祖宗藏富于民之意，自宪宗始。顾祖宗所藏至厚，不至一时遽尽，故其大败决裂犹在百年以后也。

更举史传证之，《李贤传》："尝言内帑余财不以恤荒济军，则人主必生侈心，而移之于土木、祷祠、声色之用。前后频请发帑赈贷恤边，不可胜计。"贤大用于景泰、天顺之间，至成化四年而卒，为一代贤相，其所主张如是，而景帝、英宗能任之，可知天顺以前，人主尚无甚与民争利之心也。贤以夺情为罗伦所纠不能无憾，与后之张居正为同病，然其为国家计久远，用才能，则皆功不可没也。

成化初对建州始有兵事，建州为清之旧受卫职，《明史》凡遇建州事，皆削不登。此为今日以后应为《明史》补正之一大端，别详《满洲开国史》。但以兵事论，则事役非巨，尚不及西南麓川、藤峡诸役，在本讲义原无足述之分量。惟荆、襄平乱为大事件，撮叙如下。

成化元年四月，荆、襄刘千斤起事。千斤名通，河南西华人，有

膂力，县治门有石狮重千斤，通手举之，因号为刘千斤。荆、襄上游
为郧阳，古麇、庸二国地，元至正间，流民聚此起事，终元世不能制。
洪武初，邓愈以兵临之，空其地，禁流民不得入，然地界秦、豫、楚
之间，又多旷土，山谷阻塞，林箐蒙密，中有草木可采掘以食。正统
二年岁饥，民徙入不可禁，聚既多，罔禀约束，其中巧黠者稍稍相雄
长。汉中守臣以闻，请除之，英宗曰："小民为饥寒迫耳，奈何即用
兵？"命御史金敬抚辑，谪戍数人，余阳听抚，而为首潜伏不出，寻
复纵，势益滋蔓。有锦衣千户杨萃者，奉使河南，策其必反，上疏言：
"流逋之众，宜选良吏抚恤，渐图散遣。"词甚谆切。不报。三省长
吏多诿非己境，因循不治。至是，刘通纠党石龙，号石和尚，及刘长
子、苗龙、苗虎等，聚众数万。自称汉王，建元德胜，署置将军、元
帅。攻襄、邓境，指挥陈昇等死者二十四人。时以副都御史王恕出为
抚治，而未受征讨之命，因不受抚。恕闻于朝，五月，乃命抚宁伯朱
永为总兵官，尚书白圭提督军务，发军会恕及湖广总兵李震进讨。至
南漳，通等迎战败之。永以疾留镇，圭主军务，奏四路进军之策。至
二年五月，迭战胜，斩刘通子聪及苗虎，通等退保后岩山，拒险以守，
圭督军四面围攻，通败被擒，苗龙等四十余人皆死。而石和尚、刘长
子逸去。六月，石和尚聚众千余，转趋四川大昌，杀夔州通判王祯，
圭分兵蹙之，并诱执石和尚等，遂班师，事稍息，不数年复炽。

有可以养民之地，而禁民毋入，此明开国时之失策也。六七十年之后，
而再有饥民屯聚之患。英宗之不轻用兵，是也，不选良吏抚恤解散，则
非也；至成化初，而不能不用兵，兵力所加，即告荡平，其时将帅犹得力。
然平定后即仍其故地，不以良吏辟作生聚之乡，亦犹是邓愈见解也。

六年十月，刘千斤余党李胡子等复聚众起事。初，白圭平荆、襄，

而流民屯结如故，李胡子名原，始与石和尚等同伙。会岁大旱，入山者九十万人，李与其党王彪、小王洪等往来南漳、内乡、渭南间，聚众为乱，称太平王，署其党为总兵、先锋等，又立一条蛇、坐山虎等号。官军屡战不利，荆、襄诸郡骚然。十一月，命都御史项忠总督河南、湖广荆襄军务。忠先分军列要害，多设旗帜钲鼓，遣人入山招谕流民，来归者四十余万。王彪来觇军，出不意擒之。忠又请调永顺、保靖土兵，合二十五万众，分八道逼之。流民归者又数万。遂击擒李胡子、小王洪等。忠移军竹山，复招流民五十万。斩首六百四十，俘八百有奇。家口三万余人，户选一丁，戍湖广边卫，余令归籍给田。其下令逐流民也，有司一切驱逼，不前即杀之，民有自洪武中占籍者，亦在遣中，戍者舟行多疫死。给事中梁璟因星变求言，劾忠妄杀。白圭亦言："流民既成业者，宜随所在著籍。"又驳忠所上功次互异。帝皆不听。进忠左都御史，荫子绶锦衣千户，诸将录功有差。忠上疏言："臣先后招抚流民九十三万余人，贼党遁入深山，又招谕解散，自归者五十万人，俘获百人，皆首恶耳，今言皆良家子，则前此屡奏猖獗难御者伊谁也？贼党罪固当死，因不忍滥诛，故令丁壮谪发遣戍，其久附籍者，或乃占山四十余里，招聚无赖千人，争斗劫杀，若此者，可以久居不遣乎？臣揭榜晓贼，谓已杀数千，盖张虚声怵之，非实事也。且圭固尝身任其事，今日之事，又圭所遣。先时中外议者，谓荆、襄之患何日得宁？今幸平靖，而流言沸腾，以臣为口实。"帝温诏答之。

《纪事本末》："议者谓忠此役实多滥杀，既树《平荆襄碑》，或亦呼为《坠泪碑》以嘲忠云。"《坠泪碑》为荆襄故事，本为人思羊祜，今以形容项忠之残杀。人揭忠之过，忠则自列其功，一时遂无定论。其实忠亦无善处流民之法，至多比之邓愈而已。

十二年五月，命左副都御史原杰抚治荆、襄流民。初，项忠既平荆、襄，陈善后十事，不过增设营堡巡司，多方侦守，以厉入山之禁。不数年，禁渐弛，流民复聚，朝廷以为忧。祭酒周洪谟尝著《流民图说》，谓当增置府县，听附籍为编氓，可实襄、邓户口，俾数百年无患。都御史李宾以闻。帝善之，遂命杰出抚。

以上文见《原杰传》，而《周洪谟传》不载此事，《纪事本末》略详洪谟之说，其说略曰："昔因修天下地理志，见东晋时庐、松之民流至荆州，乃侨置松滋县于荆江之南；陕西雍州之民流聚襄阳，乃侨置南雍州于襄西之侧。其后，松滋遂隶于荆州，南雍遂并于襄阳。垂今千载，宁谧如故。此前代处置荆、襄流民者，甚得其道。若今听其近诸县者附籍，远诸县者设州县以抚之，置官吏，编里甲，宽徭役，使安生业，则流民皆齐民矣。"

杰遍历山溪，宣朝廷德意，诸流民欣然愿附籍。于是大会湖广、河南、陕西抚按官籍之，得户十一万三千有奇，口四十三万八千有奇。其初至无产及平时顽梗者，驱还其乡，而附籍者用轻则定田赋，民大悦。因相地势，以襄阳所辖郧县居竹山、房、上津、商、洛诸县中，道路四达，去襄阳五百余里，山林阻深，将吏鲜至，猝有事故，府难遥制，乃拓其城，置郧阳府，以县附之，且置湖广行都司，增兵设戍。而析竹山置竹谿，析郧置郧西，析汉中之洵阳置白河，与竹山、上津、房咸隶新府。又于西安增山阳，南阳增南召、桐柏，汝州增伊阳，各隶其旧府。制既定，荐知邓州吴远为郧阳知府，诸县皆择邻境良吏为之，流人得所，四境乂安。将还，以地界湖广、河南、陕西，事无统纪，因荐御史吴道宏自代。诏即擢道宏大理少卿，抚治郧阳、襄阳、荆州、南阳、西安、汉中六府。郧阳之有抚治，自此始。寻以道宏为右佥都御史，开府郧阳，著为令。杰召为南京兵部尚书。劳苦成疾，南还，竟卒于驿舍，荆、襄之民闻之，无不流涕者。

吾国古时往往有封禁之地，最为闭塞之见解，利弃于地，小之聚乱民，大之召外寇，荆、襄规划，久而后定，足为明代一大事，故详之。郧阳抚治，以都御史开府，体同巡抚，终明世有之，清初尚然，至康熙初裁。旋吴三桂之乱，蔓延川、楚、秦、陇，郧阳复设抚治，康熙十九年终裁。嘉庆初又有川、楚白莲教之事，事平，以达州为绥定府，略如明之设置郧阳，此亦荆、襄上游明时未竟之绪也。

宪宗惑于万贵妃，在帝室则几倾皇嗣，而阉人当道，中旨授官，方士妖僧，滥恩无纪，皆以能结妃欢为进身之阶。成化中叶以往，朝政浊乱，然明运不遽倾颓，且后人述明时之太平，尚不能遗成化之世，则以得罪百姓之事尚少耳。综其失政如下。

宪宗后吴氏，立自天顺八年七月。以杖万贵妃故被废，帝下敕谓："先帝为朕简求贤淑，已定王氏，育于别宫待期。太监牛玉辄以选退吴氏于太后前复选册立。"以此为罪，废居别宫。后父俊先授都督同知，亦下狱戍边。而牛玉止谪孝陵种菜。南京给事中王徽、王渊、朱宽、李翱、李钧等合疏言："玉罪重罚轻。"帝怒徽等，皆贬边州判官。则知玉易后之罪非事实也。

万贵妃以四岁选入掖庭，为孙太后宫女。孙太后为宣宗后。万贵妃于天顺八年为三十五岁，则四岁入宫尚在宣宗之世。言孙太后，乃后来追称也。及长，侍宪宗于东宫。宪宗年十六即位，《宪宗纪》："成化二十三年崩，年四十一。"则即位年当为十八。此出《万贵妃传》，《史稿》亦同，当是此传之误。妃已三十有五。机警善迎帝意，遂谗废皇后吴氏，六宫希得进御，帝每游幸，妃戎服前驱。成化二年正月，生皇第一子，帝遣中使祀诸山川，遂封贵妃。皇子未期薨，妃亦自是不复娠矣。当是时，帝未有子，中外以为忧，言者每请溥恩泽以广继嗣，帝曰："内事也，朕自主之。"妃益骄，中官用事者，一忤意立见斥逐，掖庭御幸有身，饮药伤坠者无数。孝宗之生，顶寸许无发，或曰药所中也。纪淑妃孝宗生母之死，实妃为之。佞幸钱能、覃勤、汪直、梁芳、韦兴辈皆假贡献苛敛民财，倾竭府库，以结贵妃欢，奇技淫巧，祷祠宫观，糜费无算。久之，帝后宫生子渐多，芳等惧太子年长，他日立将治己罪，同导妃劝帝易储，会泰山震，占者谓应在东宫，帝心惧，事乃寝。二十三年春，暴疾薨。

妃诸罪状，类皆帝所谓内事，惟为阉宦佞幸之所凭依，则蠹政尤甚，然尚见帝不受制于群小，特以妃为之内主，故一旦意所不慊，弃之如遗，固不至如天启朝客、魏之祸耳。

万贵妃父贵，诸城人，诸邑掾史，坐事谪居霸州。以贵妃故，官锦衣卫指挥使，颇勤饬。贵子喜亦为指挥使，与弟通、达等并骄横。成化十年，贵卒。十四年，进喜都指挥同知，通指挥使，达指挥佥事。通少贫贱，业贾，既骤贵，益贪黩无厌，造奇巧邀利。中官韦兴、梁芳等复为左右，每进一物，辄出内库偿，辇金钱络绎不绝。通妻王出入宫掖，大学士万安附通为同宗，婢仆朝夕至王所谒起居。妖人李孜省辈皆缘喜进。朝野苦之。

成化十二年九月，令太监汪直刺事。直故大藤峡人。初，给事万贵妃宫，迁御马监太监。时妖人李子龙以符术结太监韦舍，私入大内，事发伏诛，帝心恶之，锐欲访外事，以直便黠，因令易服将校尉一二人密出伺察，人莫之知。明年正月，设西厂，以直领之。永乐中始置东厂，令宦官访缉逆谋大奸，与锦衣卫均权势。至是，又别设西厂刺事，所领缇骑倍东厂，势远出卫上。任锦衣百户韦瑛为心腹，屡兴大狱，自诸王府边镇及南北河道，所在校尉罗列，民间斗詈鸡狗，辄真重法。直每出，随从甚众，公卿值者皆避道，兵部尚书项忠不避，迫辱之，权焰出东厂上。凡西厂逮捕朝臣，不俟奏请，气焰熏灼。

　　锦衣卫之制，仿古司隶校尉、执金吾等官，职掌都城内外地方各事，以辇毂之下人众稠密，不免宵小混杂，故有缉事员役以靖奸慝。近世各国都市皆有警察侦探，在清则谓之步军统领衙门，古今中外大略相类，原不得为弊政。明以诏狱属锦衣卫镇抚司，遂夺法司之权，以意生杀，而法律为虚设，盖弊在诏狱，尚不在缉事也。至设东厂而以宦官领缉事，是即所谓皇家侦探，其势无可抵抗，诬陷栽赃，莫能与辨，其所谓有罪，即交锦衣卫治之。于是诏狱超法律之外，东厂缉事又绝裁抑之门。成化中以一东厂为未足，更益以西厂，而缇骑倍之，校尉所至，遍南北边腹各地，又绝非都城地方巡徼之事任。此所以为明代独有之弊政也。然细按之，皆凌蔑贵显有力之家，平民非其所屑措意，即尚未至得罪百姓耳。

　　五月，大学士商辂率同官劾直罪，且言："陛下委听断于直，直又寄耳目于群小，擅作威福，贼虐善良。陛下若谓摘奸禁乱为有益，则前此数年，何以帖然无事？近自直用事以来，人心疑畏，卿大夫不安于位，商贾不安于途，庶民不安于业，若不急去直，天下安危未可知也。"帝得疏，愠曰："用一内竖，何遽危天下？谁主此奏者？"命太监怀恩、覃吉至阁诘责，辂正色曰："朝臣无大小，有罪皆请旨逮问。直擅抄没三品以上京官；大同、宣府，边城要害，守备俄顷不可缺，直一日械数人；南京，祖宗根本地，直擅收捕留守大臣；诸近侍在帝左右，直辄易置。直不去，天下安得无危？辂等同心一意为天下除害，无有先后。"恩等以实覆奏。传旨慰劳。翌日，兵部尚书项忠亦倡九卿劾之，帝不得已令直归御马监，调韦瑛边卫，散诸旗校还锦衣卫。中外大悦。怀恩、覃吉为明阉官之最贤者，亦方欲制直不使逞，故暂得此效。

西厂虽暂罢，帝眷直不衰，令密出外刺事。吏部尚书尹旻等附直，项忠劾直，以旻为六卿之长，请首署名，旻即驰报直。六月，忠以直诬构黜为民。御史戴缙颂直功，谓："大臣群臣皆无裨于政，独有太监汪直摘发允协公论，足以警众服人。"疏入，遂复开西厂。大学士商辂引疾，帝听其归。于时大臣以次陈免者数十人。士大夫皆俯首事直，直势愈恣。

时西厂既复，东厂亦正横甚，东厂官校因发云南百户左昇私事，词连掌通政使工部尚书张文质，锦衣卫遂执下狱，帝不知也。左通政何琮等以掌印请，帝乃知而释之，锦衣卫官以擅系大臣，停俸三月。厂与卫为一体，大臣系狱而帝不知，知之则处分仅及卫官，所处分仅止停俸三月，其时士大夫所被待遇可知矣。

戴缙以颂直功，累进右佥都御史，不二年，以中旨擢副都御史，又进都御史，掌院事。于时御史王亿等竞效缙所为，相率媚直，谓："西厂摘伏发奸，不惟可行之今日，实足为万世法。"依阿淟涊，台中纲纪扫地。后直宠衰，缙乃谋出为南京工部尚书，直败，黜为民。直以十四年六月，复出行辽东边。直年少喜兵，欲以边功自固，乃有此行。率飞骑日驰数百里，所过棰挞官吏，各边都御史皆服橐鞬迎谒，供张甚盛，左右从者悉大通贿赂，远近为之驿骚。

此事见《汪直传》。其所谓行辽东边，正以巡抚陈钺掩杀建州夷人以冒功，激变启衅，朝议遣重臣抚安，已命兵部侍郎马文升往建州听抚，直思攘其功，固请行边。陈钺先略直左右，令所过居民跪迎道左，比至，钺出迓于郊，望尘匍匐，盛供张以娱直。直至开原，再下令招抚，文升乃推功于直，直内惭，文升又与抗礼，不善事其左右，钺又日夜谮文升于直，直遂庇钺激变罪转罪文升。明年五月，下文升锦衣卫狱，谪戍重庆卫。钺更讽直请大发兵树边功，讨建州夷伏当伽。其冬，以抚宁侯朱永充总兵官，直监军，钺赞军务，率师出辽东塞，遇建州贡使六十人，掩杀之，更发墓斫髑髅以张级数。捷闻，封永保国公，增直岁禄，钺亦论功晋右都御史，寻代杨鼎为户部尚书。此事见《明史》。惟不载建州字。考《明实录》及明各家记载，此皆关清代先世种族中事，清修《明史》，一律删除。此事因无建州字，漏未删去。其详别见《满洲开国史》。

直因陈钺树边功于辽东，十五年又奉命行大同、宣府边，厨传供张，櫜鞬［櫜（gāo）鞬：盛弓箭的容器。櫜，盛箭之器。鞬，盛弓之器。］迎谒，并如辽东，左右索赂，各倾帑以给之，边储为之一空。直先以所善王越为兵部尚书，又用越言，诈称亦思马因犯边，诏永同越西讨，直为监军。亦思马因实无意犯边，方移帐威宁海子，越乘其不意，偕直往袭，虏惊避，遂杀其老弱，报首功四百三十余级，获马驼牛羊六十。越封威宁伯，增直岁禄。于是人指王越、陈钺为二钺。小中官阿丑工俳优，一日于帝前为醉者谩骂状，人言："驾至。"谩如故；言："汪太监至。"则避走曰："今人但知汪太监也。"又为直状，操两钺趋帝前，旁人问之，曰："吾将兵仗此两钺耳。"问何钺？曰："王越、陈钺也。"帝笑，稍稍悟。会东厂尚铭获贼得赏，直忌，且怒铭不告。铭惧，乃廉得其所泄禁中秘语奏之，尽发王越交通不法事。十七年秋，命直偕越往宣府御敌，敌退，直请班师，不许，徙镇大同，尽召将吏还，独留直，直不得还。言官交章论直苛扰，请罢西

厂。而大同巡抚郭铠复言："直与总兵许宁不和，恐误边事。"帝乃
调直南京御马监，罢西厂。又以言官言，降直奉御，褫逐其党王越、
戴缙、吴绶等，陈钺已致仕不问，韦瑛后坐他事诛，然直竟良死。帝
亦无所谓政刑，意所不属即弃之，固犹未至为阉所制耳。西厂废，尚
铭遂专东厂事，闻京师有富室，辄以事罗织，得重贿乃已，卖官鬻爵，
无所不至。帝寻觉之，谪充南京净军，籍其家，辇送内府，数日不尽。

宪宗朝内侍复有梁芳与韦兴比，而谄万贵妃，日进美珠珍宝悦妃
意。其党钱能、韦眷、王敬等争假采办名出监大镇，帝以妃故不问。
妖人李孜省、僧继晓皆由芳进，共为奸利。取中旨授官累数千人，名
传奉官。陕西巡抚郑时论芳，被黜，陕民哭送之，帝闻颇悔，斥传奉
官十人，系六人狱，诏自后传旨授官者俱覆奏，然不罪芳。刑部员外
郎林俊以劾芳及继晓下狱。久之，帝视内帑，见累朝金七窖俱尽，谓
芳及韦兴曰："糜费由汝二人。"兴不敢对，芳曰："建显灵宫及诸
祠庙，为陛下祈万年福耳。"帝不怿曰："吾不汝瑕，后之人将与汝
计矣。"芳遂说贵妃劝帝废太子而立兴王，会泰山累震，占者言应在
东宫，帝惧乃止。

成化间，阉人之外，更有佞幸，以李孜省、僧继晓为首。孜省初
为江西布政司吏，黩法受赃，既历京考得冠带，而赃事发，当褫为民，
匿不归。时帝好方术，孜省学五雷法，厚结中官梁芳、钱义，以符箓
得幸。成化十五年四月，中旨授太常寺丞。御史杨守随言："祖宗官
人之制，必考素行。太常职司祭祀，厥选尤重，奈何用赃私罪人，渎
事天地宗庙？"给事中李俊亦以为言。帝不得已，为改上林苑监副。
然宠幸日甚，赐以印章二：曰忠贞和直，曰妙悟通微。许密封奏请。
孜省因与梁芳表里为奸，干乱政事。十七年，擢右通政，寄俸本司，
仍掌监事。初，帝践位甫逾月，即命中官传旨，用工人为文思副使，

自后相继不绝，一传旨至百十人，时谓之传奉官。文武僧道滥恩泽者数千。邓常恩、赵玉芝、凌中、顾玒及奸僧继晓辈皆尊显，与孜省相倚为奸。孜省旋迁左通政，言官交劾，暂贬秩，仍迁之。二十一年，星变求言。大臣、言官皆极论传奉官之弊，首及孜省、常恩等。帝颇感悟。贬孜省上林监丞，令吏部录冗滥者名，斥罢五百余人。中外大悦。孜省恨廷臣甚，构逐数人，益以左道持帝意。十月，再复为左通政，益作威福，假扶鸾术，言："江西人赤心报国。"致仕卿贰缘以复进之江西人极多。密封推荐，缙绅进退，多出其口。执政大臣万安、刘吉、彭华皆附丽之。华以江西人结孜省，用为吏部左侍郎兼翰林学士入阁，与尹旻相恶，构旻及其子侍讲龙，龙下狱除名，旻致仕。旻籍山东，山东京僚坐旻党降调者多人。是为明季门户成习之始。孜省所排挤，若江西巡抚闵珪、洗马罗璟、兵部尚书马文升、顺天府丞杨守随皆被谴，朝野侧目。已复擢礼部右侍郎。是时以秘术干中官陈乞者无数，大学士力安亦献房中术以固宠，终宪宗之世，方士滥恩不绝。

继晓，江夏僧，以秘术因梁芳进，授僧录司左觉义，进右善世，命为通玄翊教广善国师。其母朱氏，娼家女也，继晓自陈乞旌。诏不必勘核，遂旌其门。日诱帝为佛事，建大永昌寺于西市，逼徙民居数百家，费国帑数十万。员外郎凌俊请斩芳、继晓以谢天下，几得重谴。宪宗朝，西番僧封法王及大智慧佛、大慈悲佛、西天佛子、大国师、国师禅师者不可胜计，皆锡诏命，服饰器用拟王者，出入乘棕舆，卫卒执金吾仗前导，锦衣玉食几千人。取荒冢顶骨为数珠，髑髅为法碗。给事中魏元等切谏，不纳。帝初即位，即以道士孙玉庭为真人。其后，羽流加号真人高士者亦盈都下。大国师以上金印，真人玉冠、玉带、玉珪、银章。继晓尤奸黠窃权，所奏请立从。二十一年，星变求言，贬李孜省、罢传奉官五百余人时，亦革继晓国师为民。而帝忌诸言者给事中卢瑀等，密谕尹旻出之，且书瑀等六十人姓名于屏，俟奏迁则贬远恶地，于是言者相继贬斥。而方士等复官，有宠愈甚，诸番僧亦如故。二十三年八月，帝崩，孝宗即位后，乃尽黜成化时僧道杂流传奉得官之众。继晓至弘治元年十一月伏诛。

凡此皆成化时朝政之秽浊，而国无大乱，《明史》称其时为太平，惟其不扰民生之故。

第四章

议礼

武宗荒淫无嗣，孝宗亦无他皇子在者，乃以大臣议，迎立宪宗子兴献王佑杬长子厚熜，是为世宗，阁臣中以梁储往兴国奉迎。当武宗不豫，江彬犹矫旨，改西官厅为威武团营，自提督军务，至是杨廷和请于太后，传懿旨罢之。各边军俱重赉散归镇，革京城内外皇店，纵遣豹房番僧及少林僧、教坊司乐人。又以遗诏放还四方进献女子，停京师不急工务，收宣府行宫珠宝归之内库。中外大悦。江彬知天下恶己，又见罢遣边兵，益内疑。其党李琮劝速反，不胜则北走塞外，彬犹豫未决，诡称疾不出，阴布腹心，衷甲观变。令许泰诣内阁探意，廷和慰以温言，彬稍安，乃出成服。廷和遂密与蒋冕、毛纪及太监温祥、魏彬、张永合谋捕之。魏彬入白太后，会坤宁宫安兽吻，即命江彬与工部尚书李鐩入祭。彬礼服入，家人不得从。祭毕，张永留彬饭，故缓之，俄而太后下诏收彬。彬觉，走西安门，门闭，寻走北安门，门者曰："有旨留提督。"彬曰："今日安所得旨？"排门者，门者执之，拔其须且尽，收者至，缚之。顷，神周、李琮亦缚至，琮骂彬曰："奴早听我，岂为人擒？"遂并下锦衣卫狱。籍彬家，黄金七十柜，白金二千二百柜，他珍宝不可胜计。彬既败，张忠、许泰等以次下狱。

世宗未至京师，杨廷和总朝政者三十七日，中外倚以为安。及即位，廷和草诏，自恤录蠲租外，先朝蠹政，厘剔殆尽，所革锦衣、内监、旗校工役凡十余万，减漕百五十三万二千余石。其中贵义子传升乞升一切恩泽得官者，大半皆斥去。朝野金称新天子神圣，且颂廷和功。诸失职之徒衔之次骨，廷和入朝，有挟白刃伺舆傍者。事闻，诏以营卒百人卫出入。五月壬申，钱宁伏诛。六月戊子，江彬伏诛。中官佞幸，悉予逮治。时京师久旱，彬诛，适大雨。惟许泰、张忠得减死戍边，时以为除恶未尽也。

以上结武宗朝事，亦见世宗初政。以下入议礼本案。

明武宗真像

帝名厚照孝宗子在位十六年号正德

明武宗真像
选自《历代帝王像》（清）
姚文瀚 收藏于美国纽约大
都会艺术博物馆

明武宗朱厚照（1491年10月26日—1521年4月20日），明朝第十位皇帝，年号正德。

明武宗朱厚照在生活上荒淫混乱，即位时，便在奉天殿让猴坐大背，然后点燃爆竹，惊吓得猴跳狗跑，还乐得不成体统；他建了一座『豹房』，将大量美女选入其中，供自己淫乐；他还养男宠，称为『老儿当』；乾清宫失火时，他笑着说『好一栅大焰火』。

在政治上，明武宗朱厚照宠信宦官『八虎』。因自己属猪，便下令全国禁止吃猪肉，但他自己照吃不误。正德十二年（1517年），在宦官江彬的怂恿下，他竟然自封为『镇国公总督军务威武大将军总兵官朱寿』，带兵到宣府亲征小王子，史称『应州大捷』。

正德十四年（1519年），他在征讨宁王叛乱后回京途中，不幸落水，患上『燥热难退』病症，两年后吐血而死。

正德十六年四月癸卯，二十二日，世宗以兴世子自兴邸至京师，止于郊外。有议用天子礼奉迎者，礼部尚书毛澄曰："今即如此，后何以加？岂劝进辞让之礼当遂废乎？"乃具议，当如皇太子即位礼。世子顾长史袁宗皋曰："遗诏以我嗣皇帝位，非皇子也。"杨廷和请如礼臣所具仪，由东安门入，居文华殿，择日登极。不允。乃由皇太后趣群臣上笺劝进，即郊外受笺，是日日中，入自大明门，御奉天殿即位，诏草言："奉皇兄遗命入奉宗祧。"帝迟回久之，始报可。以明年为嘉靖元年。

甲辰，二十三日，毛澄等言："大行皇帝大丧，成服已毕，伏望以宗庙社稷为重，少节哀情，于西角门视事，文武百官行奉慰礼。"上曰："朕哀痛方切，未忍遽离丧次，其以二十七日视朝，具仪来闻。"于是澄等具上仪注曰："本月二十七日，上服衰服西角门视事，文武百官，素服，乌纱帽，黑角带，行奉慰礼。二十八日以后如之。至五月十八日，遵遗诏二十七日服制已满，自十九日后，合依孝宗敬皇帝服制，上释衰服，易素翼善冠，麻布袍，腰绖，御西角门视事，俱不鸣钟鼓，文武百官，仍素服朝参，至百日后，变服如常。"制曰："可。"

世宗以正德十六年四月二十二日至京，于即位即与群臣争礼节，不欲以臣子遭君父之丧之礼行入嗣即位之礼。然至翌日二十三日，礼臣如常奏请，帝亦以寻常太子嗣位之丧礼自处。所云以日易月之制，乃从即位之日起算，不以武宗崩日起算，盖若以武宗崩日计，则三月丙寅至即位日四月癸卯已越三十八日，早已逾二十七日之服丧期矣。由即位日服二十七日，至五月十八日为服满释衰，仍服百日内之服。此文惟《明通鉴》据《实录》载之。则其时帝于嗣统即行服之意，初未有悖。后来所争，乃纯为追尊本生父母之故。君之所争为孝思，臣之所执为礼教，各有一

世宗肃皇帝

明世宗像

选自《明代帝后半身像》册（明）佚名 收藏于中国台北故宫博物院

明世宗朱厚熜（1507年9月16日—1567年1月23日），明朝第十一位皇帝，年号嘉靖。明世宗在位早期，励精图治，积极革新，创造了「嘉靖新政」。但在位后期，明世宗沉迷于修道，因此朝政大权落入奸臣严嵩手中，导致政治腐败，军备不修，成为「南倭北虏」祸患的根源。

是非，其所可供后人议论者，正见明代士气之昌，非后来所能及尔。

丙午，二十五日，遣使迎母妃蒋氏于安陆。戊申，二十七日，诏议兴献王主祀及尊称，时上即位甫六日。于是礼部尚书毛澄请于大学士杨廷和，廷和出汉定陶王、宋濮王事授之曰："是足为典据矣。"澄称善。五月戊午，初七日，澄会文武群臣上议，引汉定陶王嗣成帝，宋濮安懿王之子嗣仁宗，略言："陛下入承大统，宜如定陶王故事，以益王第二子崇仁王厚炫兴献王为宪宗第四子祐杬，益王为宪宗第六子祐槟。主后兴国。兴献王于孝宗为弟，于陛下为本生父，与濮安懿王事正相等。陛下宜称孝宗为皇考，改称兴献王为皇叔父，兴献大王妃为皇叔母兴献王妃，凡祭告兴献王及上笺于妃，俱自称侄皇帝某，则正统私亲，恩礼兼尽，可以为万世法。"议上，上大愠，曰："父母可更易若是邪？"命再议。是月乙亥，二十四日，澄复会廷臣上议，执如初，因录程颐《代彭思永议濮王礼疏》进览，帝不从，命博考前代典礼，再议以闻。澄乃复会廷臣上议，略言："推尊之说，称亲之议，似为非礼，推尊之非，莫详于魏明帝之诏；称亲之非，莫详于程颐之议，至当之礼，要不出此。"并录上魏明帝诏书。时廷和、蒋冕、毛纪复上言："三代以前，圣莫如舜，未闻追崇所生父瞽瞍；三代以后，贤莫如汉光武，亦未闻追崇所生父南顿君，惟陛下取法二君。"疏皆留中不下。七月壬子，初三日，观政进士张璁上疏，略言："廷议执汉定陶王、宋濮王故事，欲考孝宗叔兴献王。夫汉哀帝、宋英宗皆预养宫中，立为储嗣，其为人后之义甚明。今陛下以伦序当立，循继统之义，非为孝宗后也。且迎养圣母，称皇叔母，则当以君臣礼见，子可以臣母乎？长子不得为人后，兴献王子惟陛下一人，利天下而为人后，恐子无自绝其父母之义。故谓陛下入继祖统则可，谓为人后而自绝其亲则不可，盖统与嗣不同，非必夺此父子之亲，建彼父子之号，然后谓之继统。今宜别立皇考庙于京师，以隆尊亲之孝，且使母以子贵，尊与父同，则皇考不失其为父，圣母不失其为母矣。"帝方扼廷议，得璁疏大喜曰："此论出，吾父子获全矣。"遂手诏杨廷和、蒋冕、毛纪，欲尊父为兴献皇帝，母为兴献皇后，祖母为寿安皇太后。廷和等持不可，封还手诏。于是给事中朱鸿阳、史于光、御史王溱、卢琼交章劾璁。帝不听。九月癸酉，二十五日，上母妃蒋氏自安陆至通州。先是下廷臣议奉迎礼，毛澄等请由崇文门入东安门。上不可。乃议由止阳左门入大明东门。又不可。比母妃至通州，闻尊称未定，止不肯入。上闻而泣，欲避位奉母归藩。澄等仍执议如初。上乃自定议，由中门入。仍下廷臣前疏，更令博采舆论以闻。张璁知帝意向己，又闻母妃止通州，益大喜，著《大礼或问》以上，且曰："非天子不议礼，愿奋独断，揭父子大伦，明告中外。"章下礼部，毛澄等知不可已，乃谋于内阁。十月己卯朔，以皇太后懿旨，追尊兴献王为兴献帝，王妃蒋氏为兴献后。帝不得已，乃报可。并尊宪宗贵妃帝祖母邵氏为皇太后。兴王之藩，妃不得从，世宗入继大统，妃已老，目眚矣，喜孙为皇帝，摸世宗身，自顶至踵。是时清议皆目璁议为邪说，惟兵部主事霍韬、御史熊浃附和之。未几，浃外转金事，璁出为南京刑部主事，韬自知为众论所龁，引疾归。壬午，初四日，兴献后至京师，谒奉先、奉慈二殿，初欲庙见，以廷议而止。十二月己丑，十一日，复传谕："兴献帝后皆加称皇字。"内阁杨廷和封还手敕，尚书毛澄抗疏力争，又偕九卿乔宇等合谏。皆不纳。嘉靖元年正月己未，十一日，清宁宫后殿灾，廷和等因言兴圣帝后加称，列圣神灵容有未安。给事中邓继曾亦言："天有五行，火实主礼；人有五事，火实主言。名不正则言不顺，言不顺则礼不兴。今之火灾，废礼失言之所致也。"上不得已，勉从众议，称孝宗为皇考，慈寿皇太后为圣母，兴献帝后为本生父母，不称皇。三月丁巳，初九日，上慈寿皇太后尊号曰昭圣慈寿皇太后，武宗皇后曰庄肃皇后，皇太后邵氏曰寿安皇太后，兴献后曰兴国太后。十一月庚，十八日，寿安皇太后邵氏崩，谥曰孝惠皇太后，别祀奉慈殿。七年七月，改称太皇太后。二年二月丙申，二十五日，葬孝惠皇太后于茂陵。先是，帝欲祔葬太后于茂陵，数下廷议，杨廷和等言祖陵不宜数兴工作，惊动神灵。帝不从。庚子，二十九日，礼部尚书毛澄罢。帝欲推尊所生，尝遣中官谕意澄，至长跪稽首，澄骇愕，急扶之起，其人曰："上意也。上言：'人孰无父母，奈何使我不获伸？必祈公易意。'"因出囊金畀澄，澄奋然曰："老臣悖耄，不能曲徇典礼，独有一去不与议已耳。"抗疏引疾，至五六上，帝辄慰留，不允，及是疾甚，复力请，乃许之。澄端亮有学行，论事侃侃不挠，帝雅敬澄，虽数忤旨，恩礼不衰。

孝宗既称皇考，兴献帝后既称本生父母，事已逾年，不复有他议矣。三年正月，又有南京刑部主事桂萼，与张璁同官，璁以议礼不合内阁意，调南刑部主事。日夜私诋朝议，而南京兵部侍郎席书、员外郎方献夫亦各具疏与璁意合，因朝议诋璁为邪说，惧不敢上。萼揣帝意，上疏请改称孝宗为皇伯考，兴献帝曰皇考，别立庙大内，正兴国太后之礼，定称圣母，并录书、献夫二疏以闻。帝得疏心动，手诏下廷臣议。于是礼部尚书汪俊会廷臣七十三人议萼疏非是，议上留中。而特旨召璁、萼及书于南京。俊不得已，乃集群臣，请加皇字以全徽称。帝亦留之十余日，始报可。二月，罢华盖殿大学士杨廷和。三月，罢礼部尚书汪俊，以席书代之。

廷和、俊皆以议礼不合罢。然当时士大夫之气骨则大有可观，以廷和定策迎立时之大功，及议大礼，先后封还御批者四，执奏几三十疏。帝本雅重廷和，及是左右乘间言廷和专恣无人臣礼，意遂内移。会帝遣内官提督苏杭织造，工部及台谏皆以江左比岁不登，请毋遣。不听，趣内阁撰敕。廷和因极言苏杭诸府，旱涝相继；淮、扬、徐、邳，田庐漂没，幼稚计斤而鬻，母子赴水而死；诏书必不敢草。帝趣愈急，戒毋渎扰执拗。廷和力争，言："臣等举朝大臣言官，言之不听；顾二三邪佞之言是听，陛下独能与二三邪佞共治祖宗天下哉？陛下以织造为累朝旧例，不知洪武以来，何尝有之？《食货志》："洪武时，罢天下有司岁织缎匹，有赏赉给以绢帛，于后湖置局织造。"创自成化、弘治耳。宪宗、孝宗，爱民节财，美政非一，陛下不取法，独法其不美者，何也？即位一诏，中官之幸路绌塞殆尽，天下方传诵圣德，今忽有此，何以取信？"帝为谢不审，俾饬所遣中官毋纵肆而已，不能止也。于是廷和累疏乞休，帝遂听之去。言官交章请留，不报。

汪俊以帝谕建室奉先殿侧，祀兴邸祖宗，上疏争，帝严旨切责，趣立庙益急。俊曰："立庙大内，有干正统，臣实愚昧，不敢奉诏。"帝令集群臣大议，俊等复上议："请于安陆特建献帝百世不迁之庙，他日袭封兴王子孙，世世荐享，陛下岁时遣官持节奉祀。"帝不纳，仍命遵前旨再议，俊再疏乞休，帝怒，责以肆慢，允其去。召席书代之，书未至，令侍郎吴一鹏署部事。一鹏持议如俊言，并请下璁、萼等法司按治。帝责以欺朕冲岁，党同执违，遂趣成之，名观德殿，而命一鹏偕京山侯崔元等迎主安陆。一鹏等复上言："历考前史，并无自寝园迎主入大内者，且安陆为献帝启封之疆，神灵所恋。伏乞俯纳群言，改题神主，奉安故宫，为百世不迁之庙，其观德殿中，宜别设神位香几，以慰孝思。"奏入不纳，一鹏乃行。

　　四月，追尊兴献帝曰本生皇考恭穆献皇帝，上兴国太后尊号曰本生皇母章圣皇太后。时疏谏者有编修邹守益，下诏狱拷掠，谪广德州判官。而修撰吕柟亦言大礼未正，御史段续、陈相请正席书、桂萼罪，吏部员外郎薛蕙上《为人后解》，鸿胪寺少卿胡侍言张璁等议礼之失，俱下狱，谪官夺俸有差。五月，罢谨身殿大学士蒋冕。冕自杨廷和罢，为首辅，帝更逐汪俊以怵冕，而用席书代之，且召璁、萼、冕极谏，并再疏乞罢，帝令驰传归，以石珤为吏部尚书，兼文渊阁大学士，预机务。珤初已为吏部尚书，杨廷和有所不悦，改詹事，典诰敕，以夺其权。帝知珤不附廷和，欲引以赞大礼，乃命代冕，而珤据礼力争，大失帝意。璁、萼既赴召，阁臣以献帝已追尊，请停召命，帝不得已，从之。二人复合疏言："本生对所后而言，若不呕去此二字，则虽称皇考，实与皇叔无异。"疏入，复召。二人比至都，众汹汹，欲仿先朝马顺故事，毙之于廷。萼惧不敢出，璁越数日始朝，恐有伺者，出东华门走匿武定侯郭勋家。勋大喜，约为内助。自此勋遂挟大礼邀宠，恣为奸利不法。时给事中张翀等连劾璁、萼及献夫、书诸人，章下所司，翀汇送刑部尚书赵鉴，即列璁等罪状上请，私相语曰："倘得俞旨，便扑杀之。"以其罪应廷杖，冀以杖时尽法。帝廉知之，特命璁、萼为翰林学士，献夫为侍讲学士，切责翀、鉴。学士丰熙、修撰舒芬、杨慎、张衍庆、编修王思等皆不愿与璁、萼同列，乞罢归，帝怒，俱夺俸。璁、萼以议礼骤贵，于是闲罢失职武夫小吏皆望风希旨，抗论庙谟矣。

　　七月，帝召见群臣于左顺门，示以手敕，言："章圣皇太后命去本生字。"群臣骇愕，而张璁、桂萼复列上礼官欺罔十三事，且斥为朋党。于是九卿、詹事、翰林、给事、御史、六部、大理、行人诸司各上章争之，皆留中不下。尚书金献民、少卿徐文华倡言曰："诸疏留中，必改称孝宗为伯考矣。"吏部右侍郎何孟春曰："宪宗朝议慈懿太后葬礼，姚夔率百官伏哭文华门，此我朝事也。"杨慎曰："国家养士百五十年，仗节死义，正在今日。"编修王元正、给事中张翀曰："万世瞻仰，在此一举，有不力争者击之。"于是九卿二十三人、翰林二十二人、给事二十一人、御史三十人、诸司郎官吏部十二人、户部三十六人、礼部十二人、兵部二十人、刑部二十七人、工部十五人、大理寺属十一人跪伏左顺门，有大呼高皇帝、孝宗皇帝者。帝方斋居文华殿，命中官谕之退，不听。帝怒，遣锦衣先执为首者丰熙、张翀及御史余翱、郎中余宽、黄待显、陶滋、相世芳、大理寺正毋德纯八人下狱，杨慎等乃撼门大哭，众皆哭，声震阙廷。帝益怒，命尽录诸臣姓名，时有不在列者，其亲故以不与义举为嫌，多为代书，遂系马理等一百九十人于狱，孟春等待罪。越数日，为首者戍边，四品以上夺俸，五品以下予杖，编修王相等十有七人杖死。自是衣冠丧气，萼、璁等势益张。九月，更定大礼，称孝宗为皇伯考，昭圣皇太后为皇伯母，献皇帝为皇考，章圣皇太后为圣母，尊称自是遂定。

明代尊宋儒，以程、朱之言为科律，独于程子之濮议则反之，不惟反之，且矫枉而过其直，至不可以道里计。宋英宗欲尊所生之濮王，程子议止宜称濮王为皇伯父，欧阳修不以为然，当时遂以欧公为邪说，然英宗于所生止求至称本生考而止，皇字帝号，皆所谨避，虽太后有诏而英宗避不敢当。故欧公之论，谓父子之名不可以强改，虽与程子意不合，在欧公固心安理得也。嘉靖议礼，其始杨廷和辈皆挟程子之成见，固亦觉其过拘，至谓奉迎兴国太妃时，若称皇叔母，则当以君臣礼见，子不可以臣母，则至称以本生，亦可以已矣。嗣是而热衷之徒，假此为进取之捷径，本生不已，称皇称帝，更进而称在庙之孝宗为皇伯考，见在之太后为皇伯母。如璁辈所持之议,不且入庙而臣皇伯考,入宫而臣皇伯母乎?若以为称伯母伯考而非臣之,则前此不受叔母之称,于义亦无当矣。然犹未已也,侥幸之门既开,但能设一说以导帝纵情以蔑礼,即富贵如操券,其变幻又何所不至矣。

四年五月,又作世庙。初,国子生何渊首请建世室,廷臣恶之,出为平凉主簿,求内改,帝擢为光禄寺署丞。复申前议,请崇祀献皇帝于太庙。章下廷议,席书率群臣言:"天子七庙,周文、武并有功德,故立文、武世室于三昭三穆之上。献皇帝追称帝号,未为天子,渊妄为谀词,乞寝其奏。"敕令再议。书等言:"将置主于武宗上,则以臣先君,分不可僭;置武宗下,则以叔后侄,神终未安。在廷诸臣,于称考称伯异同相半,今袝庙之举无人以为可者。"时张璁亦言入太庙为礼之所不得为。书复密疏劝止,帝意不可回。书遂请于皇城内别立一庙,前后寝如文华殿制,出入不与太庙同门,座位不与太庙相并,祭用次日,庙欲稍远,庶以成祢庙独尊之礼,避两庙一体之嫌。诏可。亲定名曰世庙,而世室之议乃寝。冬十二月,《大礼集议》成,颁示天下。先是,帝命席书辑《大礼集议》,因言:"以书及张璁、桂萼、方献夫、霍韬五人为正取,熊浃、黄宗明、黄绾、金述、陈云章、张少连六人为附取,其中又有楚王、枣阳王二宗室,皆建言在嘉靖三年以前。若何渊等亦在不取之列。其他罢职投闲之夫,建言于璁、萼召用后者,皆以为望风希旨,有所觊觎,一切不录。又有奏乞附名之聂能迁、王价二人,建言在三年二三月,应如其请。"帝从之。及是书成,进书太子太保,以璁、萼为詹事,献夫、韬为少詹事,诸与议者皆进秩。因诏:"大礼已定,自今有假言陈奏者,必罪不宥。"

五年九月,以世庙既成,章圣太后欲谒见,帝询璁、萼,俱援庙见礼，言："宜先见太庙，次谒世庙。"阁臣费宏、杨一清等及礼部侍郎刘龙争之不得。石珤复上疏极谏，言："太庙尊严，非时享袷祭，天子亦不轻入，况后妃乎？璁、萼辈所引庙见礼，今奉先殿是也。圣祖神宗行之百五十年，已为定制，中间纳后纳妃，不知凡几，未有敢议及者，何至今日，忽倡此议？"帝不听。六年二月，罢大学士费宏、石珤。时璁、萼并欲兴大狱，罪及杨廷和、彭泽等，给事中杨言抗章论辩，帝怒其为大臣游说，收系言，亲鞫于午门，备极五毒，无挠词，乃下五府九卿议。镇远侯顾仕隆等覆奏，承璁、萼指上书之锦衣百户王邦奇言皆虚妄。帝仍切责之，然狱亦由是解。明年，萼以前御史陈九畴误报边情，再株连廷和、泽，削泽尚书职，廷和以有社稷功，仅免。

彭泽立朝及驭边，疏阔负气，不为无过，然究为一时正人。史本传载其为郡守时一事，足见当时士大夫家教之美，《传》云："泽，弘治中为刑部郎中，势豪杀人，泽寘之辟，中贵为祈免，执不听，出为徽州知府。泽将遣女，治漆器数十，使吏送其家，泽，兰州人，泽父大怒，趣焚之，徒步诣徽，泽惊出迎，目吏负其装，父怒曰：'吾负此数千里，汝不能负数步耶？'入杖泽堂下，杖已，持装径去。泽益痛砥砺，政最，人以方前守孙遇。"《循吏传》：徽州知府孙遇，秩满当迁，民诣阙乞留，英宗令进秩视事，先后在官十八年，迁至河南布政使。

先是五年十二月，上林苑监丞何渊以所上前后疏为席书所格，请一并增入《大礼集议》中，于是诏内阁草敕，命儒臣纂修全书，其先所颁行《集议》，且令缴进。此文《明史》等诸书皆不载，《明通鉴》据《实录》增书为修《明伦大典》之缘起。六年正月，诏开馆纂修《大礼全书》，仍以阁臣费宏等及席书为总裁官，张璁、桂萼副之。未几，费宏、石珤俱罢，席书亦病卒。书将成，璁复引疾求退以要帝，言："臣与举朝抗四五年，举朝攻臣至百十疏。今修《大礼全书》，元恶寒心，群奸侧目，要略方进，谗谤繁兴，使全书告成，将诬陷益甚。"帝慰留之。七年二月书成，名曰《明伦大典》，帝自制序弁其前，命璁为后序，刊布天下。叙功加璁少傅，萼少保，璁于上年十月，已由翰林学士为礼部尚书兼文渊阁大学士，自释褐至入阁仅六年。萼亦于上年九月为礼部尚书兼翰林学士，旋又迁吏部。霍韬、方献夫等皆进官。而追论前议礼诸臣罪，削杨廷和籍，蒋冕、毛纪、毛澄、汪俊、乔宇、林俊皆夺职，斥何孟春、夏良胜为民。

议礼一案，尚不以此为止。兴献皇帝更以称宗祔庙为终极，而凡附和大礼者，皆可挟为颠倒是非报复恩怨之用，其事不胜列举。其中尤以李福达之狱为甚，叙其大略，可见当时朝局。其事盖即在嘉靖六年，正重修《大礼全书》之日，崞县人李福达，坐弥勒教王良、李钺党，戍山丹卫。逃还，更名午，为清军御史所勾，再戍山丹卫。复逃，居洛川，以弥勒教结邵进禄等起事。事觉，进禄被诛，福达先还家，得免。更姓名曰张寅，挟重赀往来徐沟间，输粟得太原卫指挥，用黄白术干武定侯郭勋，大信幸。其仇薛良讼于巡按御史马录，录问得实，檄洛川父老杂辨之，益信。勋为移书祈免，录不从，偕巡抚江潮具狱以闻，且劾勋庇奸乱法。章下都察院，覆如录奏。诏责勋对状，勋惧乞恩，因为福达代辨，帝置不问。会给事御史部属等数十人交章劾勋，谓罪当连坐，尤以刑部主事唐枢为辨晰。勋再自诉，以议礼触众怒为言。帝心动。勋复乞璁、萼为援，璁、萼以廷臣攻己，亦欲借是泄愤，乃合谋腾蜚语曰："诸臣内外交结，借端陷勋，将渐及诸议礼者。"帝深入其言，而外廷不知，攻勋益急。帝愈疑，命取福达等至京师，下三法司讯，既又命文武大臣更讯之，皆无异词。帝大怒，将亲讯，以杨一清言而止，仍下廷鞫，刑部尚书颜颐寿等不敢自坚，改妖言律。

帝犹怒，命法司俱戴罪办事。遣官往械录、潮及前问官布政使李璋、按察使李珏、佥事章纶、都指挥马豸等。时璋、珏已迁都御史，璋巡抚宁夏，珏巡抚甘肃，皆下狱。廷讯乃反前狱，抵良诬告罪。帝以罪不及录，怒甚，命鄠署刑部，璁署都察院，献夫署大理寺，覆谳之。乃尽下尚书颐寿等三法司堂上官十人于狱，严刑推问，搜录箧，得大学士贾咏等有书慰问。帝责咏，咏致仕去。都御史张仲贤以下，凡曾慰问录者亦皆下狱。鄠等上言：“请大奋乾断，以彰国法。”帝纳其言，并下劾勋诸臣狱。会讯时，太仆卿汪元锡、光禄少卿余才偶语曰：“此狱已得情，何再鞫？”侦者告鄠以闻，亦逮问。鄠等遂肆搒掠，录不胜刑，自诬故入人罪。璁、鄠等乃定爱书，言寅非福达，录等恨勋，构成冤狱，因列上诸臣罪名。帝悉从其言，谪戍极边遇赦不宥者五人，谪戍边卫者四人，为民者十一人，革职闲住者十七人，其他下巡按逮问者五人，谳未定前先已得遣者六人，录以故入人死未决，当徒。帝必欲置重辟，献夫曰：“张寅未死而录代之死，恐天下不服。”杨一清复力争，乃减死永戍烟瘴地，缘及子孙，遇赦不宥。薛良抵死，众证皆戍，张寅还职，璁、鄠等平反有功，赐二品服俸，给三代诰命，遂编《钦明大狱录》，颁示天下。录中备载各疏，独唐枢疏最得情，删去不载。至四十五年正月，四川蔡伯贯就擒，自言：“学妖术于山西李同。”所司檄山西捕同下狱，同供李午之孙，其父曰大礼，世习白莲教，结众谋起事。与《大狱录》姓名无异。《录》中原载福达三子，名大仁、大义、大礼也。由是福达狱始明，而马录早死戍所矣。李同伏诛。是年世宗崩，穆宗即位，御史庞尚鹏据李同之狱，乞追夺勋等官爵，优恤马录诸人，以作忠良之气，以前得罪之卿贰大臣尚有因事起用者，台谏曹郎，终嘉靖之世，无一人召复。隆庆初，皆复职赠官，马录首赠太仆少卿。嘉靖十六年，皇子生肆赦，诸谪戍者已释还，惟录不赦。

详《明史·唐枢传》所载枢言李福达狱之疏。福达实名伏答，犯法戍山丹卫时，案牍中名福达，遂系军籍。逃还，更名午，为清军御史所勾，再戍山丹卫。复逃以后，更姓名曰张寅。原问官山西按察使李珏，因见仇控福达之薛良不似良善，而福达身原有龙虎形之朱砂字，今张寅之身已无之；又见五台县张子真户内实有张寅父子。其实寅父子附籍，乃始于嘉靖元年，非以前所固有。又因军籍福达为崞县左厢都人，崞县左厢都户籍无李福达李午名，惟城坊有李伏答。盖坊与厢本无界限，其贯址实在城坊，名字则书写两歧，遂于初牒举其可疑。经马录集诸供证，判明张寅之实为福达，而以涉及郭勋，遂为璁、萼所假手以兴大狱，于议礼案中添一冤滥惨酷之祸。录枢原疏，以详曲折：

疏言："李福达之狱，陛下驳勘再三，诚古帝王钦恤盛心，而诸臣负陛下，欺蔽者肆其谲，谄谀者澜其说，畏威者变其辞，访缉者淆其真。是以陛下惑滋甚，而是非卒不能明。臣窃惟陛下之疑有六：谓谋反罪重，不宜轻加于所疑，一也；谓天下人貌有相似，二也；谓薛良言弗可听，三也；谓李珏初牒明，四也；谓臣下立党倾郭勋，五也；谓崞、洛证佐皆仇人，六也。臣请一一辨之：福达之出也，始而王良、李钺从之，其意何为？继而惠庆、邵进禄等师之，其传何事？李铁汉十月下旬之约，其行何求？我有天分数语，其情何谋？太上元天垂文秘书，其辞何指？劫库攻城，张旗拜爵，虽成于进禄等，其原何自？钺伏诛于前，进禄败露于后，反状甚明，故陕西之人曰可杀，山西之人曰可杀，京畿中无一人不曰可杀，惟左右之人曰不可，则臣不得而知也。此不必疑一也。据此释第一疑。是左右用事之璁、萼等直谓即是福达，亦未可罪以谋反而杀之。且福达之形，最易辨识，或取验于头秃，或证辨于乡音，如李二、李俊、李三，是其族识之矣；发于戚广之妻之口，是其孙识之矣；始认于杜文柱，是其姻识之矣；质证于韩良相、李景全，是其友识之矣；一言于高尚节、王宗美，是鄜州主人识之矣；再言于邵继美、宗自成，是洛川主人识之矣；三言于石文举等，是山、陕道路之人皆识之矣。此不必疑二也。此释貌有相似之疑，貌纵极似，不能得如许人皆识为其本身。薛良怙恶，诚非善人，至所言张寅之即福达，即李午，实有明据，不得以人废言。况福达踪迹谲密，黠慧过人，人咸堕其术中，非良狡狯，亦不能发彼阴私。从来发摘告讦之事，原不必出之敦良朴厚之人。此不当疑三也。李珏因见薛良非善人，又见李福达无龙虎形朱砂字，又见五台县张子真尸内实有张寅父子，又见崞县左厢都无李福达李午名，遂苟且定案，轻纵元凶。殊不知五台自嘉靖元年黄册始收寅父子，忽从何来？纳粟拜官，其为素封，必非一日之积，前此何以隐漏？崞县在城坊，既有李伏答，乃于左厢都追察，又以李午为真名，求其贯址，何可得也？则军籍之无考，何足据也？况福达既有妖术，则龙虎形朱砂字，安知非前此假之以惑众，后此去之以避罪，亦不可尽谓薛良之诬矣。此不当疑四也。京师自四方来者，不止一福达，既改名张寅，又衣冠形貌似之，此句当作又形貌似衣冠中人。原文不明了，故《三编》删此句，《明通鉴》亦因之。郭勋从而信之，亦理之所有，其为妖贼余党，亦意料所不能及。在勋自有可居之过，在陛下既宏议贵之恩，诸臣纵有倾勋之心，亦安能加之罪乎？此不用疑五也。鞫狱者曰诬，必言所诬何因；曰仇，必言所仇何事。若曰薛良，仇也，则一切证佐非仇也；曰韩良相、戚广，仇也，即高尚节、屈孔、石文举非仇也；曰魏泰、刘永振，仇也，则今布按府县官非仇也；曰山、陕人，仇也，则京师道路之人非仇也。此不用疑六也。望陛下六疑尽释，明正福达之罪，庶群奸屏迹，宗社幸甚。"疏入，帝大怒，斥为民。

十五年十月，更定世庙为献皇帝庙。先是八年十月朔日食，刑部员外郎邵经邦疏言张璁复召为足致天变。下镇抚司拷讯，谪戍福建镇海卫。然其疏中有用贾谊语，云："万年之后，庙号世宗，子孙百世不迁。"不无隐动帝意。帝勤勤礼制为百世计，自命足当明之世宗，后来亦果以此为帝号。十四年二月，改庙制作九庙时，谕阁臣曰："今拟建文祖庙为世室，则皇考世庙字当避。张孚敬张璁时已避帝嫌名，奏请改名，帝赐名孚敬。言世庙著《明伦大典》，颁诏四方，不可改。文世室宜称太宗庙，其余群庙，不用宗字，用本庙号，他日递迁，更牌额可也。"从之。未几，孚敬罢。明年，帝谕礼部尚书夏言曰："前以皇考庙比世室之义，名曰世庙。今分建宗庙，惟太宗、世宗不迁，而世之一字，来世或用加宗号，今加于考庙，又不得世宗之称，徒拥虚名，不如别议。可会议以闻。"言等议未上，帝复谕曰："皇考庙名，如题曰献皇帝庙，庶别宗称，且见推尊之意。"于是言等议："庙以谥名，既合周典，又与列圣庙号同符，请敕所司择吉题额，宣付史馆。"从之。

献皇帝庙既立，止举时祀，不祀太庙。至十七年夏，有致仕扬州府同知丰坊，学士熙子也，熙于嘉靖三年伏阙争大礼时，廷杖遣戍，死于戍所。坊家居贫乏，思效张、桂等片言取通显，上言："孝莫大于严父，严父莫大于配天，宜建明堂，尊皇考为宗，以配上天。"下礼部议。尚书严嵩等于配天具功德及亲亲二说以进，但举汉、唐、宋亲亲已有先例，至称宗则以为与袝庙相及，不敢妄议。帝曰："配享皇考称宗，不为过情。"复命集议。户部侍郎唐胄疏争，略言："《孝经》曰：'严父莫大于配天，则周公其人也。'周公制作礼乐，而文王适为其父，故引以证圣人之孝，答曾子之问，非谓有天下者皆必以父配天，然后为孝。成王不以严父之故，废文王配天之祭而移于武王；

康王不废文王配天而移于成王。后世乃误识《孝经》之意，而违先王之礼。故宋儒朱熹谓后来第为严父之说所惑。陛下力正大伦，答张孚敬、席书诸臣，亦云：'朕奉天法祖，岂敢有干太庙？'顾今日乃惑于丰坊之说乎？明堂礼不可废，惟当奉太宗配。若献皇帝得圣人为之子，不待称宗议配，而专庙之享，百世不迁矣。"疏入，下膂锦衣狱，黜为民。嵩乃言皇考侑飨，允合严父配天之周道。坊待命久之，无所进擢，归家悒悒以死，人咸恶其叛父。

配天议定，而称宗祔庙，又命集议。严嵩等议宜加宗皇考，配帝明堂，永为有德不迁之庙。帝以疏不言祔庙，不悦，留中。作《明堂或问》难嵩，嵩惶恐，尽改前说，条画礼乐甚备，具言古者父子异昭穆，兄弟同世次，皇考与孝宗当同一庙。奏上，群臣无敢异议。帝既排正议，崇私亲，心念太宗永无配享，无以谢廷臣，乃改称太宗庙号曰成祖，尊献皇帝庙号为睿宗，遂奉睿宗主祔太庙，跻武宗上。初张璁议礼，有同年生胡铎亦主考兴献王，璁要之同署，铎曰："主上天性，固不可违；天下人情，亦不可拂。考献王不已则宗，宗不已则入庙，入庙则当有祧，以藩封虚号而干治世之宗可乎？且入庙则有位，将位于武宗上乎，武宗下乎？生为之臣，死不得跻于君，然鲁尝跻僖公矣，恐异日不乏夏父之徒也。"至是果如其言。

第五章

万历之荒怠

明之衰，衰于正、嘉以后，至万历朝则加甚焉。明亡之征兆，至万历而定。万历在位四十八年，历时最久，又可分为三期：前十年为冲幼之期。有张居正当国，足守嘉、隆之旧，而又或胜之。盖居正总揽大柄，帝之私欲未能发露，故其干济可观，偏倚亦可厌，而若穆宗之嗜欲害政则尚无有，纯乎阁臣为政，与高拱之在穆宗朝大略相等。至居正卒后，帝亲操大柄，泄愤于居正之专，其后专用软熟之人为相。而怠于临政，勇于敛财，不郊不庙不朝者三十年，与外廷隔绝，惟倚阉人四出聚敛，矿使税使，毒遍天下。庸人柄政，百官多旷其职；边患日亟，初无以为意者。是为醉梦之期。至四十六年，清太祖公然起兵，入占辽、沈，明始感觉，而征兵征饷，骚动天下，民穷财尽，铤而走险，内外交乘，明事不可为矣。是为决裂之期。

第一节 冲幼之期

　　隆庆六年五月庚戌，二十六日，穆宗崩。是日传遗诏，以冯保为司礼监。初保提督东厂，兼掌御马监事。时司礼掌印缺，保以次当得之，而阁臣高拱独荐陈洪，及洪罢，复荐孟冲，保以是怨拱。是时司礼之缺犹悬于阁臣之推荐与否，隆庆时阉权已较重于嘉靖间，然用否系于首辅之一言，相权固重于阉权也。自张居正欲倾拱而假阉为用，由此阉更鸱张。保以怨拱之故，乃与次辅居正深相结。初拱与居正相

明穆宗真像

像真宗穆明

帝名载垕世宗子在位四十八年号隆庆

明穆宗真像

选自《历代帝王像》（清）
姚文瀚 收藏于美国纽约
大都会艺术博物馆

明穆宗朱载垕（1537年3月4日—1572年7月5日）（同「厚」），明朝第十二位皇帝。明穆宗朱载垕即位后颇勤于政事，积极革除明世宗的弊政，平反冤狱，起用徐阶、高拱、陈以勤、张居正等贤臣，重用戚继光等将帅，使明朝国势有所起色。但在生活方面，他纵情声色，导致身体虚弱。总的来说，穆宗虽然仁厚，但资质平庸，终究未能阻止内阁辅臣之间的争斗。

友善，并先后入阁。拱方修故辅徐阶郤，嗾言路追论不已，阶诸子多坐罪。居正从容为拱言，拱稍心动，而拱客构居正纳阶子三万金，拱以诮居正，居正色变，指天誓，词甚苦，拱谢不审，两人交遂离。会帝不豫，居正欲引保以为内助。帝疾再作，居正处分十余事，使小吏投保，拱知而迹之，吏已入，拱恚甚，面诘居正曰："密封谓何？天下事不以属我曹而属之内竖，何也？"居正面发赤，干笑而已。帝崩于卯刻，忽巳刻斥司礼监孟冲而以保代之。礼科给事中陆树德言："先帝甫崩，忽有此诏，果先帝意，何不传示数日前，乃在弥留后？果陛下意，则哀痛方深，万几未御，何暇念中官？"疏入不报。

六月甲子，初十日，太子翊钧即位，以明年为万历元年。诏祀建文朝尽节诸臣于乡，有苗裔恤录。又建表忠祠于南京，祀徐辉祖、方孝孺等。庚午，十六日，高拱罢。冯保既掌司礼监，又督东厂，总理内外，势益张。帝登极时，保升立御座旁不下，举朝大骇。拱以主上幼冲，中官专政，条奏请细司礼权，还之内阁。又命给事中雒遵、程文合疏攻保，而己从中拟旨逐之。使人报张居正，居正阳诺之，而私以语保，保诉于太后，谓拱擅权蔑视幼君，太后颔之。至是，召群臣入，宣两宫及上诏。拱意必逐保也，亟趋入，比宣诏，则数拱罪而逐之。拱伏地不能起，居正掖之出，俶骡车出宣武门。居正乃与高仪请留拱，弗许；请得乘传，许之。拱既去，于是居正遂为首辅。七月，尊皇后为仁圣皇太后，贵妃李氏为慈圣皇太后。旧制：天子立，尊皇后为皇太后，若有生母称太后，则加徽号以别之。是时冯保媚帝生母，风居正以并尊，居正不能违。慈圣移居乾清宫，抚视帝，内任保，而大柄悉委居正。万历元年正月，妖人王大臣之狱起。大臣者，浙中佣奴，以浮荡入都，与宫中小竖交昵，窃其牌帽巾服入乾清宫，为守者所执，诏下东厂究问，冯保欲缘此陷故辅高拱，令家人辛儒饮食之，

142

张居正（1525—1582年），字叔大，号太岳，明代湖广江陵（今属湖北省）人。嘉靖二十六年（1547年）中进士。隆庆元年（1567年），上书《陈六事疏》，提出改革时政的意见，但没有被采纳。后在内阁斗争中胜出，与高拱并为宰辅。

万历初年，神宗年幼，生母李太后摄政，张居正任首辅，为世人非议。张居正临死前，被明神宗加封为「太师」，成为明朝唯一在生前受封此号的文官。死后，张居正被弹劾「贪滥僭奢，招权树党」，最终张氏被清算，饿死十七口。其中有三名婴儿。长子张敬修自缢身亡，二子张嗣修投井自杀未遂，被发配边疆；三子张懋修后戍烟瘴地而死。直到明熹宗天启二年，张居正才被平反，恢复名誉。

正晚年被人指责骄奢、专权，两个儿子分别中状元、榜眼，主持当时一切军政大事。之后的十年间，张居正主持施行了一系列改革，造就了「万历中兴」。但是，张居纳刃其袖中，俾言拱怨望，与陈洪谋大逆，遂发缇骑驰械高氏奴，围拱里第。居正亦请诘主使，举朝汹汹，谓且逮拱。吏部尚书杨博、左都御史葛守礼诣居正力解，居正愤曰："二公意我甘心高公邪？"奋入内，取厂中揭帖投博曰："是何与我？"揭帖有居正窜改四字，曰"历历有据"。守礼识居正手迹，密纳诸袖，居正觉曰："彼法理不谙，我为易数字耳。"守礼曰："回天非相公不能。"居正奏缓其狱。博阴嘱锦衣怵大臣吐实，又以拱仆杂稠人中，令大臣识别，茫然莫辨也。会卜命守礼偕锦衣都督朱希孝会决，加刑，大臣疾呼曰："许我富贵，乃搒掠我邪？且我何处识高阁老？冯家仆教我。"希孝不敢鞫而罢。保惧，以生漆酒瘖大臣，移送法司，坐斩。拱获免。由是举朝多恶保，而不肖多因之以进。

高拱扼徐阶，居正倾高拱，三人皆良相，而恩怨权势之间相轧如此。惟徐阶之倾严嵩，则为世所美。而居正得志以后，则明于治国而昧于治身，其受报亦至酷，遂为万历初期政局之纲领。

元年二月，从居正请，御经筵。一日讲毕，上问："建文果出亡否？"居正曰："国史不载，但故老相传，披缁云游，题诗于田州，有'流落江湖四十秋'句。"上太息，命录诗进。居正因曰："此亡国事，不足观，请录皇陵碑及高祖御制集以上，见创业之艰，圣谟之盛。"先是，隆庆六年，帝登极后，居正于是冬进《帝鉴图说》，大要言前史所载兴亡治乱之迹，如出一辙，大抵以敬天法祖，听言纳谏，节用爱人，亲贤臣，远小人，忧勤惕厉，无不治者；反之则乱。因属讲官马自强稽古尧舜以来有天下之君，撮其善可为法者八十一事，恶可为戒者三十六事，每事前绘一图，取唐太宗以古为鉴之意名之。帝命图册留览，宣付史馆。至万历元年三月，进讲《帝鉴图说》时，至

144

像真宗神明

帝名翊钧穆宗子在位八号万历

明神宗真像
选自《历代帝王像》（清）
姚文瀚 收藏于美国纽约
大都会艺术博物馆

明神宗朱翊钧
（1563—1620年），明朝第十三位皇帝。明神宗朱翊钧年少时读书颇为勤奋，深有抱负。即位时，年仅十岁，母亲李太后垂帘听政，将军政大事交由张居正主持裁决。在他的支持下，张居正得以施行一系列改革，造就『万历中兴』。但『万历三大征』主政，张居正去世后，神宗开始之后，他开始沉迷于酒色。后来，更是因为立太子的事情，赌气不上朝达三十多年，致使全国政务荒怠。另外，神宗以矿税来弥补财政空虚，致使民穷财尽，明朝从此内忧外患频仍，走向末路。

汉文帝劳军细柳事，因奏曰："古人言：'天下虽安，忘战必危。'今承平日久，武备废弛，文吏钳制弁员，不啻奴隶。夫平日既不能养其锋锐之气，临敌何以责其折冲之勇？嗣后将帅忠勇可任者，宜假以事权，俾得展布，庶几临敌号令严整，土卒用命。"于是乃诏内外官各举将才。

隆、万间军事颇振作，高拱、张居正皆善驭将。居正虽倾拱，初不改其所拔之材，若张学颜之受知于拱，《明史》有明文，读之，想见宰相留意人才之美。《学颜传》："俺答卦顺义王，察罕土门汗语其下曰：'俺答，奴也，而封王，吾顾弗如！'挟三卫窥辽，欲以求王。而海、建诸部日强，皆建国称汗。海西、建州两种女真，时海西强者为王台，建州强者为王杲。其云建国称汗，当是当时事实，然则建州国汗之称盖不始自清太祖矣。大将王治道、郎得功战死，辽人大恐。隆庆五年二月，辽抚李秋免，大学士高拱欲用学颜。或疑之，拱曰：'张生卓荦倜傥，人未之识也，置诸盘错，利器当见。'侍郎魏学曾后至，拱迎问曰：'辽抚谁可者？'学曾思良久，曰：'张学颜可。'拱喜曰：'得之矣。'遂以其名上。时为荆州道兵备副使。进右佥都御史，巡抚辽东。"学颜在隆庆时兴复辽镇，御破土蛮，入万历年，与李成梁筑六堡，斥地数百里，诛建州王杲，居正以倚任成大功。综万历初，居正当国之日，荐方逢时总督宣大军务，申明封贡约信，边境以安。其所用刘显、戚继光、凌云翼、李成梁、张佳允，皆一时敢战之将，应变之才尽在物色，而又发纵指示，明瞩万里，《明史》称："居正当国，究心于军谋边琐，书疏往复，洞瞩机要，委任责成，使得展布，是以各尽其才，事克有济。"语见谭纶、王崇古、方逢时、吴兑、郑洛、张学颜、张佳胤、殷正茂、凌云翼传赞。

张居正以一身成万历初政，其相业为明一代所仅有，而功罪之不

《坤舆万国全图》

（明）利玛窦、李之藻一绘

收藏于日本宫城县图书馆

万历十二年（1584年），意大利传教士利玛窦来到广东肇庆，与李之藻合作，并完成《山海舆地全图》，由王绊在肇庆首刻。万历二十九年（1601年）利玛窦来到京师，将此图献给明神宗，明神宗很是喜爱。万历三十年（1602年），经过多次重绘后，刻印于京师，并改名为《坤舆万国全图》。《坤舆万国全图》共有六幅条屏，分世界地图、天文图、地理图和说明文字四个部分，是中国第一幅完整的经纬世界地图，在地理学和制图学界有着重要的地位。

相掩，亦为政局反复之由。读《居正传》可以尽万历初期之政，特详录之。其逐高拱而代为首辅，事已见前。为首辅之后，具见一时相业，即万历初之所以强盛也。

　　"帝虚己委居正，其实帝方幼冲，由太后主政，居正亦慨然以天下为己任，中外想望风采。居正劝帝遵守祖宗旧制，不必纷更，至讲学亲贤，爱民节用，皆急务，帝称善。大计廷臣，斥诸不职及附丽拱者。复具诏，召群臣廷饬之，百僚皆惕息。两宫既并尊，慈圣徒乾清宫抚视帝，大柄悉委居正。居正为政，以尊主权、课吏职、信赏罚、一号令为主，虽万里外，朝下而夕奉行。黔国公沐朝弼数犯法当逮，朝议难之，居正擢用其子，驰使缚之，不敢动。既至，请贷其死，锢之南京。漕河通，居正以岁赋逾春，发水横溢，非决则涸，乃采漕臣议，督艘卒以孟冬月兑运，及岁初毕发，少罹水患，行之久，太仓粟可支十年。互市饶马，乃减太仆种马，而令民以价纳，太仆金亦积四百余万。又为考成法，以责吏治。初部院覆奏，行抚按勘者，尝稽不报，居正令以大小缓急为限，误者抵罪，自是一切不敢饰非，政体为肃。南京小阉醉辱给事中，言者请究治，居正谪其尤激者赵参鲁于外以悦保，而徐说保裁抑其党，毋与六部事。其奉使者，时令缇骑阴诇之，其党以是怨居正，而心不附保。""居正喜建竖，能以智数驭下，人多乐为之尽。俺答款塞，久不为害，独小王子部众十余万，东北直辽左，以不获通互市，数入寇。居正用李成梁镇辽，戚继光镇蓟门，成梁力战却敌，功多至封伯，而继光守备甚设，居正皆右之，边境晏然。两广督抚殷正茂、凌云翼等亦数破贼有功。浙江兵民再作乱，用张佳胤往抚即定。故世称居正知人。然持法严，核驿递，省冗官，清庠序，多所澄汰，公卿群吏不得乘传，与商旅无别；郎署以缺少，需次者辄不得补；大邑士子额隘，艰于进取，亦多怨之者。时承平久，群盗猬起，至入城市，劫府库，有司恒讳之，居正严其禁，匿弗举者，虽循吏必黜。得盗即斩决，有司莫敢饰情。盗边海钱米盈数，例皆斩，然往往长系或瘐死，居正独亟斩之，而追捕其家属，盗贼为衰止。而奉行不便者，相率为怨言，居正不恤也。""帝渐备六宫，太仓银钱多所宣进，居正乃因户部进御览数目陈之，谓：'每岁入额不敌所出，请帝置坐隅，时省览，量入为出，罢节浮费。'疏上留中。帝复令工部铸钱给用，居正以利不胜费止之。言官请停苏、松织造，不听，居正为面请，得损大半。复请停修武英殿工及裁外戚迁官恩数，帝多曲从之。帝御文华殿，居正侍讲读毕，以给事中所上灾伤疏闻，因请赈，复言：'上爱民如子，而在外诸司营私背公，剥民罔上，宜痛钳以法，而皇上加意撙节于宫中，一切用度服御，赏赉布施，裁省禁止。'帝首肯之。有所蠲贷，居正以江南贵豪怙势，及诸奸猾吏民善逋赋，选大吏精悍者严行督责，赋以时输，国藏日益充，而豪猾率怨居正"。"帝初即位，冯保朝夕视起居，拥护提抱有力，小扞格，即以闻慈圣，慈圣训帝严，每切责之，且曰：'使张先生闻，奈何？'于是帝甚惮居正。及帝渐长，心厌之。乾清小珰孙海、客用等导上游戏，皆爱幸。慈圣使保捕海、用，杖而逐之。居正复条其党罪恶，请斥逐，而令司礼及诸内侍自陈，上裁去留，因劝帝戒游宴以重起居，专精神以广圣嗣，节赏赉以省浮费，却珍玩以端好尚，亲万几以明庶政，勤讲学以资治理。帝迫于太后，不得已，皆报可，而心颇嗛保、居正矣。帝初政，居正尝纂古治乱事百余条，绘图，以俗语解之，使帝易晓。至是，复属儒臣纪太祖列圣《宝训》《实录》，分类成书，凡四十：曰创业艰难，曰励精图治，曰勤学，曰敬天，曰法祖，曰保民，曰谨祭祀，曰崇孝敬，曰端好尚，曰慎起居，曰戒游佚，曰正宫闱，曰教储贰，曰睦宗藩，曰亲贤臣，曰去奸邪，曰纳谏，曰理财，曰守法，曰儆戒，曰务实，曰正纪纲，曰审官，曰久任，曰重守令，曰驭近习，曰待外戚，曰重农桑，曰兴教化，曰明赏罚，曰信诏令，曰谨名分，曰裁贡献，曰慎赏赉，曰敦节俭，曰慎刑狱，曰褒功德，曰屏异端，曰饬武备，曰御戎狄。其辞多警切，请以经筵之暇进讲。又请立起居注，纪帝言动与朝内外事，日用翰林官四员入直应制诗文及备顾问，帝皆优诏报许。"

《居正传》中叙其相业如此。而《传》文与居正之怙权得祸相杂，当明末议论，于居正之有功国家，非士大夫切己之事，省记而持公议者较少，惟升沉进退之际，挟旧怨以图报复者为数较多。故纪万历初事，可功可罪。以史传论，《明史稿》早成，其《居正传》即多挟诋毁成见。如戚继光之治兵，居正之任将，古今岂可多得？而当时继光之倚居正，自不得不加密，因而有馈遗以为好，亦出恒情。继光，名将，散财养士，士之依继光者极盛，其不能以避嫌而独远首相，与居正之不能法古名贤操守，居相位而不以纤芥累人以自累，此皆以圣贤望人，求全责备之意。

《史本传》于张、戚之间，削去讥谤之语，已见公道之久而益明。当作《史稿》时，犹多采当时毁张之说。其叙边功云："俺答款塞，久不为害，独小王子部众十余万，东北直辽左，以不获通互市，数入寇，然其人少弱，非久即退。而总兵李成梁悍勇善战，数拒却之，又数掩杀泰宁、福余诸属国以为功。居正张大其捷，帝数褒美，加恩辅臣，成梁至封伯。两广督抚殷正茂、凌云翼辈亦以破贼功，爵赏亚辽左。戚继光镇蓟门，多挟南兵从，北人嫉之，继光惧，因兵部尚书谭纶购美姬进居正，他所擘画亦多得居正指，以是畀之事权，诸督抚大臣，唯继光所择，欲不利继光者即为徙去之。而成梁、正茂等亦皆媚居正。然数人故善用兵，功多，帝谓居正运筹力，而世亦称居正知人。"此段文笔甚佳，褒贬互用，其实所褒皆成贬矣，文士笔锋，古云可畏。试取《稿》与《正史》两相比对，可以了然。

居正综核名实，不避嫌怨，于其为国而不顾身家，只应尊敬，不当与怙权而得怨之说混而为一。兹分别言之。

居正以御史在外往往凌抚臣，痛欲折之，一事不合，诟责随下；又敕其长加考察。给事中余懋学请行宽大之政，居正以为风己，削其职。御史傅应桢继言之尤切，下诏狱杖戍。给事中徐贞明等群拥入狱视，具囊馈，亦逮谪外。御史刘台按辽东，误奏捷，居正方引故事绳督之，台抗章论居正专恣不法，居正怒甚，帝为下台诏狱，命杖百远戍，居正阳具疏救之，仅夺其职，已卒戍台。由是诸给事御史益畏居正，而心不平。当是时，太后以帝冲年，尊礼居正甚至，同列吕调阳莫敢异同，及吏部左侍郎张四维入，恂恂若属吏，不敢以僚自处。慈圣将还慈宁宫，谕居正，谓："我不能视皇帝朝夕，恐不若前者之向学勤政，有累先帝付托。先生有师保之责，与诸臣异，其为我朝夕纳

大明万历年制毛笔

海，以辅台德，用终先帝凭几之谊。"因赐坐蟒白金彩币。未几丁父忧，帝遣司礼中官慰问，视粥药，止哭，络绎道路，三宫赗赠甚厚。户部侍郎李幼孜欲媚居正，倡夺情议，居正惑之，冯保亦固留居正。诸翰林王锡爵、张位、赵志皋、吴中行、赵用贤、习孔教、沈懋学辈皆以为不可，弗听。吏部尚书张瀚以持慰留旨，被逐去。御史曾士楚、给事中陈三谟等遂交章请留。中行、用贤及员外郎艾穆、主事沈思孝、进士邹元标互继争之，皆坐廷杖谪斥有差。时彗星从东南方起，长亘天，人情汹汹，指目居正，至悬谤书通衢。帝诏谕群臣："再及者诛无赦。"谤乃已。于是使居正子编修嗣修与司礼太监魏朝驰传往，代司丧，礼部主事曹诰治祭，工部主事徐应聘治丧。居正请无造朝，以青衣素服角带入阁治政，侍经筵讲读，又请辞岁俸，帝许之。及帝举大婚礼，居正吉服从事，给事中李涞言其非礼，居正怒，出为金事。时帝顾居正益重，常赐居正札，称"元辅张少师先生"，待以师礼。居正乞归葬父，帝使尚宝少卿郑钦、锦衣指挥史继书护归，期三月，葬毕即上道。仍命抚按诸臣先期驰赐玺书敦谕。范"帝赉忠良"银印以赐之，如杨士奇、张孚敬例，得密封言事。戒次辅吕调阳等，有大事毋得专决，驰驿之江陵，听张先生处分。居正请广纳阁员，诏即令居正推，居正因推礼部尚书马自强、吏部右侍郎申时行入阁。自强素连居正，不自意得之，颇德居正。而时行与四维皆自昵于居正，居正乃安意去。帝及两宫赐赉慰谕有加礼，遣司礼太监张宏供张，饯郊外，百僚班送。所过地，有司饬厨传，治道路。辽东奏大捷，帝复归功居正，使使驰谕，俾定爵赏，居正为条列以闻。调阳益内惭，坚卧，累疏乞休不出。居正言："母老不能冒炎暑，请俟清凉上道。"于是内阁、两都部院、寺卿、给事、御史俱上章，请趣居正还朝。帝遣锦衣指挥翟汝敬驰传往迎，计日以俟，而令中官护太夫人以秋日由水道行。居正所过，守臣率长跪，抚按大吏越界迎送，身为前驱。道经襄阳，襄王出候，要居正宴。故事：虽公侯谒王，执臣礼，居正具宾主而出。过南阳，唐王亦如之。抵郊外，诏遣司礼太监何进宴劳，两宫又各遣大珰李琦、李用宣谕，赐八宝金钉川扇，御膳饼果醪醴。百僚复班迎。入朝，帝慰劳恳笃，予假十日而后入阁，仍赐白金彩币宝钞羊酒，因引见两宫。及秋，魏朝奉居正母行，仪从煊赫，观者如堵。比至，帝与两宫复赐赉加等，慰谕居正母子，几用家人礼。居正自夺情后，益偏恣，其所黜陟，多由爱憎，左右用事之人多通贿赂。冯保客徐爵擢用至锦衣卫指挥同知，署南镇抚。居正三子皆登上第，苍头游七入赀为官，勋戚文武之臣多与往还，通姻好，七具衣冠报谒，列于士大夫，世以此益恶之。无何居正病，帝频颁敕谕问疾，大出金帛为医药资，四阅月不愈，百官并斋醮为祈祷，南都、秦、晋、楚、豫诸大吏无不建醮。帝令四维等理阁中细务，大事即家令居正平章。居正始自力，后惫甚不能遍阅，然尚不使四维等参之。及病革乞归，上复优诏慰留，称"太师张太岳先生"。居正度不起，荐前礼部尚书潘晟及尚书梁梦龙、侍郎余有丁、许国、陈经邦，已复荐尚书徐学谟、曾省吾、张学颜、侍郎王篆等可大用。帝为黏御屏。晟，冯保所受书者也，强居正荐之，时居正已昏甚不能自主矣。及卒，帝为辍朝，谕祭九坛，视国公兼师傅者。居正先以六载满，加特进，中极殿大学士；以九载满，加赐坐蟒衣，进左柱国，荫一子尚宝丞；以大婚加岁禄百石，录子锦衣千户为指挥佥事；以十二载满，加太傅；以辽东大捷，进太师，益岁禄二百石，子由指挥佥事进同知；至是赠上柱国，谥文忠，命四品京卿、锦衣堂上官、司礼太监护丧归葬。于是四维始为政，而与居正所荐引王篆、曾省吾等交恶。初帝所幸中官张诚见恶冯保，斥于外，帝使密诇保及居正。至是诚复入，悉以两人交结恣横状闻，且谓其宝藏逾天府。帝心动，左右亦浸言保过恶，而四维门人御史李植极论徐爵与保挟诈通奸诸罪。帝执保禁中，逮爵诏狱，谪保奉御居南京，尽籍其家，金银珠宝巨万计。帝疑居正多畜，心益艳之。

言官劾篆、省吾，并劾居正，篆、省吾俱得罪，新进者益务攻居正，诏夺上柱国、太师，再夺谥，居正诸所引用者，斥削殆尽。召还中行、用贤等，迁官有差。刘台赠官还其产。御史羊可立复追论居正罪，指居正构辽庶人宪㸐狱，庶人妃因上疏辨冤，且曰："庶人金宝万计，悉入居正。"帝命司礼张诚及侍郎邱橓偕锦衣指挥、给事中籍居正家。

神宗天性好货，嗣此遂以聚敛造成亡国之衅。当时构居正及冯保之罪，惟言其多藏为最动帝听，此即知其失人君之度矣。宪㸐事在隆庆三年，时尚以在嘉靖中奉道被宠，赐真人号，有淫虐僭拟诸罪状，宪㸐树白纛曰讼冤之纛，副使施笃臣遂以建纛为王反，居正亦憾宪，主笃臣说以重宪炜罪，遂锢之高墙，后虽讼冤，辽国亦未复也。

诚等将至荆州，守令先期录人口，锢其门，子女多遁避空室中，比门启，饿死者十余辈。诚等尽发其诸子兄弟藏，得黄金万两，白金十余万两。其长子礼部主事敬修，不胜刑，自诬服寄三十万金于省吾、篆及傅作舟等，寻自缢死。事闻，时行等与六卿大臣合疏请少缓之，刑部尚书潘季驯疏尤激楚，诏留空宅一所，田十顷，赡其母。而御史丁此吕复追论科场事，谓高启愚以舜、禹命题启愚典南畿乡试，以"舜亦以命禹"命题。为居正策禅受。尚书杨巍等与相驳，此吕出外，启愚削籍。《明史稿》本传有云："士大夫初诶以伊命五臣，其后拟之舜、禹，居正不为怪。则竟以舜、禹命题为罪状。后言者复攻居正不已，诏尽削居正官秩，夺前所赐玺书、四代诰命，以罪状示天下，谓："当剖棺戮尸，而姑免之。"其弟都指挥居易、子编修嗣修俱发戍烟瘴地。终万历世，无敢白居正者。天、崇间国事日棘，任事无人，乃追思居正，累复官荫赠谥。至敬修孙同敞死节于南明，与瞿式耜同烈，第五子允修亦死张献忠之难。

综万历初之政皆出于居正之手，最犯清议者乃夺情一事，不恤与言路为仇，而高不知危，满不知溢，所谓明于治国而昧于治身，此之谓也。居正之卒在万历十年，明年追夺官阶，又明年籍其家，子孙惨死狼藉。其时代明之清室，清太祖已于万历十一年弄兵于塞外，蚕食坐大，遂移国祚。经过三十余年，中朝始竟不知有此事，后渐闻其强而羁縻之。至万历四十余年稍稍传说，已立国僭号，亦不以为意，直至入犯辽、沈，然后举国震惊。庙堂若有留心边事如居正其人，何至愦愦若此？故居正没而遂入醉梦期间矣。

第二节 醉梦之期

　　居正既没，言官攻击不已，吴中行、赵用贤等以论夺情被杖，清议予之。至是号召群言，适中帝之积忌，而谤伤太过，适成顺旨希荣之快捷方式。阁臣许国愤而求去，疏言："昔之专恣在权贵，今乃在下僚；昔颠倒是非在小人，今乃在君子。意气感激，偶成一二事，遂自负不世之节，号召浮薄喜事之人，党同伐异，罔上行私，其风渐不可长。"自是言官与政府日相水火。

十四年二月，册郑氏为皇贵妃。妃有殊宠，先于十年八月，王恭妃生皇子常洛，至是郑妃生常洵，进封贵妃，而王妃不益封，中外谓帝将废长而立爱矣。给事中姜应麟请立元嗣为东宫，帝怒，谪应麟广昌典史。吏部员外郎沈璟请立储，谪行人司司正。大学士申时行率同列再请建储，不听。时以旱霾求直言，郎官刘复初、李懋桧等显侵贵妃。时行请帝下诏，令诸曹建言止及所司职掌，听其长择而献之，不得专达。帝甚悦之。于是言者蜂起，皆指斥宫闱，攻击执政，帝概置不问，门户之祸大起。

万历间言官封奏，抗直之声满天下。实则不达御前，矫激以取名者，于执政列卿诋毁无所不至，而并不得祸，徒腾布于听闻之间，使被论者愧愤求去，而无真是非可言，此醉梦之局所由成也。申时行当国，承张居正后，逆揣帝意，为此以济其怠荒，养成止有朋党而无政府之状，政事军事，一切不可为，其端实启于此，庸主济以庸臣，所以合而酿亡国之祸也。但亦间有因言事而受处分者，无非好逸恶劳，好奢恶俭，好聚敛恶用财而致然耳。

是年十月，礼部主事卢洪春上言："陛下连日以疾免朝，享庙遣官恭代。若真疾耶，则当以宗社为重，毋务为逸豫以基祸；若非疾也，则当以诏旨为重，毋务为矫饰以起疑。"疏入，帝大怒，传谕内阁数百言，极明谨疾遣官之故，责洪春悖妄，命拟旨治罪，阁臣拟夺官，不从，廷杖六十斥为民，给事御史先后申救，夺俸有差。

十六年十二月，杖给事中李沂于廷，斥为民。中官张鲸掌东厂，横肆无惮，御史何出光劾鲸专擅威福，并及其党锦衣都督刘守有、序班邢尚智，尚智论死，守有除名，鲸被切让，而任职如故。御史马象乾复劾鲸，诋执政甚力，帝下象乾诏狱。申时行等力救，且封还御批，

《出警入跸图》

（明）佚名　收藏于中国台北故宫博物院

图为明神宗朱翊钧谒陵的场景。《出警图》《入跸图》因同为描绘明神宗扫墓、巡视的过程，而被统称为《出警入跸图》。《出警图》宽26米，由右往左，神宗骑马，由陆路从德胜门出发，前往京城四十五公里外的天寿山。《入跸图》宽超过30米，由左往右，神宗率众人坐船，走水路还宫。此图人物众多，场面宏大，绘画细腻，可以从中看到明朝皇家仪仗队的具体情况。

《出警图》（节选）

《入跸图》（节选）

不报。许国、王锡爵复各申救，乃寝前命，而鲸竟不罪。外议谓鲸以金宝献帝获免。沂拜官甫一月，上疏曰："陛下往年罪冯保，近日逐宋坤，鲸恶百保而万坤，奈何独濡忍不去？若谓其侍奉多年，则坏法亦多年；谓痛加省改，犹足供事，则未闻可驯虎狼使守门户也。流传鲸广献金宝，多方请乞，陛下犹豫未忍断决。中外臣民，初未肯信，以为陛下富有四海，岂爱金宝？威如雷霆，岂徇请乞？及见明旨，许鲸策励供事，外议借借，遂谓为真，亏损圣德，夫岂浅鲜？且鲸奸谋既遂，而国家之祸将从此始，臣所大惧也。"是日，给事中唐尧钦亦具疏谏，帝独手沂疏震怒，谓："沂欲为冯保、张居正报仇。"立下诏狱严鞫。时行乞宥，不从。瀹上，诏廷杖六十斥为民。御批至内阁，时行等欲留御批，中使不可，持去。帝特遣司礼张诚出监杖。时行等上疏，俱诣会极门候进止，帝言沂置贪吏不问，而独谓朕贪，谤诬君父，罪不可宥。太常卿李尚智、给事中薛三才等抗章论救，俱不报。国、锡爵以言不见用，引罪乞归，锡爵言："廷杖非正刑，祖宗虽间一行之，亦未有诏狱廷杖并加于一人者。故事：惟盗贼大逆，则有打问之旨，今岂可加之言官？"帝优诏慰锡爵，卒不听其言。初冯保获罪，实鲸为之，故帝云然。

帝以好货流闻，至谓受阉人金宝而不能问其罪，言官直见之章疏，尚复成何君道？观后来帝之举措，惟利是图，此流言固有征也。

十七年正月己酉朔日食，免元旦朝贺。嗣后每元旦皆不视朝。三月，免升授宫面谢，自是临御遂简。四月，召王家屏复入阁，家屏于十二年十二月入阁，十四年九月丁忧去，抵任三月未得见。家屏以为言，帝遣中官慰家屏，奖以忠爱。家屏疏谢，请帝视朝。居数日，帝为一御门延见，自是益深居不出。是年冬，大理评事雒于仁疏上酒色财气四箴，直攻帝失，疏言："臣备官岁余，仅朝见陛下者三；此外惟闻圣体违和，一切传免，郊祀庙享，遣官代行，政事不亲，讲筵久辍。臣知陛下之疾所以致此者有由也。臣闻嗜酒则腐肠，恋色则伐性，贪财则丧志，尚气则戕生。陛下八珍在御，觞酌是耽，卜昼不足，继以长夜，此其病在嗜酒也。宠十俊以启幸门，于仁本传，十俊，盖十小阉也，溺郑妃靡言不听，忠谋摈斥，储位久虚，此其病在恋色也。传索帑金，括取币帛，甚且掠问宦官，有献则已，无则谴怒，李沂之疮痍未平，而张鲸之赇赂复入，此其病在贪财也。今日搒宫女，明日杖中官，罪状未明，立毙杖下；又宿怨藏怒于直臣，如范儁、姜应麟、孙如法辈，皆一绌不申，赐环无日，此其病在尚气也。四者之病，胶绕身心，岂药石所可治？陛下溺此四者，不曰操生杀之权，人畏之而不敢言；则曰居邃密之地，人莫知而不能言。不知鼓钟于宫，声闻于外，幽独之中，指视所集。且保禄全躯之士，可以威权惧之；若怀忠守义者，即鼎锯何避焉？臣今敢以四箴献。若陛下肯用臣言，即立诛臣身，臣虽死犹生也，惟陛下垂察。"疏入，帝震怒，会岁暮，留其疏十日，十八年元旦，召见阁臣申时行等于毓德宫，手于仁疏授之，帝自辩甚悉，将置之重典。时行等委曲慰解，见帝意不可回，乃曰："此疏不可发外，恐外人信以为真。愿陛下曲赐优容，臣等即传谕寺卿，令于仁去位可也。"帝乃颔之。居数日，于仁引疾，遂斥为民。自此章奏留中，遂成故事。二月，罢日讲。帝每遇讲期，多传免，申时行请免讲日仍进讲章，以备观览。自后讲筵遂永罢。三十一年三月，大学士沈一贯请发群臣章疏言："各衙门本章例应三日即下，自有留中之事，有奏而不发票者，有票上而不发行者，政务壅滞，且借手作奸。"不报。

由雒于仁疏可见帝之昏惰。申时行遇事迁就，以成其过。留中之例开，言路无所施其匡救，于是庙堂争议，与君国不生效力，惟在臣僚间自为恩怨，朋党分歧，言论庞杂，任事者无所措手。其始公卿仰台谏之鼻息，其后清室日强，边氛日棘，而封疆之将帅亦颠踬于党论之交轰，其习惯皆此时所酿成也。时行、锡爵诸人，及身不见覆败，坐享太平宰相之荣，此皆祖宗所贻之泽。而万历一朝之遗殃，则虽有贤子孙且不易振刷，况重以至愚极不肖来承其后，犹必数十年而后亡，则明初之纲纪，毁坏亦正不易也。当时政局，莫善于宋缤之论，《明史·缤传》："石星代为户部，事在万历十八年三月，语曰：'某郡有羡余可济国用。'缤曰：'朝廷钱谷，宁积久不用，勿使搜括无余，主上知物力充羡，则侈心生矣。'星怃然。有郎言漕粮宜改折。缤曰：'宁红朽，不可匮绌，一旦不继，何所措手？'中外陈奏，帝多不省，或直言指斥，辄曰：'此沽名耳。'不罪。于慎行称帝宽大，缤怆然曰：'言官极论得失，要使人主动心，纵罪及言官，上意犹有所儆省，概置勿问，则如痿痹不可疗矣。'后果如其言。"

帝既不视朝，不御讲筵，不亲郊庙，不批答章疏，中外缺官亦不补。二十四年七月，吏部尚书孙丕扬言："数月以来，廷推搁矣，行取停矣，年例废矣。诸臣中或以功高优叙，或以资深量迁，或服阕而除补，或覆题而注授，其生平素履原不在摈弃之列者，乞体因政设官之意，念国步多事之时，将近日推补官员章疏简发，间有注拟未当，亦乞明示别推酌补。"疏入不报。是时外官亦多缺不补，御史王以时奏言："地方缺官之害，藩司、臬司等官，职掌各有攸司，每遇员缺，则抚按必择近便者一人使之摄理，职钱谷而摄军屯，职兵戎而摄盐马，夙昔未能娴习，旦夕岂能旁通？颠末未暇究心，晷刻难于判发。聪明少有未遍，宁免乖违；才力稍有不同，辄形怨谬。舞文者乘此弄其机械，玩法者借以恣其侵渔。文移之往来，狱讼之听断，近者数十里，远者数百里，又远者千有余里，道路奔走，岁月牵缠，费用不支，劳苦勿恤。或鬻卖其妻子，而事尚未完；或转死于沟洫，而冤莫可诉。司道缺官，废事病民，其为害既如此。至于郡县守令，最为亲民，民之倚命于守令，不啻赤子于其乳母，使郡县而可缺官，则是赤子而可断乳也；使守令而可使常署摄，则是赤子而可终岁寄养也。盖专官如枏梓之典守，故任劳怨而不辞；摄职若传舍之经过，谁肯竭心力以从事？乞行推补。"亦不报。

万历间官缺不补之事，略类叙之，则如三十年十二月，大学士沈一贯奏御史巡差缺员。时天下御史巡行诸差务凡十有三处，至是缺其九。一贯等奏请遣御史分往受事，庶监察有所责成，而纲纪可振。不报。明年正月，复营乾清、坤宁两宫，二十四年三月两宫灾，辅臣入视工程，乃得见帝，因亟言巡漕巡仓二差，及河南、陕西巡抚缺应补授差遣。三月，吏部奏天下郡守缺员。不报。时郡守缺者几十之五。是时两北六卿正贰亦多缺不补。三十二年二月壬寅，阁臣请补司道郡守及遣巡方御史。不报。沈一贯拟各御史敕以上。不省。四月，一贯等上疏催补科道，行取考选吴道行等四员，熊鸣夏等三员，散馆题授王元翰等八员。不报。三十四年二月，大学士沈鲤、朱赓请补六部大僚，言："臣昨同文武百官齐赴文华门候驾，见二品班内，止户部尚书赵世卿一员，其余尚书、左右侍郎，员缺甚多，官联废阙，一至于此，政务丛脞，谁为修明？理乱所关，良非细故。乞于前后会推人数内，亟赐点用，以慰中外之望。"不省。四十五年二月，大学士方从哲、吴道南言："今早入朝，有百余人，群聚长安门外，环跪号诉，询为镇抚司监犯家属，言：'本司理刑缺官，无人问断，监禁日久，死亡相继。'是有罪者不得速正厥法，无辜者不得早雪其冤。乞即简补问官，以便审录。"不省。

官缺不补，而求去官者亦无得请之路。三十五年正月，给事中翁宪祥言："抚按官解任宜俟命，不宜听其自去。"不报。据《宪祥本传》："江西巡抚许弘纲以父忧径归，广西巡抚杨芳亦以忧乞免代。宪祥极言非制，弘纲贬官，芳亦被责。"据《传》以证《纪》之言不报，亦非终不报，不候代者斯时尚有处分也。三十七年《本纪》书："九月癸卯，左都御史詹沂封印自去。"三十九年又书："十月丁卯，户部尚书赵世卿拜疏自去。"四十年又书："二月癸未，吏部尚书孙丕扬拜疏自去。九月庚戌，大学士李廷机拜疏自去。"四十一年又书："七月甲子，兵部尚书掌都察院事孙玮拜疏自去。九月庚辰，吏部尚书赵焕拜疏自去。"四十二年又书："八月甲午，礼部右侍郎孙慎行拜疏自去。"然则其先犹以巡抚不俟代而贬与乞免代而被责，其继则阁部大臣相率拜疏自去矣。未去之先，章必数十上而不报，遂以拜疏自去了之。

帝既置朝事不问矣，谓即朝无一事乎？则又非也。行政之事可无，敛财之事则无奇不有。帝之敛钱，皆用内监，而帝实非溺内监者。《明史·宦官·陈矩传》："自冯保、张诚、张鲸相继获罪，其党有所惩不敢大肆。帝亦恶其党盛，有缺多不补，迨晚年，用事者寥寥，东厂狱中至生青草。帝常膳，旧以司礼轮供，后司礼无人，乾清管事牌子常云独办，以故侦卒稀简，中外相安。惟四方采榷者，帝实纵之，故贪残肆虐，民心愤怨，寻致祸乱。"观此知神宗之于内官，其员缺不补，亦与外廷之臣无异。外廷缺官为失政，内官缺额则为美德矣。而帝则用采榷之监，毒遍天下。此则惟知好货，其内外缺官实为惜俸给，其采榷必遣内监，利其非士大夫，不知法纪，而可以尽搜括之能事。帝王之奇贪，从古无若帝者。

　　采榷之祸，详于宦官《陈增》《梁永》两《传》，兹略举之。《陈增传》：矿税遣官，自二十四年始。其后言矿者争走阙下，帝即命中官与其人偕往，天下在在有之。其最横者增及陈奉、高淮。是为矿监。《梁永传》：二十七年二月，命往陕西征收名马货物税。嗣有杨荣，皆为穷凶极恶，通都大邑，无不遍设。是为税监。又有两淮盐监，广东珠监，或专遣，或兼摄，大珰小监，纵横绎骚，吸髓饮血，以供进奉，入公帑不及什一，而天下生灵涂炭。撮举其最可骇异者言之：增在山东，劾福山知县韦国贤，即逮问削职。益都知县吴宗尧几死诏狱。兼征山东店税，与临清税监马堂相争，帝为和解，使堂税临清，增税东昌。增益肆，其党内阁中书程守训、中军官全治等自江南北至浙江，称奉密旨搜金宝，募人告密，诬大商巨室藏违禁物，所破灭什伯家，杀人莫敢问。巡抚刘曰梧以状闻，盐务少监鲁保亦奏守训阻塞盐课。俱弗省。三十三年增死，肆恶山东已十年。陈奉以二十七年命征荆州店税，兼采兴国州矿洞丹砂，及钱厂鼓铸事。奉兼领数使，每托巡历，鞭笞官吏，剽劫行旅，商民恨刺骨。伺奉自武昌抵荆州，聚数千人噪于途，竞掷瓦石击之，奉走免，遂诬襄阳、黄州、荆州、荆门州数州府官煽乱，帝立为逮谪有差。兴国州奸人漆有光，讦居民徐鼎等掘唐相李林甫妻杨氏墓，得黄金巨万，腾骧卫百户仇世亨奏之，帝命奉括进内库，奉因毒拷责偿，且悉发境内诸墓。巡按御使王立贤言："所掘墓乃元吕文德妻，非林甫妻。奸人讦奏，语多不雠，请罢不治，而停他处开掘。"不报。二十八年十二月，武昌民变，南京吏部主事吴中明奏言："奉吓诈官民，僭称千岁，其党直入民家，奸淫妇女，或掠入税监署中。王生之女、沈生之妻，皆被逼辱。士民公愤，万余人甘与同死。抚按三司护之数日，仅而得全，巡抚支可大曲为蒙蔽。"大学士沈一贯亦言："陈奉入楚，始而武昌，继之汉口、黄州、襄阳、宝庆、德安、湘潭等处，变经十起，几成大乱，立乞撤回。"帝皆置不问。奉复开谷城矿不获，胁其库金，为县民所逐。佥事冯应京劾奉，降应京杂职。奉又开枣阳矿，知县王之翰以显陵近，执不可。奉劾之翰及襄阳通判邸宅、推官何栋如，缇骑逮讯，并追逮应京。应京有惠政，民号哭送之。奉列应京罪状于通衢，民切齿复聚围奉署，奉逃匿楚王府，众投奉党耿文登等十六人于江，以巡抚可大护奉，焚其辕门。事闻，内阁及言官请撤奉。不报。而内监李道方督理湖口船税，亦奏："奉水沮商舟，陆截贩贾，征三解一，病国剥民。"帝始召奉归。奉去，挟金宝财物巨万计，可大惧为民所掠，多与徒卫，导之出疆。以一贯请，始革可大职。而言官陈维春、郭如星极言奉罪，帝不怿，降二人杂职。三十二年，始释应京归，之翰卒瘐死。马堂者，天津税监兼辖临清，始至，诸亡命从者数百人，白昼手银铛夺人产，抗者以违禁罪之，僮告主者畀以十之三，中人之家，破者大半，远近罢市。民万余人纵火焚堂署，毙其党三十七人，皆黥臂诸偷也。事闻，诏捕首恶，株连甚众。有王朝佐者素仗义，慨然出曰："首难者我。"临刑神色不变。知府李士登恤其母妻，民立祠以祀。廷臣自大学士而下，谏者不下百余疏，悉寝不报。诸监有所纠劾，朝上夕下，辄加重谴，而以高淮及梁永为尤甚。淮采矿征税辽东，所委官激民变，淮诬系诸生数十人，巡按杨宏科疏救，不报。参随杨永恩婪贿事发，奉旨会勘，卒不问。又恶总兵马林不为己下，劾罢之。给事中侯先春疏救，遂戍林而谪先春杂职。巡按何尔健与淮互讦奏，淮遣人邀于路，锢其奏事人于狱，匿疏不以闻。三十一年夏，淮率家丁三百余，张飞虎帜，金鼓震天，声言入内谒帝，潜住广渠门外。吏部尚书李戴、刑部尚书萧大亨皆劾淮擅离信地，挟兵潜住京师，数百年未有之事。御史给事中连疏劾淮。皆不报。巡抚赵楫劾淮罪恶万端，且无故打死指挥张汝立。亦不报。

淮因上疏自称"镇守关务"。兵部奏其妄，帝护淮，谬曰："朕固命之。"淮益募死士时时出塞射猎，发黄票龙旗，走朝鲜索冠珠貂马，数与边将争功，山海关内外咸被其毒。时清太祖日强，逼近辽东，淮为民驱除，大有力于清之发展。又以短抑参价为清口实。三十六年四月，前屯卫军以淮夺饷，甲而噪，誓食淮肉。六月锦州、松山军复变，淮惧，内奔，诬同知王邦才、参将李孟阳孟阳《实录》作获阳。《华钰传》亦作获阳。逐杀钦使，劫夺御用钱粮。二人皆逮问。边民益哗。总督塞达再疏暴淮罪。乃召归，仍以通湾税监张晔兼领其事。孟阳竟死狱中，邦才至四十一年乃释。

梁永为陕西税监，本不典兵，而畜马五百匹，招致亡命，用千户乐纲出入边塞。富平知县王正志发其奸，并劾矿监赵钦。诏逮正志，瘐死诏狱中。渭南知县徐斗牛，廉吏也，永责赂，棰死县吏卒，斗牛愤恨自缢死。巡抚贾待问奏之，帝使永会勘，永反劾西安同知宋贤，并劾待问有私，请皆勘。帝从之，而宥待问。永又请兼镇守职衔，又请率兵巡花马池、庆阳诸盐池，征其课。缘是率诸亡命，具旄盖鼓吹，巡行陕地，尽发历代陵寝，搜摸金玉，旁行劫掠，所至邑令皆逃，杖死县丞郑思颜、指挥刘应聘、诸生李洪远等，纵乐纲等肆为淫掠，私宫良家子数十人，税额外增耗数倍。复用奸人胡奉言，索咸阳冰片五十斤，羊毛一万斤，麝香二十斤。知县宋时际怒勿予。咸宁人道行遇盗，迹之，税使役也，知县满朝荐捕得之。永诬时际、朝荐劫税银。帝命逮时际，而以朝荐到官未久，镌秩一级。巡抚顾其志尽发其奸，言秦民万众共图杀永。大学士沈鲤、朱赓请械永归以安众心，帝悉不报，而亦释时际、朝荐。御史余懋衡方按陕西，永惧，使纲鸩懋衡几死。讼于朝，言官攻永者数十疏，永部下诸亡命乃稍稍散。其渠魁王九功、石君章等赍重宝，辒辌盈路，诈为上供物，持剑戟弓弩，结阵以行。而永所遣解马匹者已乘邮传先发，九功等急驰，欲追及与同出关。朝荐疑其盗，九功等后至又无验，逻兵与格斗，杀数人尽夺其装，御史懋衡以捕盗杀伤闻。永惧，使系书发中，入都讼朝荐劫上供物，杀数人投尸河中。帝震怒，曰："御史焞无恙，而朝荐代为报复。"立遣使逮朝荐，时三十五年七月也。既至下诏狱搒掠，遂长系。中外自大学士以下论救百十疏，最后四十一年秋万寿节，用大学士叶向高请，乃与王邦才、卞孔时并释归。而先一年三十四年，杨荣为云南人所杀。初，荣妄奏阿瓦猛密诸番愿内属，其地有宝井可岁益数十万，愿赐敕领其事。帝许之。既而荣所进不得什一，乃诬知府熊铎侵匿，下法司。又请诏丽江土知府木增献地听开采。巡按御史宋兴祖言："太祖令木氏世守兹土，限石门以绝西域，守铁桥以断土蕃，奈何自撤藩蔽，生远人心？"不报。荣愈怙宠，诬劾各府州官下狱，提问累累，百姓恨入骨，燔税厂，杀委官张安民。荣恣行威虐，杖毙数千人，至是搒掠指挥使樊高明，绝其筋，枷以示众。又以求马不获，系指挥贺瑞凤，且言将尽捕六卫官。于是指挥贺世勋等率冤民万人，焚荣第杀之，投火中，并杀其党二百余人。事闻，帝为不食者数日。欲逮问守土官，沈鲤揭争，且密属太监陈矩剖示，乃止诛世勋等。当是时，帝所遣中官，无不播虐逞凶者，史传所详，不能尽载也。

帝以溺郑贵妃故，矿税诸监率结郑氏，以妃为内主。既生常洵，外廷疑妃有立己子谋，众臣争言立储事，姜应麟等疏请被谪，李太后闻之弗善。一日帝入侍，太后问故，帝曰："彼都人子也。"太后怒曰："尔亦都人子。"帝惶恐伏地不敢起。内廷呼宫人为都人，太后亦由宫人进，故云。皇长子由是不敢轻动。而请立储之疏累数千百，皆指斥宫闱，攻击执政，谓不能力定国本。帝以太后前语，概置不问。由是门户之祸大起。二十年，礼科都给事中李献可偕六科诸臣疏请豫教，言："元子年十一矣，豫教之典，当首春举行。"帝大怒，摘疏中误字，责以违旨侮君，贬官夺俸有差。科道诸臣各具疏救，俱谴责。给事中孟养浩语尤切，略言："一字之误，本属无心，遽蒙显斥，臣愚以为有五不可：元子天下本，豫教之请，为宗社计，不惟不听，且从而罚之，是坐忍元子失学而瘠胔宗社也。不可者一。长幼定序，明旨森严，天下臣民，既晓然谅陛下之无他矣，上年廷臣争请建储，得旨于二十年春举行。至九月，工部主事张有德预以仪注请，帝又怒夺其俸。阁臣申申时行在告，许国、王家屏虑事有变，引前旨争，首列时行名。时行闻帝怒，密疏言实不与知。言官力诋时行，时行遂乞罢。国与家屏又请立储，遂罢国。然豫教册立，本非两事，今日既迟回于豫教，安知来岁不游移于册立，是重启天下之疑。不可者二。父子之恩，根于天性，豫教有益元子，陛下罪之，非所以示慈爱。不可者三。古者引裾魏文时辛毗事折槛汉成时朱云事之事，中主能容之。陛下量侔天地，言及宗社大计，反震怒而摧折之。天下万世，谓陛下何如主？不可者四。献可等所论，实天下臣民之公言，加罪献可，是所罪者一人，而实失天下人之心。不可者五。"帝愈怒，谓养浩欺君惑众，命锦衣卫杖之百，削籍为民。是时斥谏官十一人，朝士莫不骇叹。未几，大学士王家屏亦以救李献可罢。

神宗以有所私于郑贵妃，遂以请豫教元子为罪，以致元子长而失学。

二十一年正月，帝手诏王锡爵，欲待嫡子，令元子与两弟且并封为王。锡爵奉诏拟旨，举朝大哗，事得寝，而锡爵名大损。二十二年二月，皇长子始出阁讲学。二十八年十月，给事中王德完复以请立储，廷杖除名。至二十九年，皇长子年二十，册立冠婚并行，临时复令改期。阁臣封还谕旨力争，以十月己卯立皇长子常洛为皇太子。而封郑贵妃子常洵为福王，婚费邸第，十倍常制。嗣是福王不之国，而夺嫡之疑时起。三十一年，有妖书之狱。

先是刑部侍郎吕坤撰《闺范图说》，太监陈矩购入禁中，帝赐郑贵妃，妃重刻之。二十六年秋，或撰《闺范图说跋》，名曰《忧危竑议》。其文托朱东吉为问答，东吉者，东朝也，以吕坤曾有忧危一疏，因借以讽。言坤书首载明德马后，由宫人进位中宫，意以重妃。而妃之刊刻，实借为夺嫡地。妃兄国泰，以给事中戴士衡尝纠坤，全椒知县樊玉衡并纠贵妃，疑出二人手，言于帝。帝重谪二人，事遂寝。至三十一年冬十一月，复出《续忧危竑议》，朱赓于寓门外获之，其词假郑福成为问答，谓郑氏子福王当成也。略言帝立东宫，出于不得已，他日必当更易。其用朱赓为内阁者，赓更同音，寓更易之意。词极诡妄，时谓妖书。帝敕有司大索奸人，沈一贯与郭正域、沈鲤相嫌，欲因是陷之，遂兴大狱。东厂又捕获妖人𣈱生光。其他告讦纷起，银铛旁午，都城人人自危。一贯与其党欲自所获诸人引正域以及鲤，卒不能得。而太子亦有言，谓："何为欲杀我好讲官？"正域为太子出阁时讲官。诸人惧，乃归狱𣈱生光，磔之。

嗣是又十年，福王仍不之国，洛阳邸第以二十八万造成。廷臣请王之国者数十百奏，不报。四十一年春，复交章请，叶向高、孙慎行争尤力。帝始以明春为期，已复传旨庄田非四万顷不可。向高因言："《会典》载亲王禄米万石，养赡名目已是添设。各直省田土，大郡方有四万顷，少者止一二万。祖宗以来，封国不少，使亲王各割一大郡，天下田土已尽，非但百姓无田，朝廷亦无田矣。况圣子神孙源源未已乎？列圣遵守家法，岂无爱子？祖制不敢逾越，必如是而后万世可常行耳。福王所陈，不过引景府潞府事例，潞府就封时废府田地尚多，未尝括及民间。今田地已尽，而租银之入已过潞府，何更求多？

至景府久不之国，皇考在裕邸常怀危疑，其后皇祖断然遣之，人心始安。景府屡请楚地，几至激变，当时皆讥皇祖过宠，非以爱之。景王封四年而薨，无子国除。亦前事之鉴也。"

景恭王载圳，世宗第四子。潞简王翊镠，穆宗第四子，即帝同母弟。初居京邸，王店王庄遍畿内，比之藩，悉以还官，遂以内臣司之，皇店皇庄，自此益侈。嘉靖以后，天子与民争利，皆亡国之象。《潞王传》："明初亲王岁禄外，量给草场牧地，间有以废壤河滩请者，多不及千顷。部臣得执奏，不尽从也。景王就藩时，楚地旷，多闲田，诏悉予之。景藩除，潞得景故籍田，多至四万顷。部臣无以难。至福王之国，版籍更定，民力益绌，尺寸皆夺之民间，海内骚然。论者推原事始，颇以翊镠为口实。"凡此即叶向高之所云也。祖宗时之闲田，本留以赡军，实亦无所谓闲，但不直接夺之民耳。闲田既尽，乃复夺民，益思明祖创制之宏大，子孙日失其本意，犹久而后不支。国之兴亡，要以民之有无生计为断，此万世所可鉴也。

向高等又言："福王庄田必足四万顷，则之国无日。王疏以祖制为言，臣不知所引祖制何指，惟景府以宠爱逾分致坏祖制，奈何尤而效之？今河南、山东抚按官搜括已尽，恐奸徒以投献为名，挟仇报怨，中州、齐、楚间，稍有土地者不安其生，天下从此多事矣。"又言："东宫辍讲八年，且不奉天颜者久；而福王一日两见，以故不能无疑。"会锦衣百户王曰乾与人相告讦，入皇城放炮上疏，讦郑贵妃内侍姜严山等用厌胜术，诅皇太后、皇太子，欲拥立福王。帝震怒。向高请别治奸人罪，而速定福王之国期。帝纳其言。贵妃又请留福王庆太后寿，太后曰："吾潞王亦可来祝寿乎？"妃乃不敢言。四十二年二月，福王之国，历年税使矿使所进珍羞，悉以资之，押运刘孝，自虞城至洛阳，到处挟索，横逞杀人，抚按以闻，悉置不问。庄田则群臣请减，帝谕以王意奏辞，减半给二万顷，中州腴土不足，以山东、湖广田益之。王复乞故大学士张居正所没产，及江都至太平沿江荻洲杂税，并四川盐井榷茶银以自益。伴读承奉等官，假履亩为名，乘传出河南北、齐、楚间，所至骚动。山东、河南、湖广抚按臣各疏言："王府赐地，照《会典》应令地方官每亩征银三分，王府遣人关领，不便自行勘丈管业。"并言中使诸人不法状。俱不报。后湖广田不足，又减一千顷，实给一万九千顷。王又请淮盐千三百引，设店洛阳，与民市。中使至淮扬支盐，乾没要求辄数倍。中州旧食河东盐，以改食淮扬盐故，非王肆所出不得鬻，河东引遏不行，边饷由此绌。叶向高言以藩国之尊，下侵商贾之事，差官支取，滋夹带之奸；定价贸易，无两平之理。由是河东亏课，豫民食贵，公私交困，廷臣先后请停丈田、开市二事。俱不报。

《福王传》："帝深居久，群臣章奏率不省，独福藩使通籍中左门，一日数请，朝上夕报可。四方奸人亡命，探风旨走利如骛，如是者终万历之世。常洵日闭阁饮醇酒，所好惟妇女倡乐。秦中流贼起，河南大旱蝗，人相食。民间藉藉，谓先帝耗天下以肥王，洛阳富于大内。援兵过洛者，喧言：'王府金钱百万，而令吾辈枵腹死贼手。'南京兵部尚书吕维祺方家居，闻之惧，以利害告，常洵不为意。"《李自成传》："十四年崇祯正月，攻河南，有营卒勾贼，城遂陷，常洵遇害。自成兵沴王血，杂鹿醢尝之，名福禄酒。"多藏厚亡，蕴利生孽，此之谓也。

福王既之国，而太子较定矣，未几又有梃击之案，是为明代后三案之一。后三案之反复，为邪正朋争报复惨杀之枢纽，明于是以亡。事历天、崇两朝，延及南渡以后，而在万历间，则先有此一案，亦郑贵妃所启夺嫡之嫌疑也。太子居慈庆宫，四十三年五月，有不知姓名男子持枣木梃入宫门，击伤守门内侍李鉴，至殿前檐下被执。皇太子奏闻，帝命法司案问，巡视皇城御史刘廷元鞫奏："犯民张差，蓟州井儿峪人。按其迹若涉疯癫，稽其貌实系黠猾。请下法司严讯。"时东宫虽久定，帝待之薄，中外方疑贵妃与兄国泰谋危太子。及差被执，举朝惊骇。廷元既以疯癫奏，刑部郎中胡士相等复讯，一如廷元指。按律当斩，加等立决。奏定未上，提牢主事王之寀私诘差，言由内侍引导，得口词甚悉。之寀备揭其语，因侍郎张问达以闻。疏入未下，廷臣连章趣之，而郎中陆大受疏有"奸戚"字，帝恶之，与之寀疏俱不报。御史过庭训言："祸生肘腋，宜即剪除。"大学士方从哲、吴道南斥之寀言谬，请详审。于是庭训遂移文蓟州踪迹之，知州戚延龄具言致癫始末，符原勘，遂以疯癫为定案。越数日，问达以员外郎陆梦龙言，令十三司会鞫，众咸嗫嚅，梦龙独详讯之，谓系庞保、刘成主使。刑部乃行蓟州道，提差所供马三道等。差供详《王之寀》《陆梦龙》两《传》。疏请法司提庞保、刘成对质。保、成皆贵妃内侍，中外藉藉，语侵郑国泰。国泰惧，出揭自白。给事中何士晋直攻国泰，且侵贵妃。疏入，上大怒，然不能无心动，盖其初王曰乾上变言巫蛊事，辞连刘成，至是复涉也。乃谕贵妃善为计。妃窘，乞哀皇太子，自明无他。帝令太子白之廷臣，太子亦以事连贵妃，大惧，请帝速具狱，毋株连。帝乃于慈宁宫召大学士方从哲、吴道南及文武诸臣入见，因执太子手，谓诸臣曰："此儿极孝，朕极爱，使朕有别意，何不早更置？外臣何意，辄以浮言间朕父子耶？"因命内侍引三皇孙至石级上，令诸臣熟视曰："朕诸孙俱已长成，更何说？"顾问太子："有何语？与诸臣悉言无隐。"太子具言："疯癫之人，宜速决。"并责诸臣，言："我父子何等亲爱，而外廷议论纷如，尔等为无君之臣，使我为不孝之子。"

帝复谓诸臣曰："尔等听皇太子语否？"申谕再三，诸臣始叩首出，帝不见群臣已二十五年矣。帝寻谕三法司："张差以疯癫奸徒闯入东宫，持梃伤人，罪在不赦。"因命决差于市。内官庞保、刘成，帝以涉郑氏，付外廷，议益滋，潜毙之于内，言皆以创重身死。马三道等五人，命予轻比，坐流配。时帝意在调护贵妃太子，念事似有迹，故于诸言者亦不遽罪。未几，何士晋调外，王之寀削籍，陆大受夺官，而陆梦龙以张问达力，独免。

　　四十四年正月，清太祖建元天命，称建州国汗，自承为金后，亦称后金，而明廷未深知也，愦愦如故。是年八月，太子复出阁讲学。辍讲已十二年，群臣谏疏凡数百上，始命举行，中外大悦，然一讲而辍，后不复更举矣。

第三节　决裂之期

　　万历四十六年，清兵克抚顺，明人记载谓之东事起。清太祖名努尔哈赤，自万历十一年其祖及父为李成梁焚戮之后，起而诉其以忠获祸。盖太祖父祖实为明向导，以破建州酋阿台而致骈死也。明稍假借之，遂以所得之敕命，渐渐自立，以力吞并诸部，混一建州，旁及海西。李成梁始而狎之，继而畏之，且欲倚以消弭边衅。时犹称建州，亦颇自昵于明，取其尊官厚赏以自肥殖，兼并行之塞外。中朝不能顾内事，遑问边计？贡市频繁，犹以顺服视之。至抚顺陷而显然内犯，且有七大恨誓师之文。今于清与明之接触，本讲义中不求其详，别详《清史讲义》焉。

辽东三面受敌，无岁不用兵，自高淮为税使，朘削十余年，军民益困，而先后巡抚皆庸才，玩愒苟岁月，帝又置万几不理，边臣呼吁，漠然不闻，边事大坏。四十六年春，朝廷之上，方昏卧未觉祸至。二月，吏部尚书郑继之以累疏乞休不允，稽首阙下，出郊待命。帝闻，命驰传归。兵部尚书崔景荣又封印出城。御史王象恒言："十三道御史在班行者止八人，六科给事中止五人，而册封典试诸差，及巡方报满，告病求代者踵至，当亟议变通之法。"方从哲亦言："考选诸臣守候六载，艰苦备尝，乞特允部推，令受命供职。"皆不报。至四月甲辰，十五日，建州兵陷抚顺，《明史》作："大清兵克抚顺。"至《明纪》等书竟作："我太祖高皇帝起兵克抚顺。"在清代文义如此。若论史实，则其时建州未自名为清，并无满洲之名。游击李永芳叛降，千总王命印死之。巡抚李维翰趣总兵官张承荫赴援，承荫急率副将颇廷相、参将蒲世芳、游击梁汝贵等诸营并发。庚戌，二十一日，次抚顺，甫交锋，建州兵蹴之，大溃。承荫、世芳皆战死，廷相、汝贵已溃围出，见失主将，亦陷阵死，将士死者万人，生还者十无一二，抚安、三岔儿、白家冲三堡继失。事闻，诏逮维翰，中外戒严，羽书日数十至，帝颇忧惧，章奏时下，不数月泄泄如故。

闰月庚申，初二日，杨镐为兵部左侍郎兼右佥都御史，经略辽东，周永春代李维翰，李如柏代张承荫，刘綎、柴国柱、官秉忠并佥书都督府事。杜松驰援辽阳，马林以故官从征。辽东兵事兴，骤增饷三百万。李汝华累请发内帑，不得，时内帑充积，帝靳不肯发，汝华乃借支南京部帑，括天下库藏余积，征宿逋，裁工食，开事例。会周永春请益兵加赋，八月，汝华再请发各省税银。不报。汝华乃议："天下田赋，自贵州外，亩增银三厘五毫，可得饷二百万有奇。"从之。九月辛亥，加天下田赋。是为万历间永加之第一次。是年兵事，七月丙午，二十五日，建州兵又克清河堡，副将邹储贤、参将张旆俱死，部将二十人，兵民万余歼焉。诏赐杨镐尚方剑，得斩总兵以下官，镐乃斩逃将陈大道、高炫，徇军中，征兵四方图大举。自九月以后，灾异迭见，御史熊化劾方从哲乞用灾异策免。从哲方独相，至是求罢，坚卧四十余日，阁中虚无人，慰留再三，仍视事。于是以师久饷绌，从哲及兵部尚书黄嘉善发红旗日趣杨镐进兵。四十七年正月，镐定议分四路出兵，号四十七万，以马林由开原出三岔口合北关军北关即海西女真之叶赫部。时海西已由各卫并成四部之后，而为清太祖灭其三，止余北关，即太祖高皇后之母家，太祖非兼并不可，故为明廷效用。为北路，杜松出抚顺为西路，李如柏出鸦鹘关趋清河时清河已失。清河即本溪地，建州在抚顺之东，本溪之东北。为南路，刘綎出宽甸合朝鲜军为东南路，师期为三月二日。镐无方略，中枢非但不知敌情，并不自知其所命之将，军事期会分布，先期尽泄。刘綎、杜松较勇锐，直入建州境，建州设伏以待，全军尽没；马林亦败，仅以身免；李如柏与建州有私交，自其父成梁以来，常扶助清太祖，又以李宁远成梁封宁远伯家世，为杨镐所倚赖而昵之，故独不出军救应，而称镐以令箭撤回；北关军亦未出；朝鲜军亦为建州所掳，从此不敢尽忠于明；文武将吏前后死者三百一十余人，军士四万五千八百余人，亡失马驼甲仗无算。败书闻，京师大震。言官连疏劾李如柏，如柏自杀，而朝廷又用如柏弟如桢代镇，杨镐罪亦不问，马林谪充为事官，仍守开原。林恃兀良哈酋宰赛、暖图等许助兵，不设备。六月丁卯，十六日，建州又破开原，林及城守诸将副参游以下尽死。癸酉，二十二日，用熊廷弼代杨镐经略辽东，帝怠事斁财如故。甲戌，二十三日，廷臣伏文华门，请发章奏及增兵发饷，又候旨思善门。皆不报。

李如桢至辽，杨镐使守铁岭。李氏故铁岭人，乃预令其族迁避，留一空城。又以镐令还沈阳，而令参将丁碧等防守。七月丙午，二十五日，建州兵临铁岭城，如桢拥兵不救，游击哈成名等俱阵没，城又失，沈阳及诸城堡军民一时尽窜，辽阳汹汹。熊廷弼之起用，朝廷倚望甚厚。廷弼受命于开原已陷之日，上言："辽左京师肩背，河东辽河东辽镇腹心，开原又河东根本，欲保辽东，开原必不可弃。虏未破开原时，北关、朝鲜，犹足为虏腹背患，今已破开原，北关不敢不服；遣一介使朝鲜，不敢不从。虏既无腹背忧，必合东西之势以交攻，然则辽、沈何可守也？乞速遣将士，备刍粮，修器械，毋窘臣用，毋缓臣期，毋中格以沮臣气，毋旁挠以掣臣肘，毋独遗臣以艰危，以致误臣误辽兼误国也。"疏入，悉报允，且赐尚方剑以重其权。廷弼甫出山海关，闻铁岭陷，兼程进，遇逃者，谕令归，斩逃将刘遇节、王捷、王文鼎以祭死节士，诛贪将陈伦，劾如桢十不堪，罢之，以李怀信代；督军士造战车，治火器，浚濠缮城，为守御计。八月癸亥，十三日，逮杨镐下锦衣狱，论死。

辽左饷绝，廷臣数请发帑。不报。会广东进金花银，户部主事鹿善继言于尚书李汝华曰："与其请不发之帑，何如留未进之金。"汝华然之。帝怒，夺善继俸一年，趣补进，善继持不可，以死争，乃夺汝华俸一月，降善继一级调外。汝华惧，卒补银进。九月戊子，吏部尚书赵焕率廷臣伏文华门，固请帝临朝议政。方从哲叩首仁德门，跪俟谕旨。抵暮，帝遣中官谕之退，从哲复请帝出御文华殿，召见群臣，面商战守方略。焕《疏》云："他日蓟门蹂躏，敌人叩阍，陛下能高枕深宫称疾谢却之乎？"帝终不报。自铁岭陷后，宰赛始以兵来战，为建州所擒，建州移兵攻北关，灭之。明所恃为"以夷制夷"之计者于是尽矣。

熊廷弼令严法行，守备大固，乃上方略："请集兵十八万，分布瑷阳、清河、抚顺、柴河、三岔儿、镇江诸要口，首尾相应，小警自为堵御，大敌互为应援，更挑精悍者为游徼，乘间掠零骑，扰耕牧，更番迭出，使敌疲于奔命，然后相机进剿。"从之。初廷弼抵辽，令佥事韩原善往抚沈阳，惮不肯行，继命佥事阎鸣泰，至虎皮驿，痛哭而返。廷弼乃躬自巡历，自虎皮驿抵沈阳，复乘雪夜赴抚顺，总兵官贺世贤以近敌沮之，廷弼曰："冰雪满地，敌不料吾来。"鼓吹入，时兵燹后，数百里无人迹，廷弼祭诸死事者而哭之，遂耀兵奉集，相

神机营

选自《神器谱》日本刻本　（明）赵士祯／著

神机营与五军营、三千营并称为明朝京城禁卫军三大营，其中，神机营是专门装备火器的军队。早在朱元璋与陈友谅的战斗中，就已开始使用火器。张辅征安南时，也大量使用了『神机火器』。明成祖在平定交趾后，特置神机营肄习。该营装备有火枪、火铳等，后期又添置火绳枪。因此，相比于冷兵器军队，火器营的战斗力要强很多。

機

大門

西洋銃全形

形方後有火溝防迴起燭，
目其大池倒度俱與前銃
同。

龍頭揿軋用銅，朶軋用銅鐵
不用水蕭。

托手

以木作托上用銅作之常時
陽手托起後用力揑動用此如
軋引也。銃頭為龍刀長三寸

約重四五斤長六尺許龍頭在床外剒叩纏水門撥之則容火
然自起圓用朶軋在撥軋
多效五六次較倭鳥銃更覺輕便火小藥罐撥扶同罩銃

枕棚

互角雜木為之河柳狀之南方多用柚木後尾用
銅鈸片　縣向上硬作刀刃

棚扶插在銃栄之下用以柴葉送子幷四軍將芯葉漳化造編
傍銃即用以芥簇其首蘸浣水洗剒扶頸有薄中予兩肤恰好入銃
已省為炒程用木頭必用鍊或全用粗鍊線

銃床

照門歷萬刀鳥銃握長對準全在此處佐銃用
一凹字形不知此更改下俱作馬蹄筍

照門
照星
照屋

古銃側面
長七寸重一斤各有火
門用藥三錢四分各彈鐵

形

如軒轅子銃駑
杞牌上即相失
亦可釘效且
短兵在手

迅雷銃全形

匣

機

後盤

商盤

作乳承門
中夾兩面撥
機方兩面撥門

銃根總角斧以此盤

撥柏相對景鐵匣內本年鋼二鈎
蘿汗在銅片上以俟發難

筒五門各長一天許櫻重十餘斤筒上俱有照門
照星一天許應用一枕置之匣内輸流轉換
去柄削措所藏霞手直直當短銃戰

銃床形

所用木應前同但後尾篤即下用銅葉裹其
用螺蜘底亦可大柒高輕用實底一不塘十縈

筒形

側面　正面

約長五六尺約重一二斤照門照星與古鳥銃同實底
用螺蜘底亦可大柒高輕用實底一不塘十縈其中放時手扒弯比撥扶

改放西洋銃圖

圖銃放番更人五

放擊電圖

擊電銃全形

圖銃虎翼放下步

放畢搭鬬圖

奇膝同

藤牌內放鴛鴦揚砲圖

挨牌內放圖

度形势而还。所至招流移,缮守具,由是人心复固。会帝从方从哲言,遣姚宗文阅视辽东军马,遂以意气相失,回京与言路数人相结倾廷弼。

是年十二月,再加天下田赋,亩三厘五毫,是为万历间二次加派。内库之积如山,帝不肯稍出,而责贡输不已。明年四十八年三月,再议增赋,复亩增二厘,三岁三增,遂为岁额。御史张铨疏言:"军兴以来,所司创议加赋,亩增银三厘五毫,未几至七厘,又未几至九厘。譬之一身,辽东肩背,天下腹心也,肩背有患,犹借腹心之血脉滋灌,若腹心先溃,危亡可立待。竭天下以救辽,辽未必安,而天下已危。今宜联人心以固根本,岂可朘削无已,驱之便乱?且陛下内廷积金如山,以有用之物置无用之地,与瓦砾粪土何异,乃发帑则叫阍不应,加派则朝奏夕可,臣殊不得其解。"不省。

四十八年五月,建州兵略地花岭,六月,略王大人屯,失亡将士四五百人,诸将贺世贤等亦有斩获,是为姚宗文等倾熊廷弼之口实。帝自四月癸丑皇后王氏崩,亦有疾,七月甲午大渐,召大臣入见宏德殿。丙申,二十一日,帝崩。诸臣出遗诏,有云:"比缘多病,静摄有年,郊庙弗亲,朝讲稀御,封章多滞,寮寀半空,加以矿税烦兴,征调四出,民生日蹙,边衅渐开,夙夜思维,不胜追悔。方图改辙,与天下更新,而遘疾弥留,殆不可起,盖愆补过,允赖后人。皇太子常洛可嗣皇帝位。"又云:"内阁辅臣,亟为简任。阁臣只方从哲一人,已逾三年。卿贰大僚,尽行推补。两咨考选,并散馆科道官俱令授职。建言废弃及矿税诖误诸臣,酌量起用。一切榷税并新增织造烧造,悉停止。各衙门现监人犯,俱起送法司查审,应释者释放。东师缺饷,多发内帑以助军需,阵亡将士速加恤录。"次日丁酉,皇太子即遵遗诏发帑金百万犒边,尽罢天下矿税,起建言得罪诸臣,下前后考选之命。后二日己亥,再发帑金百万充边赏。

第六章

天崇两朝乱亡之殷鉴

熹宗，亡国之君也，而不遽亡，祖泽犹未尽也；思宗，自以为非亡国之君也，及其将亡，乃曰有君无臣。夫臣果安往？昔日风气未坏，正人君子，屠戮之而不能遽尽，故无君而犹有臣；至崇祯时，则经万历之败坏，天启之椓丧，不得挽回风气之君，士大夫无由露头角矣。思宗而在万历以前，非亡国之君也；在天启之后，则必亡而已矣。分述如下。

第一节　天启初门户之害

门户之祸，起自万历。人主心厌言官，一切不理；言官知讦切政府必不掇祸，而可耸外间之听，以示威于政府，政府亦无制裁言官之术，则视其声势最盛者而依倚之。于是言官各立门户以相角，门户中取得胜势，而政权即随之，此朋党所由炽也。在万历间不过把持朝局，排除异己而汲引同党，至边事既起，各立门户之言官，以封疆为逞志之具，将帅之功罪贤不肖悉淆混于党论，而任事者无所措手足矣。建州坐大，清太祖遂成王业，其乘机于明廷门户之争者固不小也。

泰昌元年十月丁未，<small>初四日，</small>罢辽东经略熊廷弼，以金都御史袁应泰代之。廷弼有胆略，知兵，善守边，然性刚，好谩骂，物情不甚附。为御史时，与姚宗文、刘国缙同在言路，并以排东林攻异己为事。及廷弼经略辽东，二人意望廷弼，不如愿，遂相失，二人比而倾廷弼。本年八月，建州兵略蒲河，边民有亡失，诸将亦有斩获，盖与五六月间，花岭、王大人屯两役，皆守边遇强敌所不能免之事。宗文还朝，

熊廷弼像

选自《碧血录》 （清）庄仲方｜撰 （清）夏銮翔｜绘 收藏于美国哈佛燕京图书馆

熊廷弼（1569—1625年），字飞白，号芝冈，湖广武昌府（今属湖北省武汉市）人。熊廷弼出身贫寒，但读书刻苦，并于万历二十六年（1598年）考中进士。万历三十六年（1608年），熊廷弼巡按辽东，其间，提出了"实内固外"和"以夷攻夷"的方略，积极修建边墙并屯粮，扭转了自嘉靖以来不好的辽东局势。泰昌元年（1620年）八月，努尔哈赤再次率兵攻打沈阳，熊廷弼被罢职。后来又被起用，但因导致广宁失守，被魏党冤杀。图中，跪着的为魏忠贤与冯铨，冯铨曾编造伪书《辽东传》陷害熊廷弼等人。

疏陈辽土日蹙，诋廷弼废群策，雄独智，军马不训练，将领不部署，人心不亲附，复鼓其同类攻击。于是御史顾慥首劾廷弼出关逾年，漫无定画，蒲河失守，匿不上闻，荷戈之士，徒供挑浚，尚方之剑，逞志作威。御史冯三元劾廷弼无谋者八，欺君者三。下廷议。廷弼愤甚，抗疏极辨，且求罢。而御史张修德、给事中魏应嘉复劾之。廷弼再疏自明，缴尚方剑，力求罢斥，朝议允廷弼去。是时应泰方代周永春巡抚辽东，逐擢经略。廷弼乃上疏求勘，言：“辽师覆没，臣始驱羸卒数千，踉跄出关，至杏山而铁岭又失。廷臣咸谓辽必亡，而今且地方安堵，举朝帖席，此非不操练、不部署者所能致也。若谓拥兵十万，不能搴旗决胜，诚臣之罪，然求此于今日，亦岂易言？令箭催而张帅殒命；马上催而三路丧师，臣何敢复蹈前轨？”三元、应嘉、修德等复连章极论，廷弼即请三人往勘，从之。御史吴应奇、给事中杨涟等力言不可，乃改命兵科给事中朱童蒙往。廷弼复上疏曰：“今庙堂议论，全不知兵，冬春之际，敌以冰霜稍缓，哄然言师老财匮，马上促战，及军败始愀然不敢复言；比臣收拾甫定，而愀然者又复哄然责战矣。自有辽难以来，用武臣，用文吏，何非台省所建白，何尝有一效？疆场事当听疆场吏自为之，何用拾帖括语徒乱人意，一不从辄怫然怒哉？”及童蒙还奏，备陈廷弼功状，末言：“臣入辽时，士民垂泣而道，谓数十万生灵皆廷弼一人所留，其罪何可轻议？独是廷弼受知最深，蒲河之役，敌攻沈阳，策马趋救，何其壮也！及见官兵驽弱，遽尔乞骸以归，将置君恩何地？廷弼功在存辽，微劳虽有可纪；罪在负君，大义实无可逃，此则罪浮于功者矣。”疏入，朝廷方知廷弼足用，而时袁应泰已受代矣。

应泰历官，精敏强毅，用兵非其所长。既受事，刑白马祀神，誓以身委辽，疏言：“臣愿与辽相终始，更愿文武诸臣与臣相终始。”

优诏褒答，赐尚方剑，戮贪将何光先，汰大将李光荣以下十余人，遂谋进取抚顺，议用兵十八万人，<small>廷弼交代疏中，有方略之交代，以取抚顺为先务，用兵十八万，亦廷弼原议，应泰盖遵其说而不知运用也。</small>大将十人，上陈方略。初廷弼持法严，部伍整肃，应泰以宽矫之，多所更易。而是时蒙古诸部大饥，多入塞乞食，应泰下令招降，归者日众，处之辽、沈二城，优其月廪，与民杂居，于是敌间充塞，无守备可言矣。将领参佐皆以为言，应泰不听。天启元年三月，建州入犯。应泰方议三路出师复清河、抚顺，未行而建州兵已薄沈阳。总兵贺世贤出城逆战，不利，退欲入城，降丁断吊桥以叛，世贤战死，总兵尤世功援世贤亦死，城外兵七万人皆溃，建州遂拔沈阳，围攻仅二日耳。建州兵又败来援之兵，大将以下死者甚众，乘胜攻辽阳，五日而至，应泰方撤奉集、威宁诸军，并力守御。第一日战城外而败，应泰宿营中不入城。次日再战又败，应泰入城，与巡按御史张铨等分陴固守，诸监司高出、牛维曜、胡嘉栋及督饷郎中傅国并逾城遁。又明日战又败，薄暮醮楼火，城陷，降人导民家启扉张炬以待。不及一旬，辽沈皆陷，应泰自缢死，张铨被执，不屈，死最烈。铨以前论辽事必用熊廷弼，并言加派之害，既按辽，力言纳降之非，皆不见听。文武死者甚众。辽东之三河等五十寨及河东大小七十余城皆望风降，距廷弼之罢未半年也。

辽东既陷，沿海辽民皆航海走山东，不能达者栖止各岛间。援辽都司毛文龙率师至皮岛。岛在登莱大海，谓之东江，地广衍，有险可恃。文龙乃招集逃民为兵，分布哨船，联接登州为掎角计，朝议是之，授文龙参将，是为东江之师。其能联络朝鲜以牵制建州者为时甚久。应泰败死，以巡抚薛国用代经略，而升参议王化贞代巡抚。化贞以能得西部心，为时所倚重，盖始终挟以西制东为取巧之计，又信叛将李永芳之诱，谓在建州军中为内应，已可以不虑兵事，而坐致奇功者也。

熊廷弼既罢，人乃知其守辽功。沈阳破，廷臣复思用廷弼，给事中郭巩力诋之。及辽阳继失，河西军民尽奔，自塔山至闾阳二百余里，烟火断绝，京师大震。辅臣刘一燝曰："使廷弼在辽，当不至此。"御史江秉谦追言廷弼守辽功，且以排挤劳臣为巩罪。帝乃治前劾廷弼者，贬冯三元、张修德、魏应嘉、郭巩等秩，除姚宗文名。御史刘廷宣救之，亦被斥，乃诏起廷弼于家。六月，廷弼入朝，首请免言官贬谪，帝不可。乃建三方布置策：广宁用马步兵，列垒三岔河上；天津、登、莱各置舟师，设登莱巡抚如天津；而山海特设经略，节制三方，以一事权。遂命廷弼以兵部尚书兼右副都御史，驻山海关，经略辽东军务。廷弼因请尚方剑，请调兵二十余万，以兵马刍糗器械之属责成户、兵、工三部；请复监军道高出、胡嘉栋、督饷郎中傅国等官；又议用辽人故赞画主事刘国缙为登莱招练副使，夔州同知佟卜年为登莱监军佥事，故临洮推官洪敷教为职方主事、军前赞画，三人皆辽人，以收拾辽人心。并报允。七月，廷弼行，特赐麒麟服一、彩币四，宴之郊外，令文武大臣陪饯，异数也。先是薛国用代应泰，病不任事，化贞自部署诸将，沿河设六营，营置参将一，守备二，分守诸要害，各设戍防。议既上，廷弼疏言："河窄难恃，堡小难容。今日但宜固守广宁，若驻兵河上，兵分则力弱，倘轻骑潜渡，直攻一营，力必不支，一营溃则诸营俱溃，西平诸戍亦不能守。河上止宜置游徼兵，更番出入，示以不测，不宜屯聚一处，为人所乘。自河抵广宁止宜多置烽堠，西平诸处止宜稍置戍兵，为传烽哨探之用。而大兵悉聚广宁，于城外河角立营，深垒高栅以俟。辽阳去广宁三百六十里，非飞骑一日所能到，有声息我必预知，断不宜分兵防河，先为自弱之计。"会御史方震孺亦言防河不足恃，化贞之议乃寝。化贞愠甚，尽委军事于廷弼。廷弼请申谕化贞，不得借口节制坐失事机。先是四方援辽之师，化贞悉改为平辽，辽人多不悦。廷弼言辽人未叛，乞改平辽名以安其心。自是化贞与廷弼有隙而经抚不和。而中朝固有之门户，乃用祖经祖抚为标帜，本兵及兵部用事之职方司则皆祖抚，盖廷弼为经略，同时以张鹤鸣为本兵，兵部职方司郎中耿如杞、主事鹿善继皆恶廷弼。自经抚两歧之后，廷弼所请遂无一得行者矣。

　　鹤鸣与廷弼论事多不合，因独喜化贞。化贞庸才好大言，鹤鸣主之，令无受廷弼节制。中外皆知经抚不和必误封疆，而鹤鸣信化贞愈笃。先是廷弼奏："三方建置，须联络朝鲜，请遣使往劳，俾发兵连营鸭绿江上，助我声势。再诏恤辽人之避难朝鲜者，招集团练，别为一军，与朝鲜军合势。使臣即权驻义州控制联络，与登莱声息相通。更发银六万两分犒朝鲜及辽人，乞给空名札付百道，东山矿徒能结聚千人者即署都司，五百人者署守备，一二万劲兵可立致。"因荐监军副使梁之垣充总使。帝从之。方与所司议兵饷，而毛文龙适以岛兵袭取镇江。镇江，今之安东。时建州尽占辽东，以陈良策为镇江守将，良策潜通文龙，故文龙引兵取其城。化贞遽以大捷奏，举朝皆喜，化贞遂请授文龙总兵官，设军镇皮岛。廷议亟发天津、登莱水师二万援文龙，化贞督广宁军四万进据河上，合诸蒙古军乘机进取。鹤鸣奏言："时不可失，促进师。"廷弼言："三方兵力未集，文龙发之太早，乱三方并进之谋，误属国联络之计。"时朝士方以镇江为奇捷，闻其言多不服。廷弼又显诋鹤鸣，谓："臣任经略，四方援兵，宜听臣调遣，鹤鸣竟自发戍，不令臣知，臣咨部问调军之数，亦不答，臣有经略名而无其实，辽左事，听枢臣抚臣共为之。"鹤鸣益恨。化贞又言西部兵四十万且至，请速济师。廷弼言："抚臣恃西部，欲以不战为战计，臣未敢以为可。臣初三方布置，必兵马器械舟车刍荛无一不备，克期齐举，进足战，退亦足守。今临事中乱，枢臣主谋于中，抚臣决策于外，臣犹有万一不必然之虑，而化贞则务为大言以罔中朝，谓仲秋之月可高枕而听捷音。"及期西兵不至，化贞虽渡河，亦不敢进而返。

化贞大言既一次不售，及冬河冰合，广宁人谓建州兵必渡河，竞谋窜逸。鹤鸣亦以广宁可虑，请敕廷弼出关策应。廷弼上言："枢臣第知经略一出，足镇人心，不知徒手之经略一出，其摇动人心更甚。且臣驻广宁，化贞驻何地？鹤鸣责经抚协心同力，而枢臣与经臣独不当协心同力乎？为今日计，惟枢臣俯同于臣，臣始得为陛下任东方事也。"于是廷弼复出关至右屯。盖八月间化贞渡河，廷弼已一至右屯，即驰奏海州取易守难，不宜轻举。及是出关部署扼守甫定，化贞又信谍者言，遽发兵袭海州，旋又引还。自此十日间，化贞三出师，三引还，李永芳不应，西兵不至。廷弼乞敕化贞慎重举止，疏言："抚臣之进，及今而五，八九月间屡进屡止，犹未有疏请也。十月二十五日之役，拜疏辄行，臣疾趋出关而抚臣归矣，西平之会，相与协心议守，犄角设营，而进兵之书又以晦日至矣。此即欲袭海州之役。抚臣以十一月二日赴镇武，臣即以次日赴杜家屯，比至中途而军马又遣还矣。初五日，抚臣又欲以轻兵袭牛庄，夺马圈守之，为明年进兵门户计。夫马圈无一敌兵，即得牛庄，我不能守，敌何损？我何益？牛庄仍即海州，隔在河东，敌反攻即难守。会将吏力持不可，抚臣亦怏怏回矣。兵屡进屡退，敌已窥尽伎俩，而臣之虚名亦以轻出而损。愿陛下明谕抚臣，慎重举止，毋为敌人所笑。"化贞上言："愿请兵六万，一举荡平。"因请便宜行事。时叶向高当国，化贞座主也，颇右之。廷臣惟太仆少卿何乔远、御史江秉谦、周宗建等与廷弼合，余皆右化贞，令毋受廷弼节制。廷弼抗疏言："臣以东西南北所欲杀之人，适遭事机难处之会，诸臣能为封疆容则容之，不能为门户容则去之，何必内借阁部，外借抚道以相困？"又言："经抚不和，恃有言官；言官交攻，恃有枢部；枢部佐斗，恃有阁臣，今无望矣。"帝令群臣议两人去留，张鹤鸣请撤廷弼，专任化贞，议上未发，时已入二年正月。是月丁巳，二十一日，建州兵已渡河，取西平堡，罗一贯死之。化贞遣所信游击孙得功及参将祖大寿，令总兵祁秉忠赴援。廷弼亦檄总兵刘渠会师前进。得功，化贞所恃以约李永芳为内应，得功实与永芳昵，早与永芳约俱叛，得化贞倚为腹心，欲生缚化贞以为功者也。会战，得功辄呼败矣，与参将鲍承先奔，永芳、得功、承先，皆为清开国功臣，后入《贰臣传》。遂大败，诸将尽没，大寿独走觉华岛。建州兵顿沙岭未进。得功奔还，扬言兵已薄城，居民惊窜，参政高邦佐禁之不能止。化贞方阖署理军书，不知也，参将江朝栋排闼入，大呼曰："事急矣，速去。"化贞莫知所为，朝栋掖之出上马，仆二人徒步从，遂弃广宁，踉跄西走。得功纠诸将甘叛国者出降，远近四十余城守御官皆降。廷弼离右屯次间阳驿，闻败，参议邢慎言请驰救，为佥事韩初命所阻，遂退还。化贞弃城走，廷弼遇之大凌河，化贞哭，廷弼微笑曰："六万众一举荡平竟何如？"化贞惭，议守宁远及前屯，廷弼曰："嘻！已晚，惟护难民入关可耳。"高邦佐驰见廷弼，报广宁空城，敌未敢入，劝急驰入守，不则假以数千人用经略命自往守。廷弼不从。乃以所将五千人授化贞为殿，尽焚积聚，与副使高出、胡嘉栋等先后入关，独邦佐至杏山驿自经死。鹤鸣惧罪，务归罪廷弼，惟恐人尚欲用其才，又假廷弼所用辽人佟卜年为叛投建州佟养性、养贞之同族，欲以通敌陷之，狱株累甚久，至魏忠贤当道，卒斩廷弼，传首九边，时化贞尚未伏诛也。

　　骎廷弼再出为经略，实处处失策。三方布置，己驻山海，而使广宁前敌，委之骎妄之王化贞，登莱、天津之师何尝一用，而御敌进止之权反由化贞为主。明代最重死节，反与化贞同以逃溃为名。邢慎言请驰救被沮，高邦佐请还守不从，视生命太重，将无欲留其身以有待耶？抑亦明于料敌而黯于谋身矣。

建州陷广宁，未敢深入，经、抚偕逃，关外地尽为西部鞑靼侵占，拾取官军所遗饷械，与关上明军为市。久之以兵部侍郎王在晋为经略。在晋议关外八里筑重关，余尽委西部，恃以御建州。宁前兵备佥事袁崇焕以为非策，白之叶向高。向高不能决，孙承宗以熹宗旧讲官入阁，请身往定之，乃绌在晋议，自任经略，而调在晋为南京兵部尚书。承宗乃渐收河西地；建州亦退回河东，弃广宁不守。承宗以帝旧学，时魏忠贤尚未大肆，帝心任承宗，在晋辈百端龃龉，未能遥动也。而关外之守，暂无破裂者数年。朝廷所为门户之反复者，则以三案为亟。

泰昌元年九月庚辰，初六日，熹宗即位。戊戌，二十四日，御史贾继春信诸阉蜚语，言选侍投缳、皇八妹入井，因言："新君御极之初，不当导以违忤先帝，逼逐庶母。"先是杨涟已言，选侍既移宫，当有以安之，帝亦侍养甚备。继春有此疏，左光斗上言，乞宣召阁部九卿科道面谕以当日避宫何故，今日调御何方，不得凭中使传旨，帝是之。辛丑，二十七日，传谕内阁："朕幼冲时，选侍气凌圣母，成疾崩逝，使朕抱终天之恨。皇考病笃，选侍威挟朕躬，要封皇后。朕暂居慈庆，复遣李进忠、刘逊等命每日章奏，先奏选侍，方与朕览。朕今奉养选侍于哕鸾宫，仰遵皇考遗爱，无不体悉。其田诏等盗库首犯，事干宪典，原非株连，可传示遵行。"蜚语由宫奴田诏、刘朝于移宫时盗内府秘藏，过乾清门，金宝坠地，帝怒下法司而起。辅臣方从哲具揭封进，言皇上既仰体先帝遗爱，不宜暴其过恶，传之外廷，帝不允。南京御史王允成陈保治十事，中言："张差闯宫，说者谓疯癫，青宫岂发疯之地？庞保、刘成岂并疯之人？今郑氏四十年之恩威犹在，卵翼心腹，实繁有徒，陛下当思所以防之。比者圣谕多从中出，当则开炀灶之端，不当而臣下争执，必成反汗之势。孰若事无大小，尽归内阁。至元辅方从哲屡劾不去，陛下于选侍移宫后，发一敕谕，不过如常人表明心迹耳，从哲辄封还。夫封后之命，不闻封还，是司马昭之心，路人知之矣。"十月丁卯，二十四日，哕鸾宫灾。先是帝以贾继春误听疏传谕廷臣，于是给事中周朝瑞以继春前揭为生事，继春再揭复有入井雉经等语。杨涟恐继春说遂滋，亦上疏具陈移宫始末，帝优诏褒涟，复申谕言："选侍前因殴崩圣母，自度有罪，每使宫人窃伺，不令朕与圣母旧侍言，有辄捕去。朕之苦衷，外廷岂能尽悉？因责继春妄生谤议，今停选侍封号，以慰圣母在天之灵，厚养选侍及皇八妹，以遵皇考之意。尔诸臣可以仰体朕心矣。"帝将严遣继春，刘一燝力救乃止。十二月，杨涟给假归里。时继春之党，以帝褒涟志安社稷，益忌之，诋涟结王安图封拜，涟不胜愤，抗疏乞归。天启元年正月，削贾继春籍。二年二月，王之寀上复仇疏，以三案为说。四月，礼部尚书孙慎行追论红丸事，劾方从哲庇李可灼，并论移宫时从哲意在濡迟。下廷臣集议。都御史邹元标以下百一十余人，纷纷俱罪从哲，独刑部尚书黄克缵及给事中汪庆百等数人右之，希内廷意也。慎行复疏折克缵之谬。会王纪代克缵掌部事，复偕侍郎杨东明署议，言："不逮可灼，无以服天下；不逮崔文升，无以服可灼；不削夺从哲官阶禄荫，无以泄天地神人之愤。"光禄少卿高攀龙亦乞亟正文升典刑，并劾戚畹郑养性。于是大学士韩爌述进药始末，与尚书张问达等合奏："先帝服药就寝，臣等所共见闻，弑逆二字何忍言？但可灼非医官，且非知医脉者，以药尝试，龙驭即上升。从哲与臣等未能止之，均为有罪。乃从哲反赉及可灼，及御史王安舜有言，先止罚俸，继令养疾，失之太轻，何以慰皇考，服中外？宜削从哲官阶，为法任咎，然可灼罪不容诛，而崔文升当皇考哀感时，妄进大黄凉药，罪又在可灼上，法皆宜显戮，以泄公愤。"议上，可灼遣戍，文升放南京，而从哲置不问，以近习为之地也。

是时外廷之门户渐移其柄于内廷，魏进忠忠贤未改名时名进忠忌王安有功于帝登极之始，既已杀之，于王安所赞助之移宫一案，在所必翻。帝一再谕选侍殴崩圣母之罪，并褒杨涟之功在社稷，后俱反之，何论梃击、红丸两案。盖自客、魏擅权，以前之门户，又不以旧日之党派为异同，惟有挟阉以求胜者皆变为阉党；而为阉所屠戮者，则以东林党人为多。凡终不媚阉而戮辱不悔者，自是讲求正学之效。但东林之讲学，以干预时政为宗旨，其盛时绝有势力于政局，即奔走东林者，不能无奔竞之徒，此为晚明讲学之风之一变。盖以后不足复言门户，但述魏阉之肆恶，足以概天启一朝之失道矣。

第二节 天启朝之阉祸

　　明中叶以后，朝廷大事，成败得失，颇系于阉人之赞否。兴安之于于谦，张永之于王守仁，冯保之于张居正，事皆然矣。杨、左移宫之案，为之内主者王安。王安在万历时，为皇长子伴读，调护皇长子，使郑贵妃欲摭其过而无所得。既立为太子，梃击事起，安为太子属草，下令旨，释群臣疑以安贵妃，帝大悦。盖当时光宗有得体之举，即出王安之手。既即位，于践祚一月之中，尚能发帑济边，起用直臣邹元标、王德完等，皆安为主动。安又用其客汪文言谋。此安之所以为士大夫称贤，而文言之所以见重于正人君子，后来与于东林之党祸者也。光宗崩，而宫掖之秽恶，因李选侍之宠，又招引郑贵妃之余焰，几于复燃。熹宗嗣位之初，以移宫为一大节目，而熹宗生母王才人之为选侍所凌，内忿不平者实为安，其时为选侍心腹者实为李阉进忠。进忠后复姓魏，又赐名忠贤，杀安而代之。于是移宫之是非，选侍之恩怨，忽然尽反其态度。盖熹宗为至愚至昧之童蒙，固不足预于是非恩怨之理解者也。国势之危至此，而明之主器者如彼，此即天亡之兆矣。

忠贤为肃宁无赖子，与群恶少博不胜，为所苦，恚而自宫为阉。结安名下魏朝，朝举之于安，安亦善遇之。客氏为定兴民侯二妻，选为熹宗乳媪，宫中私侍魏朝，所谓"对食"。及通忠贤，遂爱之而薄朝。安信忠贤，怒朝与忠贤争客氏，遂勒朝退。熹宗立甫逾旬日，封客氏奉圣夫人，荫其子侯国兴、弟客光先及忠贤兄钊并为锦衣千户。客、魏得志，惟忌安。天启元年五月，帝命安掌司礼监，安以故事辞，客氏劝帝从其请。与忠贤谋杀之，忠贤犹豫未忍，客氏曰："尔我孰若西李，而欲遗患耶？"忠贤乃嗾给事中霍维华论安，是为阉党第一功。安降充南海子净军，而刘朝为南海子提督，使杀安。刘朝故李选侍私阉，移宫盗库下狱宥出者。既至，绝安食，安取篱落中芦菔啖之，三日犹不死，乃扑杀之。安死后三年，忠贤诬东林诸人与安交通，兴大狱，清流之祸极烈。崇祯初，为安立祠，赐额曰昭忠。

忠贤不识字，不得为司礼，以客氏故，遂为秉笔。《史·五行志》："忠贤名进忠，直东宫时，有道士歌于市曰：'委鬼当头坐，茄花遍地生。'北人读客为楷，茄又转音，为魏忠贤、客氏之兆。"天启元年三月，辽、沈陷。四月立后张氏。御史刘兰、毕佐周请遣客氏出外，刘一燝亦言之，帝恋不忍舍，曰："皇后幼，赖媪保护，俟皇考大葬

200

像真宗熹明

帝名由校光宗之子在位七年號天啟

明熹宗真像

选自《历代帝王像》（清）

姚文瀚 收藏于美国纽约大都会艺术博物馆

明熹宗朱由校（1605 年 12 月 23 日—1627 年 9 月 30 日），明朝第十五位皇帝，年号天启。明熹宗朱由校有木匠的天分，即位后只沉迷于刀锯斧凿油漆的工作。魏忠贤故意在他做得全神贯注时，拿重要的奏折让他批阅，他总是随口就说：「朕已悉矣！汝辈好为之。」因此，魏忠贤趁机专权，诬陷忠良，致使朝政败坏。天启五年（1625 年），熹宗不慎落水生病，霍维华献「灵露饮」，熹宗服用几个月后病情加重，浑身浮肿，天启七年（1627 年）驾崩，时年二十三岁。

后议之。"大婚礼成，荫忠贤侄二人。言官并言："祖制非军功不袭。"不听。五月杀王安。忠贤遂阅章奏，以群阉王体乾、李永贞、石元雅、涂文辅等为心腹，先阅白忠贤议可否，然后行。帝性机巧，好亲斧锯椎凿髹漆之事，每引绳削墨，忠贤辄奏事，帝厌之，谬曰："朕已悉矣，汝辈好为之。"忠贤因得擅威福。九月，光宗葬庆陵，以客氏保护功，命户部择田二十顷赐为香火之用，忠贤以陵工告成叙录。御史王心一疏谏被责。阁臣刘一燝等请遵前诏，葬毕遣客氏出宫，不得已

《魏忠贤谢罪图》

选自《碧血录》 （清）庄仲方／撰 （清）夏銮翔／绘 收藏于美国哈佛燕京图书馆

魏忠贤（1568—1627年），字完吾，北直隶肃宁（今河北沧州肃宁县）人。魏忠贤出身贫苦人家，小时候经常混迹街头，不识字，喜欢赌博，贪图酒色。因赌博大输后，自阉入宫。入宫后，巴结上了朱由校的奶妈客氏。朱由校即位后，魏忠贤得宠，专擅朝政。天启四年（1624年），魏忠贤因杨涟的弹劾而开始迫害、镇压东林党人遇害。镇压东林党人之后，魏忠贤在朝中遍插亲信，一时权倾朝野，人称"九千岁"。天启七年（1627年），朱由检即位，嘉兴贡生钱嘉徵历数魏忠贤十大罪状，魏忠贤被发往凤阳看守皇陵，但仍豢养大批亡命之徒，朱由检听说后大怒，命令锦衣卫将其押回京师审判，魏忠贤畏罪自缢。朱由检下令清查"阉党逆案"，涉案共计三百一十五人。图中，与魏忠贤同跪的人为"五虎"之一崔呈秀，见魏忠贤"直呼为亲父"，被枭首示众。

左都御史高攀龙

崔呈秀

魏忠贤

从之，然思念流涕，至日旰不食，宣谕复入。给事中侯震旸疏言："徘徊眷注，稍迟其出，犹可言也；出而再入，不可言也，么么里妇，何堪数昵至尊？"会给事中倪思辉、朱钦相相继疏劾，并贬三官。大学士刘一燝等先后论救，不报。同官马鸣起复抗疏谏，言客氏六不可留，帝议加重谴。以一燝等言夺俸，御史王心一复疏论之，遂与思辉、钦相等并贬。廷臣请召还者十余疏，俱不省。十月，御史周宗建论客氏，言："天子成言，有同儿戏；法宫禁地，仅类民家。圣朝举动有乖，内外防闲尽废。此辈一叨隆恩，便思逾分，狎溺无纪，渐成骄恣，衅孽日萌，后患难杜。"忤旨切责。十二月，吏部尚书周嘉谟以恶霍维华倾狡，出之外。忠贤嗾给事中孙杰劾嘉谟受刘一燝属，为王安报仇，嘉谟乞罢，忠贤矫诏许之。时叶向高复入为首辅，请留嘉谟竣大计事，不报。遂罢归。

二年三月，刘一燝罢。初陵工成，忠贤欲以为功，一燝援故事，内臣非司礼掌印及提督陵工，不得滥荫，止拟加恩。诸言官论客氏被谪者，一燝皆疏救，又请出客氏于外。及言官交章论沈㴶，㴶疑一燝主之，与忠贤比而龃一燝。孙杰攻周嘉谟，亦力攻一燝，皆受忠贤指。一燝求去，帝稍慰留即允之。叶向高言："客氏既出复入；一燝，顾命大臣，乃不得比保姆，致使人揣摩于奥窔不可知之地，其渐当防。"不听。沈㴶之入阁，在元年七月。故事：词臣教习内书堂，所教内竖执弟子礼。忠贤与刘朝皆㴶弟子，㴶既任，密结二人，乃奏言："辽左用兵亟，臣谨于东阳、义乌诸邑及扬州、淮安募材官勇士二百余，请以勇士隶锦衣卫，量授材官职。"忠贤、朝方举内操，选武阉，练火器，得奏大喜，诏锦衣官训练募士，授材官王应斗等游击以下官有差，于是禁中内操日盛。又日引帝为倡优声伎狗马射猎。驸马都尉王昺亦奉诏募兵，愿得帷幄重臣主其事。廷臣皆言㴶与朝阴相结，给事中惠世扬、周朝瑞、御史江秉谦等劾沈淮交通阉人，弄兵大内，中旨切责。侯震旸、黄尊素等先后疏谏，皆不听。刑部尚书王纪再疏劾淮，比之蔡京，淮亦劾纪保护熊廷弼、佟卜年等，纪寻以卜年狱削籍，议者益侧目淮。阁臣叶向高与朱国祚请留纪，国祚至以去就争，皆不听。淮不自安，乃力求去。时内阁言路尚多正人，万历末三党党徒屏黜殆尽，至是方渐附忠贤求进，而清议尚有力，未遽逞也。

万历末之三党，曰齐、楚、浙，各为门户，以争攘权位。刘一燝、周嘉谟等任国事，于废籍起用正人，尽黜各党之魁。至是凡宵小谋再起者，皆知帝为童昏，惟客、魏足倚以取富贵，于是尽泯诸党，而集为阉党；其不能附阉者，亦不问其向近何党，皆为阉党之敌，于是君子小人判然分矣。神宗时庙堂无主，党同伐异，以徼利而为之，至是以阉为主，趋利者归于一途，故只有阉党、非阉党之别。欲知当时之君子，大率为阉所戮辱之人；欲知当时之小人，但观崇祯初所定附阉之逆案。而君子又多在讲学之列，阉党则无不与讲学为仇。此一时朝士邪正之验也。神宗时，邹元标、冯从吾以建言削籍，里居讲学数十年。泰昌初，两人始召用，已而同官都察院，元标为左都御史，从吾为副都御史，共建首善书院于京师，御史周宗建董其事，大学士叶向高为之记。朝暇，与同志高攀龙等讲学其中，名望日重，而诸不附东林者咸忌之。会明年当京察，给事中朱童蒙、郭允厚、郭兴治虑为元标所黜，童蒙乃首劾之以讲学为门户，元标疏辩求去，帝已慰留。允厚复继劾，语尤妄诞，而魏忠贤方窃政，传旨谓："宋室之亡，由于讲学。"将加严遣。从吾："宋之不竞，以禁讲学故，非以讲学故也。"叶向高亦力为解，且乞同去，乃得温旨。而兴治复力攻，比元标于山东妖贼，元标、从吾遂并引归。先是书院方建，御史黄尊素谓元标曰："都门非讲学地，徐文贞已丛议于前矣。"谓徐阶也。元标不能用，至是群小击碎其碑，暴于门外，先师木主委弃路隅，经史典籍焚毁，独存院宇。崇祯中，徐光启率西洋人汤若望等借院修历，署曰历局，今宣武门内东城根法文学校也。

三年正月，顾秉谦、魏广微入阁。忠贤为言官周宗建等所劾，乃谋结外廷诸臣，秉谦、广微率先诣附，霍维华、孙杰之徒和之。时廷推阁臣，首列孙慎行、盛以宏，皆不用。忠贤援秉谦、广微借朱延禧、朱国祯入阁。阁中已有叶向高、韩爌、何宗彦、朱国祚、史继偕，又骤增四人，直房几不容坐。秉谦、广微庸劣无耻，忠贤得为羽翼，势益张，而二人曲奉忠贤俨如奴役，是为忠贤收揽政柄之始。

忠贤谓帝好察边情，常遣中官诣关门，具事状奏报，名曰较事。及三年三月，更遣其党刘朝等四十五人，赍甲仗弓矢，白金文绮，先后至山海关，颁赍将士，实觇军也。督师孙承宗方出关巡宁远，闻之，立疏言："中使观兵，自古有戒。"帝温旨报之，而不用其言。自永乐以后，颇任中官监军，至嘉靖时尽罢不设。忠贤将尽收军政，先设内操使阉人习武事，至是渐以行边先之，又非但向时镇守太监之体制矣。

是秋，客氏、忠贤矫旨赐光宗选侍赵氏自尽，选侍出光宗赐物列于庭，西向礼佛，痛哭自经。幽裕妃别宫，绝其饮食，天雨，妃匍匐承檐溜饮之而死。皇后张氏有娠，客氏秘布心腹宫人以计堕之，帝用此乏嗣。后父国纪，封太康伯。后性严正，数为帝言客、魏过恶，尝召客氏至，欲绳以法。客、魏交恨，遂诬后非国纪女，有死囚孙二自言张后己所生，非国纪女。冀惑帝听，而帝不问，及是竟损元子。又于帝郊祀日，掩杀帝所宠冯贵妃，左右无敢言者。范慧妃以谗失宠，李成妃为之乞怜，客、魏知之，亦幽成妃别宫，成妃故鉴裕妃饥死，预备食物壁间，半月不死，斥为宫人。帝于父之妾，己之妻妾，生命皆操之客、魏，此岂复有人理可言？天启朝之阉祸，非阉之恶，而明之气运将尽，产此至愚极不肖之子孙也。帝之生死未尝不操于阉，犹惮天下之臣民，不能不假以镇压耳。

十二月，忠贤提督东厂，用田尔耕掌锦衣卫事，许显纯为镇抚理刑。是时东林势尚盛，在朝多有正人，忠贤于外事未敢大肆，至是乃为罗织锻炼计矣。

是年九月，增州县兵，计亩加饷，从御史冯英请。十二月，括天卜库藏输京师。叶向高言："郡邑库藏已竭，藩库稍余，倘尽括之，猝有如山东白莲教之乱，将何以应？"帝不纳。

四年六月，杨涟劾忠贤二十四大罪，中旨切责涟。涟自泰昌元年以移宫事定乞归，天启二年，起为礼科都给事中，至是为左副都御史。以忠贤肆恶日甚，抗疏略言："忠贤本市井无赖，中年净身，窦入内地。初犹谬为小忠小信以市恩，继乃敢为大奸大恶以乱政。祖制以拟旨专责阁臣，而忠贤多出传奉，或径自内批。逐去顾命大臣刘一燝、周嘉谟、大臣孙慎行、邹元标、王纪、钟羽正，群臣满朝荐、文震孟、熊德阳、江秉谦、徐大相、毛士龙、侯震旸等；于枚卜则力阻首推之孙慎行、盛以宏，更为他辞以锢其出；于廷推则南太宰北少宰，皆用陪推。所陷害则上自裕妃，下及内臣王安等，擅杀擅逐，不知凡几，甚至中宫有庆，已经成男，忽焉告殒。又创用立枷法，戚畹家人，骈首毕命，意欲诬陷国戚，动摇中宫。其余良乡生员章士魁以煤窑，王思敬等以牧地，并致之死。纵野子傅应星、陈居恭、傅继教辈投匦设阱，日行倾陷，片语稍违，驾帖立下。镇抚刘侨不肯杀人媚人，则削其籍。而奸细韩宗功，宗功为辽东武员，实即建州奸细。潜入长安，实主其司房之邸。又与奸相沈㴶创立内操，薮匿奸宄，安知无大盗刺客，为敌国窥伺者潜匿其中？其滥恩借拟，则中书锦衣，袭荫日众，奖赏祠额，要挟无穷。又于河间毁人居屋，起建牌坊，镂凤雕龙，干云插汉。所营茔地，亦僭拟陵寝。其进香涿州，警跸传呼，清尘垫道；及归改驾四马，羽幢青盖，夹护环遮，俨然乘舆。一切政务，必星夜驰请，待其既旋，诏旨始下。甚至走马御前，不自伏罪，进有傲色，退有怨言，内廷畏祸而不敢言，外廷结舌而莫敢奏。间或奸状败露，又有奉圣夫人为之弥缝。无耻之徒，攀附枝叶，依托门墙，更相表里，迭为呼应。积威所劫，致掖庭之中，但知有忠贤，不知有陛下；都城之内，亦但知有忠贤，不知有陛下。陛下春秋鼎盛，生杀予夺，岂不可以自主？何为受制么麽小丑，令中外大小惴惴莫保其命？伏乞大奋雷霆，集文武勋戚，会刑部严讯，以正国法，并出奉圣夫人于外，用消隐忧。"疏上，忠贤惧甚，趋帝前泣诉，且辞东厂。帝令王体乾诵涟疏，体乾置疏中切要语不读，客氏又从旁为剖析，帝懵然不辨也，遂温谕留忠贤。次日下涟疏，令魏广微调旨切责。于是给事中魏大中等，御史袁化中等，郎中邹维琏等，太常寺卿胡世赏等，抚宁侯朱国弼等，兵部尚书赵彦等七十余人，交章论忠贤不法，皆不纳。涟既被责，愈愤，拟对仗复劾之。忠贤诇知，遏帝不御朝者三日。及帝出，群阉数百人，衷甲夹陛立，敕左班官不得奏事，涟乃止。当时中书舍人吴怀贤读涟疏，击节称叹，注其旁曰："宜如韩魏公治任守忠故事，即时遣戍。"其奴告之，忠贤即逮怀贤，下狱拷掠死，籍其家。夫忠贤处击节涟疏者已如是，而处涟则犹迟迟，未敢即肆，岂有畏于帝，畏廷臣知纲纪者尚多耳。首辅叶向高尚谓缪昌期曰："杨君疏太率易。其人于上前时有匡正，是疏若行，安得此小心谨慎之人在上左右？"昌期愕然曰："谁为此言以误公？可斩也。"向高色变，昌期徐起去。及廷臣相继抗章，或劝向高下其事，可决胜也，至有诟谇向高者，向高愠甚。朱国祯请容之，向高念忠贤未易除，阁臣从中挽回，犹冀无大祸，具奏称忠贤勤劳，朝廷宠待甚厚，盛满难居，宜解事权，听归私第，保全终始。礼部尚书翁正春亦以为请。忠贤矫帝旨叙己功勤，累百余言，向高骇曰："此非阉人之所能，必有代为草者。"探之则徐大化也。向高乃决计去，谓国祯曰："我去，蒲州更非其敌，公亦宜早归。"蒲州谓韩爌也。忠贤欲尽杀异己者，而畏外廷势盛，其党因导以兴大狱，体乾复导以用廷杖威胁廷臣，忠贤意遂决。

未几，工部郎中万燝劾忠贤，疏入，得旨："燝廷杖一百，斥为民。"内阁科道论救，皆不听。忠贤借燝立威，命群阉至燝邸摔而殴之，比至阙下，气息才属，杖已，绝而复苏，群阉吏肆蹴踏，越四日即卒。黄尊素、李应升迭疏申理，忠贤益忿，罗织燝罪，诬以赃贿三百。燝世廉吏，破产乃竣。燝，恭之孙，恭以佥都御史总理河道，仕于嘉、隆之间。

向高乞归未允，其甥林汝翥为御史巡城，杖犯法内竖，忠贤传旨廷杖，言官诣内阁争其事，小珰数百拥入阁中，攘臂肆骂，黄尊素厉声曰："内阁经纶地，即司礼非奉诏不敢至，若辈安得无礼？"群阉索汝翥，汝翥逃城外，遂围向高邸大噪，都御史孙玮、御史潘云翼交章论救，不听。汝翥寻出受杖，不死，削籍归。向高言："国家二百年来，无中使围阁臣第者。臣今不去，何面目见士大夫？"帝优旨慰留。向高请益力，命行人护归。韩爌、朱国桢相继为首辅，不数月皆罢。五年正月，顾秉谦为首辅，阉党内阁成，批答无须中旨矣。向高去在四年七月，是月，封光宗选侍李氏为康妃。初上暴选侍罪状，命停其封号，前谕出王安，后旨出忠贤，帝实懵然。而移宫之案翻，梃击案自亦与联系，崔文升复用事，红丸之案亦翻，此后凡争三案者皆罪人矣。是年十一月，削吏部侍郎陈于廷、副都御史杨涟、佥都御史左光斗籍。其先于十月中，吏部尚书赵南星、左都御史高攀龙先后并罢。时东林势尚盛，南星长吏部，益搜举遗佚，布之庶位。攀龙主考察，发御史崔呈秀贪污状，南星议戍之，呈秀大窘，夜走忠贤所，叩头乞哀，言攀龙、南星皆东林，挟私排陷，复涕泣愿为养子。忠贤愤廷臣交攻，方思得外廷为助。涿州人冯铨，少年官侍从，家居，与熊廷弼有隙，遗书忠贤侄良卿，劝兴大狱。忠贤于廷弼狱事本无预，廷弼亦仇东林，然东林中重廷弼边才者颇右之，群小欲借忠贤力倾诸正人，相率归忠贤称义儿。且云："东林将害翁。"故忠贤欲甘心焉，得呈秀恨相见晚。呈秀又言："不去南星、攀龙等，吾辈未知死所。"忠贤大以为然，遂与定谋。会南星以山西巡抚缺，以太常卿谢应祥首列以请。魏广微以父执事南星，南星尝喟然曰："见泉无子。"见泉，广微父允贞也。广微知之，恨次骨，嗾御史陈九畴论南星举应祥，为与魏大中、夏嘉遇等朋谋。忠贤矫旨黜大中、嘉遇，而责南星，南星遽引罪去，复切责，放之归，攀龙亦引去。

忠贤自杖杀万燝，逐诸正人，用崔呈秀、冯铨辈，方力排东林。督师辅臣孙承宗请入朝贺圣寿，面奏机宜，欲因是论忠贤罪，帝盖以十一月十四日为万寿节也。广微奔告忠贤，承宗拥兵数万，将清君侧，兵部侍郎李邦华为内主。忠贤悸甚，绕御床哭，帝令阁臣拟旨，秉谦奋笔曰："无旨离信地，非祖宗法，违者不宥。"夜启禁门召兵部尚书入，令三道飞骑止之，又矫旨谕九门守阉："承宗若至齐化门，反接以入。"承宗抵通州，闻命而返。忠贤遣人侦之，一襆被置舆中，后车鹿善继而已，意少解。而其党李蕃、崔呈秀，徐大化连疏诋之，比之王敦、李怀光，承宗乃杜门求罢，不允。自王化贞弃广宁后，承宗守关图恢复，绌王在晋八里筑重关之策，既城宁远工竣，关外守具毕备，奏言前哨已置连山、大凌河，速界臣饷二十四万，功可立奏。帝以命所司，兵工二部文移往复，许而不与，师不果出，然支边务历五防，未有挫失，中朝得以乘暇，为阉党日增其焰。忠贤亦以承宗功高，欲亲附之，遣中官刘应坤等赍帑金十万犒将士，而赐承宗坐蟒膝襕金币，并为忠贤申意。承宗不与交一言，忠贤始恨之，至是益不能安其任矣。

顾秉谦、魏广微撰《缙绅便览》一册，若叶向高、韩爌等百余人，目为邪党，而以黄克缵、王永光、徐大化等六十余人为正人，进之忠贤，俾用是为黜陟。忠贤得内阁为助，势始张，屡逐正人，即代以其党。代左光斗为佥都御史者王绍徽。又仿民间《水浒传》编东林一百八人为《点将录》，献之，以此益为忠贤所善。自是奸党日盛，后进者求速化，悉附阉党进用，天下大权悉归忠贤。时崔呈秀又造《天鉴》《同志》诸录，皆以不附忠贤者为东林党人。而争三案及辛亥、癸亥两京察与熊廷弼狱事，皆归忠贤为排斥东林之具。十二月，复逮汪文言下镇抚司狱，而东林之祸作。

五年三月，谳汪文言狱，逮前副都御史杨涟、佥都御史左光斗、给事中魏大中、御史袁化中、太仆少卿周朝瑞、陕西副使顾大章。先是许显纯为北镇抚司，榜掠文言，词连赵南星、李三才及涟、光斗等二十余人。显纯欲坐涟等以移宫罪，大理丞徐大化献策于忠贤曰："但坐移宫，则无赃可指，若坐纳杨镐、熊廷弼贿，则封疆事重，杀之更有名。"忠贤然之，熊廷弼《传》："论死后当行刑，令汪文言贿内廷四万金，祈缓。既而背之，魏忠贤大恨，誓速斩廷弼。乃令显纯复鞫文言，五毒备至，使引涟纳廷弼贿。文言仰天大呼曰："世岂有贪赃之杨大洪哉？"大洪，涟别字也。涟字文孺。复及光斗等，文言蹶然起曰："以此蔑清廉之士，有死不承。"显纯乃手作文言供状，文言复张目曰："任汝巧为之，吾当与面质。"遂即日毙之，而具狱辞以上。于是涟、光斗坐赃二万，大中三千，化中六千，朝瑞一万，大章四万。大中于孙承宗请缓廷弼狱时尚持不可，至是乃坐纳其贿；大章则于张鹤鸣以佟卜年陷廷弼时，持卜年非通敌甚力，故定其贿额有轻重也。其他所牵引则赵南星等十五人。中旨逮涟、光斗等六人下诏狱，南星等十五人除削籍外，仍行抚按提问追赃。

四月，诏重修《光宗实录》。先是御史杨维垣言张差疯癫之真，即碎王之寀之骨不足赎其罪。时之寀方授刑部侍郎，不数月削籍。至是给事中霍维华并论三案，乞严谕纂修诸臣，以存信史，故有是命。遂削大学士刘一燝籍，以维华论三案首诋之也。又以南京侍郎周应秋为刑部添注尚书。忠贤门下有十狗，应秋其首。时忠贤以显爵树私人，故两京大僚多添注。方治杨、左狱，故有是命。五月，以给事中杨所修、霍维华言，集梃击、移宫、红丸三案章疏，仿《明伦大典》例，编辑为书，颁示天下。六月，中旨令阁票拟，称忠贤为元臣，朱廷禧执不可，御史田新劾之，遂罢。

杨涟等六人下镇抚司狱，奉旨严刑追比，五日一回奏，俟赃完日送刑部拟罪。七月，涟、光斗、大中三人另发大监，一夕毙之。涟之死，土囊压身，铁钉贯耳，最为惨毒；光斗、大中亦皆体无完肤；越数日始报，三人尸俱已溃败，不可识矣。涟被逮时，士民数万，拥道攀号，所历村市，悉焚香建醮，祈祐生还。既死，产入官不及千金，母妻止宿谯楼，二子至乞食以养。征赃令急，乡人竞出赀助之，至卖菜佣亦为输助。光斗与兴畿辅水利，并督学政，士民德之，容城孙奇逢与定兴鹿正倡义醵金，诸生争应之，得金数千，谋代输缓狱，而光斗已前毙。其赃未竟，抚按严追，兄光霁坐累死，母以哭子死。都御史周应秋犹以所司承追不力，疏趣之，自是家族尽破。后定《三朝要典》，杨、左为移宫罪魁，议开棺戮尸，未果。大中长子学洢，以父被逮，号恸随行，大中止之，乃微服间行，探刺起居。既抵都，逻卒四布，变姓名匿旅舍，昼伏夜出，称贷完赃，未竟而大中毙。学洢恸哭几绝，扶榇归，晨夕号泣，水浆不入口，遂死。崇祯初，赠恤大中，诏旌学洢为孝子。

魏广微竭力事阉，每以札通忠贤，签曰"内阁家报"，时称外魏公，其为清流所鄙也。赵南星慨见泉广微父允贞别号。之无子。李应升劾词则云："乞陛下戒谕广微，退读父书，保其家声，毋倚三窟与言官为难，他日庶可见乃父于地下。"广微父允贞，万历中，纠辅臣，抗税使，有声士大夫间。其人已极不堪矣。然杨、左之狱，为吏部尚书崔景荣函劝，乃具疏言："纵使赃私果真，亦当转付法司，按律论罪，岂可逐日严刑，令镇抚追比？以理刑之职使之追赃，勿论伤好生之仁，抑且违祖宗之制，将朝政日乱，与古之帝王大不相侔矣。"疏入，遂忤忠贤，惧而急出景荣手书自明，景荣削籍去，广微冀可恋栈，而忠贤称诏切责廷臣，中言："朕方率循旧章，而曰朝政日乱；朕方祖述尧舜，而曰大不相侔。"广微益惧，三疏乞休，遂去。盖忠贤之门甚广，已成仕宦之中心，名为阉党而派别纷歧，彼此相轧，视为一朝堂矣。其后崔呈秀倾冯铨，顾秉谦亦不自安乞罢。忠贤高高在上，无复有思撼之者，惟有造生祠，称功德，穷思极想，以作配孔子为献媚之极端而已。

涟、光斗、大中后，袁化中、周朝瑞、顾大章先后掠毙狱中，熊廷弼亦斩决，传首九边。阉党以求索廷弼侵盗军饷，指山海关起解广宁款十七万，广宁陷后无销据。追赃不得，逼其子至自刭。廷弼妻称冤，去其两婢衣挞之，远近嗟愤。士有作诗诔廷弼者，斩孙文豸、顾同寅两人，连及孙、顾等同郡编修陈仁锡、修撰文震孟，俱削籍。孙承宗亦以所用总兵官马世龙误信建州降人刘伯漒言，袭取耀州，败于柳河，失副参两将及兵士数百，遂于是年十月罢督师职，代以阉党高第。其他追赃掠毙，亲故坐死者不胜举，皆所谓东林党人也。御史卢承钦求媚忠贤，又于《点将》等录外，上言："东林自顾宪成、李三才、赵南星而外，如王图、高攀龙等谓之副帅，曹于汴、汤兆京、史记事、魏大中、袁化中谓之先锋，丁元荐、沈正宗、李朴、贺烺谓之敢死军人，孙丕扬、邹元标谓之土木魔神，请以党人姓名罪状榜示海内。"忠贤大喜，敕所司刊籍，凡党人已罪未罪者，悉编名其中。是榜遂与宋之党人碑并传，而惨烈尤过之。六年正月，以编辑三案章疏为书，正名为《三朝要典》，开馆设正副总裁，六月告成。而其间以关门易帅，清太祖又动兵，宁远奇功，为畿辅延数年之命。

　　孙承宗绌王在晋关外八里筑重关专守关门之说，先筑宁远，渐图东进，已进守锦州、右屯、大凌河，谓之关外三城，开屯田至五千顷，以袁崇焕为宁前道，守前屯卫及宁远。高第既代承宗，又申王在晋之说，谓关外必不可守，令尽撤移关内。承宗所用督屯通判金启倧上书崇焕，谓："三城前锋要地，已得之封疆，再归沦没，关内外堪几次退守？"崇焕亦力争，谓："锦右动摇，则宁前震惊，关门亦失保障。"第意实并撤宁前，且甚决，崇焕曰："我宁前道也，官此当死此，我必不去。"第无以难，乃撤锦州、右屯、大小凌河及松山、杏山、塔山守具，尽驱屯兵入关，委弃米粟十余万，死亡载途，哭声震野，民怨而军益不振。崇焕先以父忧夺情，及是遂乞终制，帝不许，进按察使，视事如故，时在五年十二月。清太祖知新经略易与，举大军西渡辽河，清太祖于天启元年得辽、沈，二年即据辽阳为都，因辽东都司旧治所在也。五年三月，又以沈阳西逼关门，北控鞑靼，为形胜地，乃又自辽移都沈。崇焕闻，即偕总兵满桂，副将左辅、朱梅，参将祖大寿，守备何可刚等集众誓死守，刺血为书，激以忠义，为之下拜，众咸请效死，乃尽焚城外民居，携守具入城，清野以待。令同知程维模、通判金启

东林党人像

选自《碧血录》 （清）庄仲方／撰 （清）夏銮翔／绘 收藏于美国哈佛燕京图书馆

东林党是明末以江南官僚为主、各省官僚为辅而组成的政治集团。万历三十二年（1604年），顾宪成、高攀龙等重修东林书院，并在此讲学，形成了一个具有共同政治抱负的圈子，头直指阉党，魏忠贤用「挺击」「红丸」「移宫」三大案诬陷他们，上报明熹宗朱由校。因此，东林书院被烧毁，东林党人也大多遭迫害。崇祯皇帝即位后，才恢复东林党人的名誉。但东林党与阉党之间的争斗，一直持续到清初。

佟具守卒食，辟道上行人，檄前屯守将赵率教、山海守将杨麒，将士逃至者悉斩，人心始定。六年正月丁卯，二十三日，建州兵至，围攻之，戴楯穴城，矢石不能退。崇焕令闽卒罗立发西洋巨炮，伤城外军。明日再攻，复被郯，围遂解，启佟亦以然炮死。《崇焕传》言："我大清举兵所向无不摧破，诸将罔敢议战守，议战守自崇焕始。"《清太祖实录》："天命十一年天启六年。二月壬午，初九，上至沈阳，谕诸贝勒曰：'朕自二十五岁征伐以来，战无不胜，攻无不克，何独宁远一城不能下耶？'不怿累日。"是年八月十一日，《清实录》书："上崩。"朝鲜记载谓："奴儿哈赤愤恚而死。"明人记载谓："奴疽发背死。"要之崇焕此捷，为东事以来所未有。高第任宁远被围，拥兵不救，事后疏言："因关门兵少，只存五万之故。"阉党大喜，将罪承宗虚报冒饷，王在晋尤鼓动是言，冀甘心于承宗。承宗告户部："第莅关已月给十一万七千人饷，今但给五万人足矣。"第乃以妄言引罪。朝议免第职，以阉党王之臣代；升崇焕为巡抚。建州汗即清太祖死，崇焕托遣吊往觇，嗣国汗即清太宗，报使议和。之臣故忌崇焕，而以崇焕新有功，不敢发，及是讦崇焕辱国通敌，朝命调之臣内任本兵，专倚崇焕。既而建州兵又至，攻锦州，满桂、赵率教却之。忠贤使其党论崇焕不救锦州为暮气，遂罢崇焕，再任之臣为经略。时已七年七月，距帝崩只月余矣。

忠贤恨缪昌期预杨涟草疏事，阉党尤指目高攀龙、周顺昌、李应升、周宗建、黄尊素诸人及前应天巡抚周起元，再兴大狱，悉逮下狱，先后掠死。惟攀龙以大臣不受辱，闻缇骑至，自沉于园池死。逮顺昌时，吴人殴毙一旗尉。是日适逮尊素之旗尉亦至吴，泊舟胥门外，又击其舟而沉之，旗校泅水遁，失驾帖，不敢往浙，尊素囚服自诣投狱。应天巡抚毛一鹭飞章告变，东厂刺事者言："吴人谋断水道劫漕舟。"忠贤大惧，已而一鹭言："缚得倡乱者颜佩韦等五人，乱已定。"忠贤乃安。然自是缇骑不敢复出国门。五人者为苏州全城免株累，事后忠贤亦伏法，遂以一鹭所造忠贤生祠为五人之墓，迄今犹存。当时以积懦之吴人，攘臂仇阉。昌期、应升自江阴被逮至常州，知府曾樱助之赏。方开读诏书，忽署外有数千人哄声，皆言："忠臣何故被逮？"樱素得民，力为劝谕始解散。时诸校方怖苏州事，有越垣而仆者，适有卖蔗童子过之，曰："我恨极，惜不能杀汝！"即取削蔗刀割片肉而去。遣缇骑逮诸忠，在六年二月戊戌，二十五日，苏州民变，在三月庚申，十七日，常州事在稍后，亦三月间事。

忠贤之爵上公，在六年十月戊申，以殿工成，太监李永贞归功忠贤，尚书周应秋继之，遂有是封。其侄魏良卿先已由肃宁伯晋侯，至是再晋宁国公。自是诸边筑隘口成，南京孝陵工竣，甘肃奏捷，法司捕盗，并言忠贤区画方略，诏书褒美，阁臣皆拟九锡文。半岁中，荫锦衣指挥使十七人，同知三人，佥事一人，擢其族孙希孟、希孔等世袭都督同知，甥傅之琮、冯继先俱都督佥事。章奏无巨细，辄颂忠贤，称厂臣而不名。山东奏产麒麟，大学士黄立极等票旨，言："厂臣修德，故仁兽至。"故事：内官为司礼秉笔，非公事不得出。忠贤每岁必数历畿甸，坐文轩，驾四马，笙鼓铙吹之属轰隐黄埃中，锦衣玉带靴裤而握刀者夹车左右而驰，自厨传优伶暨舆皂随者动以万数。尝自琉璃河祭水还，历西山碧云寺，士大夫皆遮道拜伏。凡有章奏，其党遣急足驰请然后下。客氏既朝夕侍上所，而每数日必出至私第，舆过乾清宫前竟不下，盛服靓妆，俨同后妃，侍卫赫奕，照耀衢路，至宅则老祖、太太、千岁之声喧呼震地，犒赉银币无算。凡忠贤浊乱朝政，毒痛海内，皆客氏为内主。七年七月乙丑朔，锦州以捷闻，上不豫，遣魏良卿告南北郊及太庙，代行礼。七月己卯，叙锦州功，封忠贤从孙鹏翼为安平伯，一时文武冒滥增秩赐荫者数百人。八月戊戌，再叙三大工功，封忠贤从子良栋为东安侯，加良卿太师，鹏翼少师，良栋太子太保，鹏翼、良栋皆在襁褓中，未能行步也。后十余日而帝崩。崩前数日，犹召见阁部科道于乾清宫，谕以魏忠贤、王体乾皆恪谨忠贞，可计大事。内阁黄立极等对曰："皇上任贤勿贰，诸臣敢不仰体。"上悦。

忠贤之建生祠，始自六年闰六月朔辛丑，浙江巡抚潘汝桢倡议，奏请祀于西湖。织造太监李实请令杭州卫百户守祠，诏赐祠额曰普德，勒石纪功德。嗣是诸方效尤，几遍天下。蓟辽总督阎鸣泰请于部内建祠至七所，费数十万，其颂忠贤有"民心依归，即天心向顺"语。开封毁民舍二千余间，创宫殿九楹，仪如王者。巡抚郭增光、巡按鲍奇谟所建。巡抚朱童蒙建祠延绥，用琉璃瓦。刘诏建祠蓟州，金像冕旒。其诸祠工作之巧，像皆以沉香木为之，眼耳口鼻宛然生人，腹中肠肺皆以金玉珠宝为之，髻空穴其一，以簪四时香花。一祠木像头稍大，小竖上冠不能容，匠人恐，急削而小之以称冠，小竖抱头恸哭，责匠人。凡疏辞揄扬，一如颂圣，称以尧天舜德，至圣至神。阁臣辄用骈语褒答。督饷尚书黄运泰迎忠贤像，五拜三稽首，称九千岁。都城内外，祠宇相望。有建于东华门外者，工部郎中叶宪祖曰："此天子临辟雍道也，土偶能起立乎？"忠贤闻之，即削其籍。初汝祯请建祠，巡按御史刘之侍会稿迟一日，即削籍。蓟州道胡士容以不具建祠文，遵化道耿如杞以入祠不拜，皆下狱论死。自督抚巡按而外，宗室若楚王华煃，勋戚若武清侯李诚铭、保定侯梁世勋等，廷臣若尚书邵辅忠，词臣若庶吉士李若琳，部郎若郎中曾国桢，诸司若通政司经历孙如冽、上林监丞张永祚等，下至武夫贾竖，诸无赖子，莫不攘臂争先，汹汹若不及。最后巡抚杨邦宪建祠南昌，至毁周、程三贤祠益其地，鸑淡台灭明祠，曳其像碎之，比疏至则上已崩矣。当生祠盛行时，监生陆万龄于五月己巳作疏诣司业请代奏，以魏忠贤配孔子，其父配启圣公，疏言："孔子作《春秋》，厂臣作《要典》，孔子诛少正卯，厂臣诛东林党人，礼宜并尊。"司业林钎援笔涂抹，即夕挂冠棂星门去。朱之俊为司业，遂为奏请，从之，钎坐削籍。会帝崩，并配事未及行而罢。烈皇即位，朱之俊乃纠万龄等借影射利，亦不敢侵及忠贤，林钎则于崇祯九年入阁。

帝崩无子，信王嗣立，事由张后主持。方是时，后父国纪为忠贤所撼甚危。帝尝至后宫，后方读书，帝问："何书？"对曰："《赵高传》也。"帝嘿然而出。忠贤闻其事，会有张匿名榜于厚载门者，列忠贤反状，及其党七十余人。忠贤疑国纪为之，阉党邵辅忠、孙杰欲因此兴大狱，借国纪以摇中宫，事成则立魏良卿女为后。草一疏募人上之，诸人虑祸不敢承，顺天府丞刘志选年老嗜进无厌，惑家人言，谓己老，必先忠贤死也。六年十月己未，应募上之，疏中极论国纪罪，末言："令人訾及丹山之穴，蓝田之种。"盖仍理忠贤诬后非国纪女语。疏上，事叵测，帝无所问，但令国纪自新。忠贤意大沮，而衔国纪不已。七年二月，御史梁梦环理志选前疏，故诘丹山蓝田二语，忠贤从中究其事，入学士李国㮹及王体乾交沮之，事乃止，而国纪竟勒归故郡。未几帝大渐，折忠贤逆谋，传位信王者，后力也。七年七月乙丑朔，帝不豫，八月乙巳，十二日，召见阁部科道诸臣于乾清宫，谕以魏忠贤、王体乾忠贞可计大事。甲寅，二十一日大渐，乙卯，二十二日崩，遗诏以皇五弟信王由检嗣皇帝位。

第三节　崇祯致亡之症结

　　天启七年八月乙卯，帝崩，是为二十二日，丁巳，二十四日，信王即皇帝位，大赦天下，以明年为崇祯元年。熹宗崩之日，信王奉遗诏，即夕入临，居宫中，比明，群臣始至。时崔呈秀方改兵部尚书，夺情视事，比入临，内使十余传呼呈秀甚急，呈秀入与忠贤密谋久之，语秘莫得闻，或云："忠贤欲篡位，呈秀以时未可止之也。"帝既即位于八月二十四日，至十月，乃罢崔呈秀。时阉党自危，杨所修、杨维垣、贾继春先后劾呈秀以尝帝，呈秀遂罢。又削浙江巡抚潘汝祯籍，以其建祠作俑。而阉党布在朝列，竟相持莫敢动。杨邦宪建祠疏至，帝阅而笑。忠贤辞建祠，辄允。乃仅于部属中得主事钱元悫、陆澄源各一疏，又嘉兴贡生钱嘉征一疏，论劾忠贤。帝召忠贤，使内侍读疏，忠贤震恐丧魄，急以重宝啖信邸太监徐应元求解，帝斥应元。以十一月甲子朔，命："忠贤凤阳安置。"戊辰，初五，罢各边镇守太监。己巳，忠贤与其党李朝钦行至阜城，自缢。崔呈秀闻之，亦自缢。十二月，客氏及其子侯国兴、弟客光先与魏良卿皆伏诛，客氏诏赴浣衣局掠死，籍其家，良卿、国兴、光先皆弃市，家属无少长皆斩。客氏之籍也，于其家得宫女妊娠者八人，盖将效吕不韦所为，帝大怒，命悉笞杀之。诏天下所建逆祠悉拆毁变价。逮陆万龄于狱，监候处决。崇祯元年正月，诏"中官非奉命，不得出禁门"。僇忠贤尸，寸磔，悬首河间。僇崔呈秀尸，悬首蓟门。

崇祯之处忠贤当矣，罢各边镇守，禁中官出禁门。创巨痛深，宜有此明断。乃未几又悉用阉，至日后开城迎闯之曹化淳，正为帝之所尊信者，帝犹自谓"非亡国之君"，此读史者所可论定也。

元年正月，大计天下吏。杨维垣以御史佐计，以东林与崔、魏并诋，并坚持三案。是时柄国者皆忠贤遗党，无敢颂言东林者。编修倪元璐首上疏一再驳正维垣，当局以互相诋訾两解之，而公论乃渐明矣。嗣是阁中阉党黄立极、张瑞图、施凤来陆续罢。立极先以山阴监生胡焕猷劾之，不自安求去。杨维垣犹论焕猷疑出东林指使，帝为除焕猷名下吏，亦允立极去。五月，从倪元璐言，毁《三朝要典》，焚其板。阉党侍讲孙之獬闻之，诣阁大哭，天下笑之。之獬后降清，入《贰臣传》。于是罹忠贤之祸者多赠官赐谥，东林始不负罪于世，而阉党犹持朝局，动以计陷右东林者。二年三月，始定逆案，分别磔、斩、秋后处斩及充军、坐、徒、革职、闲住各等罪名，共二百余人，诸奸亦多漏网者，维垣名在充军之列。

维垣于仇东林、翻逆案最力，为清流所深恶，然南都破后，能以一死了之；东林后辈，亦有降于闯军，列于清廷者。鼎革之际，事多难言，惟皭然不污者终以正人为多。

元年四月，起袁崇焕为兵部尚书，督师蓟辽。崇焕以忤忠贤去，忠贤诛，王之臣被劾罢，廷臣争请召崇焕，诏所司敦趣上道。七月至京师，召对平台，自任五年可复全辽，请勿令在朝诸臣以权力掣臣肘，以意见乱臣谋，帝悉从之，并假便宜赐尚方剑。崇焕又以前此熊廷弼、孙承宗皆为人排构，不竟其志，上言："恢复之计，不外臣昔年以辽人守辽土，以辽土养辽人，守为正着，战为奇着，和为旁着之说。法在渐不在骤，在实不在虚，任而勿贰，信而勿疑。驭边臣与廷臣异，军中可惊可疑者殊多，但当论成败之大局，不必摘一言一行之微瑕。事任既重，为怨实多，诸有利于封疆者，皆不利于此身者也，是以为边臣甚难。臣非过虑，中有所危，不得不告。"帝优诏答之。八月抵关，适宁远兵缺饷四月哗变，先靖其乱，即裁并诸镇，关内外止设二大将，祖大寿驻锦州，赵率教驻关门，身自居中驻宁远。请罢宁远及登莱巡抚不设，亦报可。二年六月，崇焕杀毛文龙。文龙镇东江，朝廷视为意外之兵，不能时给饷，文龙因得以自筹之说，假通商名，往来海上，多贩违禁物规利。建州所资于中国者，得之东江，而文龙亦多得建州所产参貂，赂遗朝贵，恒为阉党所乐祖庇。既拥厚利，所集刁健不逞之徒极众，建州亦颇有顾忌，而朝鲜亦赖以联中朝之声气。崇焕莅镇，疏请遣部臣理东江饷。文龙恶文臣监制，抗疏驳之，崇焕不悦。寻文龙来谒，接以宾礼，文龙不让，崇焕谋益决。至是以阅兵为名，泛海抵双岛，文龙来会。崇焕相与燕饮每至夜分，文龙不觉也。崇焕议更营制，设监司，文龙怫然。崇焕以归乡动之，文龙曰："向有此意，但惟我知东事，东事毕，朝鲜衰弱，可袭而有也。"崇焕滋不怿，朝鲜最忠于明，明廷亦无谋袭朝鲜之意，而至末代之军人，则多以此为厚自封殖之计，李成梁有此计，故益欲联络清太祖，毛文龙亦然，皆以纠集徒党太众，思开一新国土，以自雄于海外耳。遂以是月五日，邀文龙观将士射。先设幄山上，伏甲士幄外，文龙至，其部卒不得入。崇焕曰："予诣朝行，公当海外重寄，受予一拜。"交拜毕，登山，因诘文龙违令数事，文龙抗辩，崇焕厉声叱之，命去冠带絷缚，文龙犹倔强，崇焕曰："尔有十二斩罪，知之乎？祖制：大将在外，必命文臣监。尔专制一方，军马钱粮不受核。一当斩。人臣之罪，莫大欺君。尔奏报尽欺妄，杀濒海难民冒功。二当斩。人臣无将，将则必诛。尔奏称：'牧马登州，取南京如反掌。'大逆不道。三当斩。每岁饷银数十万，不以给兵，月止散米三斗有半，侵盗军粮。四当斩。擅开马市于皮岛，私通海外诸国。五当斩。部将数千人，悉冒己姓，副将以下，滥给劄付千，走卒舆夫尽金绯。六当斩。自宁远剽掠商船，自为盗贼。七当斩。强取民间子女，不知纪极，部下效尤，人不安室。八当斩。驱难民远窃人参，不从则幽之岛上，僵卧死者，白骨如莽。九当斩。辇金京师，拜魏忠贤为父，塑冕旒像于岛中。十当斩。铁山之败，丧军无算，掩败为功。十一当斩。开镇八年，拥兵观望，不能恢复寸土。十二当斩。"数毕，文龙噤不能置辩，但叩头乞免。崇焕召谕其从官曰："文龙罪状当斩否？"皆惶怖唯唯，中有称文龙数年劳苦者，崇焕叱退之，乃顿首请旨出尚方剑斩文龙于帐下。然后出谕其部卒曰："诛止文龙，余无罪。"皆不敢动。分其兵为四协，以文龙子承祚及副将陈继盛等领之，犒军士，檄抚诸岛，尽除文龙虐政。还镇，以其状上闻，末言：

"文龙大将，非臣得擅诛，谨席藁待罪。"上骤闻意殊骇，既念文龙已死，方任崇焕，乃优旨褒答。崇焕又上言："文龙一匹夫，不法至此，以海外易为乱也，其众合老稚四万七千，妄称十万，且民多，兵不能二万，妄设将领千，今不宜更置帅，即以副将陈继盛摄之，于计便。"又虑部下为变，请增饷银至十八万。皆报可。

崇焕诛文龙一事，流传失实之记载不可胜举，至今人有为文龙抱屈，称崇焕忌才者。然《史》文明白，合之《实录》所见，于文龙之罪状无疑也。但《史》又言："文龙专阃海外，有跋扈声，崇焕一旦除之，自谓可弭后患，然东江屹然巨镇，文龙死，势日衰弱，且岛弁失主帅，心渐携，益不可用，其后致有叛去者。"此为后来訾议诛毛为失计说之所由来。然此皆崇焕冤死后岛兵变化之事实，若使崇焕久任以处其责，何至视刘兴祚兄弟与陈继盛相屠杀，而卒令耿仲明、孔有德、尚可喜辈遂为清廷佐命哉？诛毛部署不过三阅月，崇焕已中清太宗反间，明廷自坏长城，反信高捷、袁弘勋、史𡐓辈，为阉党报仇，兴大狱，以妄杀文龙陷辅臣钱龙锡。易代以后，流闻语尚不实，则审慎读史者之少矣。

十月，建州兵毁边墙入犯，崇焕入援。谤者以崇焕先有与建州通和之意，谓其招虏胁和，将为城下之盟。清太宗又授计叛将高鸿中，于军中所获宦官二人前故作耳语，云："今日撤兵，袁巡抚有密约，事可立就。"纵宦官归，以闻于帝。遂再召见于平台，诘杀文龙事，缚付诏狱。祖大寿骇而毁关东奔，犹于狱中取崇焕手书召大寿，得无叛去。时阁臣钱龙锡持正，不悦阉党。阉党王永光复用，为吏部尚书，引同党御史高捷、史𡐓，为龙锡所扼，遂以龙锡与崇焕屡通书，计议和，杀文龙为龙锡主使，并罢龙锡。时起用孙承宗御建州兵，兵退。遂于三年八月磔崇焕，九月逮龙锡，十二月下龙锡狱。阉党借议和诛毛，指崇焕为逆首，龙锡等为逆党，谋更立一逆案，与前案相抵。内阁温体仁、吏部王永光主其事，欲发自兵部，而兵部尚书梁廷栋不敢任而止，仅议："龙锡大辟，决不待时。"帝不信龙锡逆谋，龙锡亦悉封上崇焕原书及所答书，帝令长系。明年，中允黄道周申救谪外，而帝亦诏所司再谳，减龙锡死，戍定海卫，在戍十二年，两赦不原。其子请输粟赎罪，周延儒当国，尼不行，南渡后始复官归里卒。崇祯宰相五十人，龙锡尚为贤者，崇祯初与刘鸿训协心辅政，朝政稍清，两人皆得罪去。崇焕则以边事为己任，既被磔，兄弟妻子流三千里，籍其家无余赀，天下冤之。帝茫无主宰，而好作聪明，果于诛杀，使正人无一能任事，惟奸人能阿帝意而日促其一线仅存之命，所谓"君非亡国之君"者如此。二年之役，辽东大将赵率教、满桂遇建州兵，先后皆战死。

第四节 专辩正袁崇焕之诬枉

　　袁崇焕之狱，已叙于上节。然三百年来，公论不定，一翻明末人当时之记载，愈堕入五里雾中。论史者将谓：今日之人固不应妄断古人之狱，惟有求之故纸，凭耳目相及者之言以为断耳。岂知明季之事，惟耳目相及之人，恩怨是非，尤为纠葛。而崇焕之被谤，则于温、钱相倾之门户旧套以外，又多一虚骄爱国者之兴奋，为清太宗反间所中，久而不悟，虽有正人，只能保钱龙锡之无逆谋，不敢信袁崇焕之不通敌。北都既覆之后，弘光朝尚持此论，且出于正人君子之言。如南都吏部尚书徐石麒专论历来款虏事一疏，录之可以备见明人对建州之认识不真，对力能抗敌之疆臣猜疑太过，皆为促亡之道。

徐石麒《疏》见谈迁《枣林杂俎》。迁之录此，固亦援石麒之言，为足以存信史也。石麒在天启时，抗魏忠贤，勒完赃而削籍，当时已著清望。崇祯中历官卿贰，长刑部时，以申救熊开元、姜采落职。南都再起，为马士英辈所扼而去。去后，南都亡，朝服自缢，其正义大节，无愧完人矣。《史·本传》言："福王监国，召拜右都御史，未任，改吏部尚书，奏陈省庶官，慎破格，行久任，重名器，严起废，明保举，交堂廉七事。时方考选，与都御史刘宗周矢公甄别，以年例出御史黄耳鼎、给事中陆朗于外。朗贿阉人得留用，石麒发其罪。朗恚诋石麒，石麒称疾乞休。耳鼎亦两疏劾石麒，并言其枉杀陈新甲。石麒疏辨，求去益力，马士英拟严旨，福王不许，命驰驿归。"云云。此疏即为耳鼎所劾自辩之词也。其疏云：

"奏为矫诬先帝者悖之极，欺罔圣明者奸之盛，事关封疆殷鉴，信史纪传，不得不据事验明，以存实录事。臣于十五日崇祯十七年九月。伏枕次，见黄耳鼎翻出陈新甲一案，谓臣'杀新甲以败款局'。此似耳鼎拾马绍愉之余唾，将以颠倒成案，献媚朝廷，以为后日卖国之地，不但欲为新甲报仇起大狱已也，事关宗社封疆，臣何敢嘿嘿处此？臣请与皇上先言款事终始。我国家自有虏患以来，其讲款非一矣。天启二年，枢臣惑于王化贞之说，俾违督臣熊廷弼节制，而私与孙得功为市，得功突发犯顺，城陷身逃，而款议败；王化贞虽极愚昧偾事，然非款敌，乃欲倚孙得功购李永芳为间以图敌耳。第一段已失实，可见当时舆论庞杂已甚。其次则袁崇焕遣喇嘛僧吊老酋，因以议款，未成而崇焕去位。迨先帝初立，意在灭敌，召崇焕授兵柄，崇焕阳主战而阴实主款也，甚至杀东江毛文龙以示信。竟以杀文龙为示信于建州。嗣先帝不之许，进喋敌阑入胁款，仍戒以勿得过关门一步，崇焕先顿兵以待，是夕敌至，牛酒相犒劳，夜未央，敌忽渝盟，拔骑突薄城下，崇焕师反殿其后，建州兵由喀剌沁蒙古为向导，入遵化、迁安之洪山、潘家、大安等口及龙井关。崇焕自辽援蓟，自然出建州兵后。疏意谓犒劳建兵，自向朝廷胁款。旋变计真犯蓟门，仓皇赴救，故反殿其后，以成反间之说。先帝于是逮崇焕诛之，而款议再败。然崇焕虽言款，其所练甲士稍精强，边备未尝弛，故诛后而祖大寿犹得以余威振于边。嗣是中外靡有敢言款者，第岁久我叛帅累累家辽西，益相狃习，边将益约节士卒，复与北莽，偷旦夕之安，而边备日弛矣，本兵未必知也。至杨嗣昌为枢密，廉得状，时敌亦适内寇，于是再以款市闻。先帝命侦实情，竟得嫚书，大怒格之，而款议复败。此事详嗣昌及卢象升传。嗣是即新甲主款矣，新甲令石凤台与北通，而恶洪承畴挠其事，因敌困锦州，急遣张若麒往催战，欲乘间杀承畴胁款，此即向者崇焕杀文龙故智也。再提崇焕杀文龙为胁款之罪，此不惟崇焕非此意，即谓陈新甲欲杀洪承畴，亦恐非新甲本意也。不虞承畴先觉，独入松、杏城死守。若麒计不成，乘月宵遁，陷我六师。旧辅臣谢升见边事大坏，忆督臣傅宗龙临行有‘枢臣计专主款’之语，发闻，先帝遂召新甲陛见，切责良久，遍询诸辅，独升对曰：‘彼若果许款，款亦可恃。’议遂定，时壬午正月初八日事也。已而遣一瞽者一黜生与马绍愉偕往义州议款。贾卜瞽者周元忠，杨嗣昌议款所用，至是想仍借之。四月归，虏不具表谢，而复得嫚语，先帝知为所绐，大恨，而款事又败。建州复书见《东华录》，在明人固应谓之嫚书，然款之败，非以书故，因新甲为家童误付邸钞泄漏也。盖自辛巳张若麒倡逃后，举先帝十五年所纠集之精锐一旦尽扫，老成谋国之臣，无不私祝，望款事之成，庶几稍有息肩，至天子亲发玺书，下明诏，首臣属草，次辅书真，诚枢臣抚使者而遣之，为使者饬冠剑，连车骑，至塞外，我边臣椎牛酾酒，张筵十六席燕敌使。此事可补史文所略。敌之酋长遣纲纪一美少年、一庞眉皓首之老来会，绝不语及开市事，问之，则云：'待老憨命。'憨为汗之对音，明人多作憨字。及憨至义州，首诘诸酋长私与中国通，拟杀我使人，译事者为之祈请，叩头乞哀，马绍愉等抱头匍匐窜归，恐彼尚未见憨面，今反饰称亲到沈阳，不几梦中呓语耶？证以《东华录》，绝不如是，爱国斥和者疾视之语，国亡而虚骄自在。以下论新甲他罪从略。

兵部尚书袁崇焕

《袁崇焕像》

选自《碧血录》 （清）庄仲方／撰 （清）夏銮翔／绘 收藏于美国哈佛燕京图书馆

袁崇焕（1584－1630年），字元素，号自如，广州府东莞县（今属广东省东莞市）人。天启二年（1622年），边塞告急，袁崇焕挺身而出，出镇山海关。在宁远城与努尔哈赤的十三万大军对峙，炮击女真军，努尔哈赤受伤而退，不久郁郁而死去。皇太极想要为父亲努尔哈赤报仇，率军围攻宁远、锦州，但折兵损将，夜逃而去。袁崇焕因此威震辽东。魏忠贤阉党控制朝廷，尽管袁崇焕也曾在宁远、前屯两地为魏忠贤修建生祠，但仍得不到重用。崇祯二年（1629年），袁崇焕星夜救援，击退清军。后来，皇太极率军绕过袁崇焕驻防之地，直指北京城，但袁崇焕很快就在李自成的农民起义中灭亡。崇祯三年（1630年），袁崇焕被凌迟处死在北京甘石桥。一代名将就此陨落，明朝皇太极设反间计，袁崇焕蒙冤下狱，

《东华录》:"天聪三年,即明崇祯二年,十二月辛丑,大兵逼北京,上营于城北土地关之东,两翼兵营于东北。侦知满桂、侯世禄等集德胜门,上率右翼诸贝勒前进,又闻瞭见东南隅有宁远巡抚袁崇焕、锦州总兵祖大寿等以兵来援。传令左翼诸贝勒迎击。癸卯,遣归顺王太监赍和书致明主。上率诸贝勒环阅北京城。乙巳,屯南海子。丁未,进兵距关厢二里。戊申,闻袁崇焕、祖大寿营于城东南隅,竖立栅木,令我兵逼之而营。上率轻骑往视进攻之处,谕曰:'路隘且险,若伤我军士,虽胜不足多也。'遂回营。先是获明太监二人,付与副将高鸿中,参将鲍承先、宁完我,榜式达海监收,至是回兵,高鸿中、鲍承先遵上所授密计,坐近二太监,故作耳语云:'今日袁巡抚有密约,此事可立就矣。'时杨太监者,佯卧窃听,悉记其言。庚戌,纵杨太监归,杨太监将高鸿中、鲍承先之言详奏明帝,遂执袁崇焕下狱。祖大寿大惊,率所部奔锦州,毁山海关而出。"云云。此《清太宗实录》所书,以示太宗之善用兵。其方法乃袭小说中之蒋干中计。清太祖时译《三国演义》以为兵书,此时尚得其用,而明帝之不知士大夫心迹,竟堕此等下劣诡道,自坏万里长城,并不言其蜚语之所由来,自矜烛照神秘。虚骄之正人,既不慊于前时遣吊,又不审毛文龙之当诛罪恶,捏其情事为一串,竟称崇焕通敌胁款,至国亡后尚哓哓欲传为信史。《明史》出而稍据《清实录》,于《崇焕传》雪此诬构。近又好据同时人之褒贬以为可信,则不可挟此成见也。

毛文龙东江之兵,始以明廷无饷而借口通商,以违禁物与敌为市,敌乃大得其助,而崇焕治兵,请莞东江之饷,而文龙拒之,以与敌通市为利,又不欲以领饷而暴露其兵额也。崇焕斩文龙,编制其兵,核实其饷,东江正可有为,乃身既被戮,毛兵亦无所依赖,自相屠杀,相率降清。论者又以此为崇焕之罪,不以为杀崇焕者之罪,至今尚纠纷不已,是用揭之。

第五节　崇祯朝之用人

　　崇祯十七年中，用宰相至五十人。宋开国至元祐初百三十年，至司马光、吕公著、吕大防、范纯仁为相时，始为五十一人。明盛时本无宰相，至中叶以后有相矣，而崇祯中则置相如弈棋，十七年恰得五十人。再论其人格，早年为天启所遗之阉党，后来亲擢之中，入《奸臣传》者有温体仁、周延儒二人。《明史·奸臣传》除马士英之奸在北都亡后，其余只有胡惟庸、陈瑛、严嵩三人，占二百数十年，十七年独得奸臣二人，亦极见促亡之效。孙承宗亦有阁臣之名，而从未任阁事，其他未有一担荷国事者。帝之不任大臣，惟图自用，姑举一事为例：刘鸿训于崇祯元年入阁，《本传》言："帝初甚向之，关门兵以缺饷鼓噪，帝意责户部，而鸿训请发帑三十万示不测恩，由是失帝指。"又云："鸿训居政府，锐意任事，帝有所不可，退而曰：'主上毕竟是冲主。'帝闻深衔之，欲置之死，赖诸大臣力救，乃得稍宽。以改敕书事戍代州，卒戍所。"夫劝发帑示恩，损上益下，不失为君子之事君，纵未能从，何致遂以此失指？则帝之吝财，犹有万历遗风。闻言己为冲主，即深衔而欲置之死。自圣至此，又好诛戮大臣，艰危之日，欲以救亡，何可得也？人主虚中求善，来者尚多面谀；示以气矜，正直之士，自知无幸。后来入阁纷纷，以卑劣之徒为多，而所谓奸臣，则温体仁久任至历八年，周延儒亦前后两任，为其较隆重者。帝谓："君非亡国之君，臣皆亡国之臣。"孰知用此亡国之臣者即凿然亡国之君也。贤士大夫受杖获遣相继，不于其中物色一二以自辅，惟奸庸者登进不已，此用相之大概也。崇祯宰相被戮者薛国观、周延儒，遣戍者刘鸿训、钱龙锡，刘、钱尤非其罪。自有阁辅以来，戮死者惟一夏言，崇祯间则再见，岂复有敬大臣之意？

又《乔允升传》言："帝在位十七年，刑部易尚书十七人。薛贞以阉党抵死，苏茂相半岁而罢，王在晋未任改兵部去，允升遣戍，韩继思坐议狱除名，胡应台独得善去，冯英被劾遣戍，郑三俊坐议狱逮系，刘之凤坐议狱论绞，瘐死狱中，甄淑坐纳贿下诏狱，改下刑部瘐死，李觉斯坐议狱削籍去，刘泽深卒于位，郑三俊再为尚书，改吏部，范景文未任改工部，徐石麒坐议狱落职闲住，胡应台再召不赴，继其后者张忻，贼陷京师，与子庶吉士端并降。"此文又见于《刘之凤传》，即所谓《明史》复沓之处。一部如此，他部略可想见。昔之列卿稍有名者，必叙其政绩恩遇，崇祯时之大臣，救过不遑，为国之意盖尠，如之何拨乱而反之正也？

兵部尚书之死于法者，王洽以建州兵始薄京城，下狱瘐死。《史》称洽"清修伉直，雅负时望。遵化陷，再日始得报。帝怒其侦探不明，用重典不少贷。厥后都城复三被兵，枢臣咸获免，人多为洽惜之。"则死固未当其罪也。陈新甲之死，以泄漏款议，对建州有"既不能令又不受命"之心理，而所据以为罪者，则曰戮辱我亲藩七，罪又甚于薄城。战乱所及，藩国被屠，已非兵部专责，不过借此以掩其议款之耻，尤为失刑。

崇祯观画

选自《新刻崇祯观画》民国刻本　佚名

戏曲《崇祯观画》全本叫《铁冠图》，故事从朱元璋起事开始，到闽王国困京城，崇祯痛杀全家后奔煤山自缢身亡结束。明思宗颇有政治才能，即位后，立即铲除魏忠贤，杀客氏，平反冤狱，重新起用天启年间被罢黜的官员，与前朝相比，气象为之一变。但自崇祯元年（1628年）起，中国各地尤其是北方灾害频仍，又疫疾大起，人口数量急降。明朝社会处在十分脆弱的状态，盗匪与流民并起，各地民变不断爆发。明思宗用人多有猜忌，在位十七年，频繁更换宰相，达五十位之多，有"崇祯五十相"之称。崇祯十七年（1644年）李自成军入北京。眼看大势已去，明思宗在太监王承恩的陪同下，在景山歪脖树上自缢身亡。上吊前，在蓝色袍服上写下遗书：「……朕死无面目见祖宗，自去冠冕，以发覆面。任贼分裂，勿伤百姓一人。」

督抚为地方大吏。总督则见《郑崇俭传》："帝自即位以来，诛总督七人：崇俭及袁崇焕、刘策、杨一鹏、熊文灿、范志完、赵光抃也。"崇俭与张献忠战本胜，以杨嗣昌言其撤兵太早，致师败绩，不俟秋决，以五月弃市。福王时，给事中李清言："崇俭未失一城，丧一旅，因他人巧卸，遂服上刑。"崇俭冤始白。赵光抃之戮，世亦以为冤。袁崇焕之中建州反间，已见上。古有谤书盈篋，待功成而后留示其人者。丝毫无知人之明，而视任事之臣如草芥，当彼时会，乌得不亡？巡抚则见《颜继祖传》："终崇祯世，巡抚被戮者十有一人：蓟镇王应豸、山西耿如杞、宣府李养冲、登莱孙元化、大同张翼明、顺天陈祖苞、保定张其平、山东颜继祖、四川邵捷春、永平马成名、顺天潘永图，而河南李仙风被逮自缢不与焉。"国事已非，丧师失律，不尽为所犯之罪，为中枢调度不当，所陷者亦多，事各具本传，要之为人不自保而已。

第六节 李自成、张献忠及建州兵事

　　明自中叶以后，人民起事虽时有，然旋起旋灭，至崇祯朝遂以亡明，盖由外困于建州，内民生日蹙故耳。万历之末，东事既起，饷不足而加赋无已，民失其乐生之心。兵弊于军制废弛，班军困于占役，而京营不足用，卫所之军，亦为豪家供奔走，虽一诸生可役使之，重以隐占虚冒，举天下之兵不足以任战守。而召募之说兴，于是聚游手好闲，无尺籍可稽之民，假以器械，教之技击，赴警则脱逃哗溃，既穷且悍之众遍于闾里。天启六年八月，《本纪》书："陕西流贼起，由保宁犯广元。"是时阉党乔应甲巡抚陕西，朱童蒙巡抚延绥，皆贪黩虐民，起事以此日众；且又连岁大饥。崇祯元年十一月，有白水王二通于县役，纠众墨其面，掠蒲城之孝童，韩城之淄川镇。由是府谷王嘉胤、宜川王左挂并起攻城堡杀官吏，安塞高迎祥、汉南王大梁复纠众应之，迎祥自称闯王，大梁自称大梁王。迎祥，李自成舅也，其闯王之号，后遂为自成所袭称。

二年春，诏以杨鹤为三边总督平乱，参政刘应遇击斩王二、王大梁，参议洪承畴击破王左挂。会建州兵薄京师，山西巡抚耿如杞勤王兵哗而西，延绥总兵吴自勉、甘肃巡抚梅之焕勤王兵亦溃，乱势益炽。鹤畏之，乃主抚，其有降者给免死牒，安置延绥、河曲间。三月，起事民众更由陕渡河入山西。六月，王嘉胤陷府谷，米脂张献忠应之。献忠，延安卫柳树涧人，隶延绥镇为军，犯法当斩，主将陈洪范奇其状貌，请于总兵官王威释之，乃逃去。先从神一元领红旗为先锋，及是据米脂诸寨，自称八大王，是为张献忠著名之始。入山西之首领王嘉胤于崇祯四年六月为其同伙所杀，更推号紫金梁即王自用者为魁，与迎祥、献忠共三十六营，众二十余万，皆聚山西。于是迎祥甥李自成与其兄子过往从迎祥。自成时未有名，但号闯将，本米脂人，世居怀远堡李继迁寨。幼牧羊于邑大姓艾氏，及长充银川驿卒，善骑射，数犯法，知县晏子宾捕之，将置诸死，脱去为屠。至是从迎祥，是为李自成崭露头角之始。自成之起在献忠后也。

邑大姓艾氏家牧羊。《史》言自成之托始如此。《人海记》录《枣林杂俎》云："惠世扬，米脂人，万历甲辰进士，历刑部侍郎。李自成故牧卒也，尝给事世扬之家，及僭号，语人曰：'得惠先生来则甚幸。'

因致书，世扬即至，拜右平章，时左平章则牛金星也。自成败，从本朝兵入燕，三年不见用，后放归。绥德副总兵王永强作乱，劫世扬从军，败于朱原镇，永强自缢，世扬不知所终。"据此则邑大姓为惠氏，所牧者马也。世扬名在东林，天启五年杨、左之狱，与赵南星等皆在削籍追赃之列。《东华录》："顺治四年八月甲戌，左副都御史惠世扬以年老致仕。"是后又降清。

三边总督杨鹤以无功谴戍，洪承畴代之，督诸将曹文诏、杨嘉谟战，所向克捷。后文诏及在籍故锦衣佥事张道濬等，道濬，泽州沁水人，张铨子，以难荫。先后为言官论列得罪及他调去。迎祥、献忠等复伪降突渡河，入河南、湖广，逼四川。七年春，以陈奇瑜为山西、陕西、河南、湖广、四川总督，专事平乱，以卢象升为郧阳抚治。奇瑜困迎祥、自成等于车箱峡，自成以计赇奇瑜左右，伪请降，奇瑜遽许之，檄诸将按兵毋杀，所过州县为具糗传送。自成等甫渡栈即大噪，适略阳大众数万亦来会，在在告警，奇瑜坐削籍，而李自成之名大显，与张献忠相埒矣。

奇瑜削籍，洪承畴代，甫受命而东，西宁兵变不得下，迎祥、自成遂攻陷巩昌、平凉、临洮、凤翔诸府数十州县，败官军，戕道员，围陇州四十余日，承畴遣将击破之，遂东走河南，承畴奉诏出关追之。八年春正月，自成等大会于荥阳，由自成倡议，分大众抗各路官军，迎祥、献忠及自成等东出，遂陷凤阳，焚皇陵，势大炽。所树帜大书"古元真龙皇帝"。大饮合乐，声势益张。自此屡分屡合，时败时振，官兵迭有伤亡。九年七月，陕西巡抚孙传庭击迎祥螯屋，被俘死，其众乃共推自成为闯王。十一年春，承畴、传庭合力作战，大破自成，尽亡其卒，独与刘宗敏等十八骑入商洛山中不敢出。其年献忠降，自成势益衰。而辽事亟，承畴改蓟辽总督，传庭改保定总督，而传庭复以疾辞，逮下狱。传庭患失聪，而杨嗣昌劾其托疾故也。自是主持其事者为嗣昌与熊文灿。

嗣昌，湖南武陵人，万历进士。父鹤，天启间，为阉党除名，嗣昌亦引疾。崇祯初，鹤以被逮，嗣昌三疏请代，得减死。既嗣昌历官右佥都御史巡抚永平、山海诸处，复升兵部侍郎，总督宣大、山西军务。疏陈边事，帝异其才。以父忧去，复遭继母丧。崇祯九年，夺情起兵部尚书。三疏辞，不许。十年三月，抵京召对。嗣昌博涉文籍，多识先朝故事，工笔札，有口辩，帝大信爱之。前尚书张凤翼柔靡无所规画，嗣昌锐意振刷，帝益以为能，所请无不听，曰："恨用卿晚。"嗣昌议大举进兵，请以陕西、河南、湖广、江北为四正，四巡抚分剿而专防，以延绥、山西、山东、江南、江西、四川为六隅，亦巡抚分防而协剿，是谓十面之网。总督总理二臣专任征讨。总督者，总督山西陕西河南湖广四川军务洪承畴；总理者，总理南畿河南山西陕西湖广四川军务王家祯。嗣昌握兵柄，承帝眷，以帝急平乱，冀得一人自助，乃物色得大言自诡之熊文灿，而嗣昌挟帝所信任以为之主。

文灿，贵州永宁卫人，徙家蕲水，由进士历官至布政司。崇祯元年，以福建布政司就迁巡抚。福建海上，郑芝龙为渠帅，颇愿受抚，当事谕降之。文灿至，善遇芝龙，使为己用，芝龙屡立功，文灿遂以功擢总督两广军务，仍借芝龙力，最后击刘香死，海上尽平，时崇祯八年。《史·文灿传》："文灿官闽广久，积赀无算，厚以珍宝结权要，谋久镇岭南。会帝疑刘香未死，且不识文灿为人，遣中使假广西采办名往觇之。文灿盛有所赠遗，留饮十日，中使喜，语及中原寇乱，文灿方中酒，击案骂曰：'诸臣误国耳，若文灿往，讵令鼠辈至是？'中使起立曰：'吾非往广西采办也，衔上命觇公。公当世才，非公不足办贼。'文灿悔失言，随言五难四不可以自遁。中使曰：'吾见上自请之，若上无所咨，即公不得辞矣。'文灿辞穷，应曰：'诺。'中使果还言之帝。文灿居蕲水，与邑人姚明恭为姻娅，明恭官詹事，又与嗣昌善，知中使誉言，因荐之嗣昌曰：'此有内援可引也。'嗣昌荐之。十年四月，拜文灿兵部尚书兼右副都御史，代王家祯为总理。文灿拜命，即请以左良玉军属己，而大募粤人及乌蛮精火器者一二千人自护，弓刀甲胄甚整。次庐山，谒所善僧空隐，僧曰：'公误矣。'文灿屏人问故，僧曰：'公自度能制贼死命乎？'曰：'不能。''诸将有可属大事不烦指挥而定者乎？'曰：'未知如何也。'曰：'上特以名使公，厚责望，一不效，诛矣。'文灿却立良久曰：'抚之何如？'僧曰：'吾料公必抚，然流寇非海寇比，公其慎之。'"是为文灿受任之原委。

嗣昌设十面之网，意在主战，与文灿主抚，本不相中。文灿既至，良玉桀骜，不受节制，其下又与粤军不和，大诟，不得已遣还南军，然良玉实不为用，嗣昌言于帝，乃以边将冯举、苗有才五千人隶焉。时嗣昌号建四正六隅策，文灿则决计招降，初抵安庆，即遣人招张献忠、刘国能，二人听命，乃益刊招降檄布通都。又请尽迁民与粟闭城中，期无所掠当自退。帝怒，谯让文灿，嗣昌以既已任之，则曲为之解，仍上疏克期平定，以今年十二月至明年二月为限。当时任事者，尚有总督洪承畴。嗣昌言于帝："熊文灿任事仅三月，承畴七年不效，论者绳文灿急，而承畴纵寇莫为言。"帝知嗣昌有意左右，变色曰："督理二臣但责及时平贼，奈何以久近借之口？"嗣昌乃不敢言。嗣昌建合剿之策，谓必可平定，而专任文灿。文灿则专主抚，所主张本不相合，帝亦不复诘，亦无言者。初，献忠为左良玉军所败，中箭创甚不能战，十一年春，侦知陈洪范隶文灿麾下为总兵，因遣间赍重币献洪范，愿率所部降。洪范以告文灿，受其降。献忠遂据谷城，请十万人饷。文灿又招十三家先后降。嗣昌方以逾期故，疏引罪乞代，帝不许，命察行间功罪，乃盛称文灿功而罪承畴。承畴方与陕抚孙传庭大破李自成，自成走入崤函山中。献忠则在谷城治甲仗，言者知其必反，而帝信嗣昌倚文灿，不为忧。十二年五月，献忠合十三家一时并起，设伏败左良玉兵。帝闻变大惊，削文灿官，戴罪视事。嗣昌于六月甫由兵部尚书改礼部，兼东阁大学士，入参机务，仍掌兵部事。变既闻，上疏请斥，不许。帝以既挠群议用嗣昌，悟其不足倚，而犹冀其一出平乱谢天下，遂命以辅臣督师。再疏辞，不允。以九月杪抵襄阳，入文灿军，听文灿自诉，且檄召文灿所用知府万年策、佥事孔贞会效用军前，而河南巡按高名衡既劾文灿，又劾二人以抚愚文灿不可用。嗣昌发愤疏辩，谓："廷臣以文灿不能剿贼，诬其无才；不能用兵，诬其无算。文灿特过持重耳，流寇数十百万，不可胜诛，必抚剿并施，方可解散。文灿收拾两年，功已十成六七，独献忠再叛，八营动摇。今以一眚废置，并所用之人訾之，非公论。"此疏见《明史稿·嗣昌传》以此曲庇文灿，而帝卒重罪之，文灿以十三年十月弃市。

十一年九月，建州又复入边，以宣大、山西总督卢象升督师御之。象升亦以与嗣昌议不合，遂以监军中官高起潜分其兵，又扼其饷，陷象升阵亡。又与起潜比，谓象升不死。有诏验视，赞画杨廷麟得其尸，嗣昌故靳之。遣三逻卒察其死状，其一人俞振龙者，归言象升实死，嗣昌怒。鞭之三百，暴尸八十日而后殓。终嗣昌未死之日，不得议恤。象升以对建州主战，而嗣昌在本兵因与不合陷之，并欲没其死事之烈，此为嗣昌一大罪状。方是时，文灿主抚亦当嗣昌意，嗣昌归功文灿而欲倾承畴。帝以东事亟，召承畴、传庭入援，嗣昌议移承畴督蓟辽，且尽留承畴所率入援之秦兵，属承畴东守。传庭谓嗣昌："秦军不可留。

秦军妻子俱在秦，久留于边，非哗则逃，不复为吾用。安危之机不可不察。"嗣昌不听，传庭疏争之，帝不能用，不胜郁郁，耳遂聋。初传庭入卫，象升方战殁，命代统诸镇援军，请召对决大计，嗣昌以传庭与己多不同，高起潜亦与传庭不协，合而沮之，竟不得入朝。十二年春，承畴与传庭并受命，承畴督蓟、辽，传庭督保定、山东、河北军务。复疏请陛见，嗣昌大惊，谓传庭将倾己，饬来役赍疏还之，传庭愤甚，耳益聋，不能听机事，遂乞休，嗣昌又劾其托疾。帝大怒，斥为民，下巡抚杨一儁核真伪。·儁奏言非伪，并下一儁狱，传庭长系待决。举朝知其冤，莫敢言。系狱三年，至嗣昌败后，朝士乃交荐起督陕。嗣昌主兵柄时，大将任战者，仅卢象升、孙传庭、洪承畴为最著。嗣昌陷卢死，并仇其死后，陷孙几死，复排洪于外，所倚所庇惟有熊文灿，此其任本兵时之所为也。而其时于颠倒命将是非之外，又有残民以绝国脉之大罪。当万历末，以清犯辽东，三次加派，已驱民走险而致大乱。崇祯间，一再加派，曰剿饷，曰练饷，合前万历末所加名辽饷，共谓之三饷。剿饷、练饷，皆嗣昌主议而帝用之。拥剿饷而不剿，拥练饷而无可练。至清入关而首除三饷，遂取中国，而民已多数安之，是尤为新朝造取代之资矣。谓兵事正殷，非饷不济。清方以兵取天下，较之明以兵守天下者岂不更费武力，然以首革三饷而兴，求之宫廷节约，以养战士，自有其道。明君臣当危亡之时，竭力椓丧，不恤资敌，此固亡国之臣所为，亦岂非亡国之君所信用乎？

　　当十年三月，嗣昌始履本兵任，议设十面之网，并荐熊文灿为总理，即议增兵十二万，增饷二百八十万，其措饷之策四：一因粮，二溢地，三事例，四驿传。因粮者，因旧额之粮量为加派，亩输粮六合，石折银八钱，伤残地不与，岁得银百九十二万九千有奇；溢地者，民间土田溢原额外者，核实输赋，岁得银四十万六千有奇；事例者，富民输资为监生，一岁而止；驿传者，前此邮驿裁省之银，以二十万充饷。崇祯三年，以给事中刘懋请裁定驿站，给邮乘传有额，而河北游民向借食驿糈者无所得食，溃兵煽之，为陕西民变炽盛之始。户部不敢违，议上，帝传谕："不集兵无以平寇，不增饷无以饷兵，勉从廷议，暂累吾民一年。"改因粮为均输，布告天下，使知为民去害之意，是为剿饷。帝言累民一年，本以一年为限，而遂为久计矣。

十二年，清兵入边，破济南始返。未解严时，廷臣请练边兵，嗣昌议各镇练兵数至七十余万。帝又采副将杨德政议，练民兵捍乡土，不他调，天下府千、州七百、县五百，汰府通判、州判官、县主簿。府改设练备，秩次守备；州县改设练总，秩次把总。嗣昌以势有缓急，请先行畿辅、山东、河南、山西，于是有练饷之议。

剿饷在嗣昌原议一年即止，饷尽而乱未平，诏征其半。至行练饷时，反并剿饷皆全征。帝虑失信，大学士薛国观、程国祥以为可行，嗣昌复言："加赋出于土田，土田尽归有力家，百亩增银三四钱，稍抑兼并耳，贫者何害？"帝意遂决。由是剿饷之外，复增练饷七百三十万。计辽饷在神宗末为五百二十万，崇祯初又增百四十万，后再增剿饷、练饷，计千万，事例所入无定，其数不计入。先后增赋一千六百七十万，民不聊生，益起为乱。迨帝知悔前失，用大学士蒋德璟言，诏罢练饷，自成兵已逼城下，有诏而不复能行矣。夫古礼家之说，年不顺成，天地祖宗可以杀礼，社稷神祇可以变置。古者神权最重，而救国只有夺典礼，而不闻可以剥民生。卧薪尝胆，乃有国者自处于极苦，与军民同其生活，自能尽全国之人力物力以度此难关。若曰暂累吾民，君与相以及有禄之士大夫则不受其累，是薪胆之苦只有人民卧且尝也。崇祯间最用事最专且久之杨嗣昌，独为帝所特简，谓非亡国之君而何？

剿饷之用途犹有可指，若练饷之用途实为可笑。各镇就旧兵而抽练之，当时论者即谓九边自有额饷，概予新饷则旧饷安归？边兵多虚额，今指为实数，饷益虚糜而练数仍不足，且抽练而其余遂不问，则旧饷之兵公然不练，而练者又仍虚文，加练饷而边防愈弱矣。至州县民兵益无实，徒糜厚饷。凡此皆以嗣昌主之，且事巨莫敢难也。此皆嗣昌居中用事之亡国成绩也，其督师以后则又有可言矣。

嗣昌入熊文灿军受代，以十月朔崇祯十二年大誓三军，以左良玉有将才，请拜为平贼将军，报可。良玉既佩将军印，志寖骄，遣使以书谢，嗣昌不悦。会贺人龙败献忠于兴安，请进秩赐奖，欲渐贵之，以抗良玉。良玉知之甚愠。恩威不足以相服，而用术数交斗于将帅之间，武夫无肝胆可共，危急时孰能用命？当是时，官军虽新胜，而嗣昌申养锐之戒，诸将遂无斗志，虽遣将但遥相应，未令合击。代嗣昌为本兵者傅宗龙，克十二月平乱，又数趣分道进兵，嗣昌迁延至岁暮未一战。张琮、贺人龙之捷，本非嗣昌功，其所檄湖广巡抚方孔照遣杨世恩、罗安邦两将攻罗汝才、惠登相者，则全军覆于黄草坪。孔照本屡取胜，至是所部一败。嗣昌以孔照先条上熊文灿主抚之误，心衔之，又忮其言中，遂独劾孔照逮下狱。孔照子检讨以智，伏阙讼父冤，膝行沙坯中两年，帝心动，始议前功，减死遣戍，则遇败巧中他疆臣以自免之一事也。嗣昌驻襄阳，既节制各路军，乃以楚地广衍，乱难制，驱使献忠等入蜀，冀因地险蹙之可全胜。又虑蜀兵扼险，恐彼不得入，遂调蜀锐万余为己用，使蜀中罢弱不足支。蜀抚邵捷春愤曰："督师杀我！"争之不能得。于是献忠遂西。其时总督陕西三边军务为郑崇俭，由本兵令兼督蜀军，嗣昌亦檄秦军入蜀，崇俭遂以十三年二月率副将贺人龙、李国奇会左良玉，败献忠于玛瑙山。山在达州，由楚入蜀之路。崇俭身在行间，嗣昌远处襄阳，而帝以嗣昌一出即奏捷，大悦，赏功犒师，悉归功嗣昌。既而捷春以嗣昌弱其兵，秦师入蜀者，又以崇俭奉命还关中，亦噪而西归，蜀无防御之力，献忠等尽萃蜀中。楚将奉嗣昌令追献忠入蜀者，败于土地岭。献忠攻蜀各郡县，嗣昌果委罪蜀军，斩蜀将邵仲光，而劾捷春逮下狱论死，捷春仰药死狱中。捷春清谨有惠政，被逮日，士民哭送，竞逐散来逮官旗，蜀王亦疏救，不听。则嗣昌不任弃蜀之罪而巧陷他疆臣之又一事也。蜀既陷，嗣昌为自免计，已陷捷春，又奏崇俭撤兵太早，削其籍。迨嗣昌败死，帝尚恨崇俭不与嗣昌犄角共平乱，逮下狱，不俟秋后，以五月弃市。南都时，给事中李清始讼其有胜无败，而为他人巧卸、遂服上

《剿贼图记》（节选）

（明）元曾 撰 收藏于美国国会图书馆

《剿贼图记》讲述的是崇祯朝时，明军镇压河南农民起义之事。李自成起义军也到过河南。据载，崇祯十四年（1641 年），李自成率军攻克洛阳后，诛杀了万历皇帝的儿子福王朱常洵，并将其与鹿肉同煮，名为"福禄宴"，与将士分食，残暴至极。

刑之冤。则嗣昌既陷蜀，而凡稍能军之疆臣皆为卸罪之故连陷以死之又一事也。

帝于嗣昌始终眷注，慰劳赐敕，犒师发帑，一再相望。嗣昌以献忠等尽入蜀，身率师尾之，檄诸将邀击，令俱不行。下令降者授官，惟献忠不赦，擒斩者赉万金爵侯。翌日，军府自堂皇至庖福遍题："斩嗣昌献者，赉白金三钱。"嗣昌骇愕。嗣昌小有才，躬亲簿书，军行必自裁进止，千里待报，常失机会。郧阳抚治王鳌永尝谏之，不纳，旋奏罢鳌永而代以袁继咸。鳌永上书于朝曰："嗣昌用师一年，荡平未奏，非谋虑之不长，缘操心之太苦。天下事，总挈大纲则易，独周万目甚难，况贼情瞬息更变，举数千里征伐机宜尽出一人，文牒往返，动逾旬月，坐失事机，无怪乎经年不战也。其间玛瑙山一捷，督辅本号令良玉退守兴安，若必遵之，无此捷矣。陛下任嗣昌，不必令与诸将同功罪，但责其提衡诸将之功罪；嗣昌驭诸将，不必人人授以机宜，但核其机宜之当否；则嗣昌心有余闲，自能决奇制胜，何至久延岁月，老师糜饷哉？"鳌永所陈，颇中嗣昌之病。帝令中枢饬嗣昌，嗣昌性所偏，不能从也。鳌永明亡后降清，入《贰臣传》。献忠等既横行蜀中，由蜀南而复西。十四年正月，嗣昌统舟师下云阳，檄诸军陆行追击，诸军惟猛如虎蹑其后，与战黄陵城，大败，献忠入楚。嗣昌檄良玉兵，不应，献忠乃轻骑一日夜驰三百里，抵襄阳，诱启城门，执襄王。献忠坐王堂下，予之酒曰："吾欲斩杨嗣昌头，嗣昌在远，今借王头，俾嗣昌以陷藩伏法，王努力尽此酒。"遂害王。襄阳故熊文灿所驻，嗣昌来代，以其地为重镇，设守甚备，竟被破之。嗣昌在夷陵，惊悸，上疏请死，下至沙市，又洛阳已陷，福王亦遇害，益忧惧，遂不食，以三月朔日死。廷臣交章论列，嗣昌已由郧抚袁继咸、河南巡按高名衡以自裁闻，而其子则以病卒报，莫能明矣。廷臣论嗣昌罪，帝终念之，赐祭，令有司护枢还籍，且论前功，进太子太傅。后献忠陷武陵，发其七世祖墓，焚嗣昌夫妇枢，其子孙获半尸改葬焉。

嗣昌在中枢，在内阁，所倚者熊文灿，所忌而陷之者卢象升、孙传庭。其才苟在平世，未尝不可供簿书文墨之用。要其苛察自用，无知人之明，尤根本误在柄国而不知恤民，与帝同一受病，谓其甘心祸国，有何等赃污渎职，则非也。帝固以此信之，嗣昌亦以此自信。其子山松，后作《孤儿吁天录》，到处为乃父辩诬，言其有劳无过。当清修《明史》之日，冀以此涂饰史馆诸人耳目，为作佳传。馆臣未受其误，然当时固有受误者矣，潘耒《遂初堂集》有《阅孤儿吁天录》诗云："是父有是子，忠孝声不坠。信史垂千秋，公论未宜废。"等句。竟颠倒黑白至此！

建州之为明患，清太宗之继承太祖，由天命改称天聪，乃在崇祯改元之先一年。其对明屡言愿和，亦未必非蓄锐持重本意。自袁崇焕遣使通吊以后，任事者亦非无欲和之意，在明欲休民整军，实宜许和而修内政。乃力已不竞，必争虚骄之气，欲建州屈身归罪，而后宣赦受降，其势不能。于是君臣间务为掩耳盗铃之计，意实愿和，而有人揭明和字，必引为大耻，谴责任事之臣，朝野议论，亦以言和者为卖国大罪，劫持君相，君相又无知己知彼之定力，始用反间而杀袁崇焕，使天下误信为以言和受戮。既而陈新甲在兵部主和，而帝意亦向之，惟意在委其事于本兵，或者外有虚骄之浮言，即可遣本兵以自盖其丑，君臣间先有此等巧卸谬见。一闻新甲扬言主和已得帝允，则发怒杀之，天下亦多以为主和当杀。危急时一听不负责任者之意气用事。又敢于敲剥国中，驱民走险，以自剿绝其命，此所以童昏之武宗、熹宗不亡国，时未至也；思宗而欲免于亡，非于任人恤民两事加意不可，乃俱反之，独自谓"非亡国之君"，此其所以死而不悟其非也。若自知所为足以亡国，或尚有一线之望耳，乃至殉国之日，犹曰"朕非亡国之君"，可谓至死不悟矣。至后人亦谅其非亡国之君，则美其能殉社稷，固应善善从长也。

自熊文灿主抚，杨嗣昌受代督师，皆与张献忠为相涉。李自成之起在献忠后，闯王之号本袭高迎祥旧称，迎祥与献忠为同起。至自成露头角，在车箱峡一役，用计得出险，事在崇祯七年六月。八年正月，陷凤阳，燔皇陵，自成从献忠求皇陵监小阉善鼓吹者不得，怒偕迎祥辈入陕，而与献忠分途。献忠独东下。自成在陕与洪承畴军久周旋，自成兄子过与高杰，皆为所部勇悍善战者，屡败官军，既而杰降承畴。九月，承畴与自成大战渭南、临潼，自成败，遂复偕迎祥出朱阳关，与献忠合，陷陕州，攻洛阳，出入豫、皖之间。而是时卢象升新授总理江北、河南、湖广、四川军务。九年春，自成、迎祥等方南犯，已临江，犯江浦、六合不得逞，西攻滁州，象升自凤阳会诸路师来援，大破之于朱龙桥。时官军屡衄，诸将畏惧不前，象升激以忠义，军中尝绝粮三日，象升亦水浆不入口，以是得将士心，战辄有功。迎祥等再入豫、楚、秦、蜀之交，纷集山谷，迄不能平。迎祥与自成由郧、襄山谷再分道入陕，迎祥趋兴安、汉中，自成走延绥，犯巩昌，一再败官军，自成势复振。会廷议推孙传庭为陕抚，乃遣将击斩据商洛之整齐王，躬督军破迎祥，迎祥被擒，时在九年七月。自成继迎祥为闯王，李闯之称实始于是。

当传庭督战关中之日，正清太宗大举入塞之时，清兵由喜峰口入，蹂躏畿辅，京师戒严。卢象升入援北去，改任宣大总督，承畴、传庭任军事，屡获胜，而荆、襄改任熊文灿为总理，与杨嗣昌相倚，主招抚。献忠以受抚借饷养锐，自成则为洪、孙所迫入商洛山中，一时势焰稍衰。十一月九日，清兵再入边，嗣昌在本兵，既陷卢象升致战死，又忌孙传庭逮之下狱，而调洪承畴督蓟辽，平乱之军事一委之熊文灿。于是自成、献忠复起。至文灿罪状昭著，嗣昌自出督师，入蜀多与献忠接触，而自成独走河南，收集众多，得阉党尚书李精白子信，以曾发粟活饥民，为民所德，归自成为之号召。又有卢氏举人牛金星、卜者宋献策皆归之。改李信名岩，听其言，散所掠财物振饥民，有"迎闯王，不纳粮"之词，儿童相歌以煽动，从自成者日众。福王常洵封于洛阳，拥厚赀不恤士，自成至，营卒与通，陷其城。自成颇得饥民爱戴，一再围开封不克。会杨嗣昌已累败而死，复起孙传庭于狱中，时在十五年正月。传庭方日夜治军于关中，自成三攻开封，监军御史苏京趣传庭出关，传庭上言兵新募不堪用，帝不听，不得已出。九月抵潼关，开封已陷。自成西行逆秦师，传庭军先胜后败，天大雨，粮不至，士卒采青柿以食，冻且饥，故败，谓之"柿园之役"。传庭败归陕西，计守潼关，扼京师上游，且军新集，不利速战，益募勇士，开屯田，缮器积粟，督工严急，秦民苦之。秦士大夫乃相与哗于朝，言"秦督玩寇"。十六年五月，朝命兼督河南、四川军务，又加督山西、湖广、贵州及江南北军，赐剑，趣战益急。传庭不得已，叹曰："往不返矣，然丈夫岂能再对狱吏？"诀妻子，再出师。时自成方据襄阳，号襄京，署置官属，自称新顺王。集议所向，牛金星劝走京师，杨永裕请下金陵，断北方粮道，顾君恩独曰："金陵居下流，失之缓；直走京师，不胜，退安所归？失之急。关中桑梓地，百二山河，得天下三分之二，先取之立基业，旁略三边，资其兵力攻取山西，后向京师，庶进战退守，万全无失。"自成从之。乃集众谋渡河，传庭分兵防御。既迫于朝议出师，遂与自成战，大破之于郏，几擒自成。会天大雨，道泞，粮车不进，自成以轻骑出汝州截粮道，传庭乃分军，自率军迎粮，其守营军于传庭既行，亦争发，自成军遂蹑其后，官军大败。传庭至潼关，不复振。十月，自成陷潼关，传庭死之，自成遂达成入关之谋。传庭两出师，皆为雨所败，亦天时人事相会以助自成，遂竟亡明。或言传庭不死，帝疑之，不予赠荫。不半载，京师亦不守矣。

自成入潼关，列城不攻自破，遂攻西安，守将开门纳之，执秦王存枢以为权将军，余宗藩及文武大吏死或降相继。乘胜取宁夏，下庆阳，执韩王亶塉。攻兰州，甘肃巡抚林日瑞死之，进陷西宁，于是肃州、山丹、永昌、镇番、庄浪皆降，全陕皆没。十七年正月庚寅朔，定国号大顺，改元永昌。先得西安及属城时，已改其故乡延安府曰天保，米脂曰天保县，清涧曰天波府，至是改己名曰自晟，追尊其曾祖以下加谥号，以李继迁为太祖。设天佑殿大学士，授牛金星，置六政府尚书，设弘文馆、文谕院，谏议、直指使、从政统会尚契司、验马寺、知政使、书写房等官。复五等爵，大封功臣，侯刘宗敏以下九人，伯刘体纯以下七十二人，子三十人，男五十五人。定军制：有一马僵行列者斩之，马腾入田苗者斩之。籍步兵四十万，马兵六十万。兵政侍郎杨王休为都肄。出横门至渭桥，金鼓动地。令弘文馆学士李化鳞等草檄驰谕远近，指斥乘舆。先是自成既下全陕后，乃遣兵渡河陷平阳，杀宗室三百余人，进陷各县，至是多望风送款。二月，自成自渡河，破汾州，徇河曲、静乐，攻太原，执晋王求桂，巡抚蔡懋德死之。北徇忻、代，宁武总兵周遇吉战死，并边东陷大同，杀代王传㷴，代藩宗室殆尽。攻宣府，总兵姜瓖降，巡抚朱之冯死之，遂趋阳和，由柳沟逼居庸，总兵唐通、太监杜之秩迎降。三月十三日焚昌平。先遣人挈重货或贾贩都市，或充部院掾吏，刺探机密，朝廷有谋议，数千里立驰报，而兵部发骑往探，辄勾之降，无一还者。游骑至平则门，京师犹不知。十七日，环攻九门，门外先设三大营悉降。京师久乏饷，乘陴者少，益以内侍，内侍专守城事，百司不敢问。十八日，攻益急，既降之宣府监视太监杜勋，自成遣绲入见帝，索禅位。帝怒叱之，下诏亲征。日暝，帝所尊信之太监曹化淳启彰义门，自成军尽入。帝出宫登煤山，望烽火彻天，叹曰："苦我民耳！"归乾清宫，令送太子及永王、定王于戚臣周奎、田弘遇第，剑击长公主，趣皇后自尽。十九日天未明，鸣钟集百官，无至者，复登煤山，书衣襟为遗诏，以帛自缢于山亭，帝遂崩，明亡。综帝之世，庙堂所任，以奸谀险诡为多且久，文武忠干之臣，务摧折戮辱，或迫使阵亡，或为敌所擒。至不信外廷，专倚内侍，卒致开门引入。而当可以恤民时，君臣锐意刻剥，至临殉之日，乃叹曰"苦我民"，使早存此一念，以为辨别用人之准，则救亡犹有可望，乃有几微大柄在手，即不肯发是心，犹不自承为亡国之君，何可得也！

闯王登殿搜宫
河北武强年画

李自成（1606—1645年），
原名鸿基，陕西米脂人。
图中讲述的是李自成进北
京后，将宫女费贞娥许配
给部下李虎，费贞娥在洞
房之夜将李虎刺死的故事。

第七章

南明之颠沛

《明史》成于清。清入北都，早正位号，即不以明后为有国家之传统。自古征诛得国，如汉之于秦，明之于元，为民除暴，无须假借于所胜之朝。元之于宋，与清相类，其于宋后，犹列二王于瀛国公之次，附本纪之末，明乎其为宋之君也。清历世为明属，受官借势，并于急难时赐居边内以保存之，其与明较元之与宋有间。至其修史，乃深没南明，颇为人情所不顺。当《明史稿》成时，南明三主，已援元修《宋史》例，此称三王，然不次于本纪之后，而特于诸王传之外，特辟《三王传》，自为一卷，犹见其与寻常诸王不同。至正史成，而三王各附入其始封之王后，为其嗣王，位置与他嗣王等，则更掩其保明遗统之迹矣。今特矫而正之，叙事虽不能详，名义要不可终晦也。

第一节　正统初政

　　崇祯十七年三月十九日，帝后殉国。四月十二日己巳，凶问至南京，时参赞机务南京兵部尚书史可法督师勤王在浦口，诸大臣会议立君，仓猝未定，亲藩中福王、潞王避兵在淮上。前侍郎钱谦益、郎中周镳、兵部金事雷演祚入说兵部侍郎吕大器，言："福王立，虑修衅三案。"大器遂与都御史张慎言、詹事姜曰广移牒可法，言："福王伦序当立，而有七不可，曰贪、曰淫、曰酗酒、曰不孝、曰虐下、曰不读书、曰干预有司；潞王贤明，当立。"可法亦以为然。凤阳总督

潞琴

朱常淓（1608—1646年），字敬一，明神宗朱翊钧侄，潞简王朱翊镠第三子。万历四十六年（1618年），朱常淓袭封潞王，甲申之变后南逃。弘光元年（1645年），弘光帝朱由崧为清兵所俘后，自称监国，随后降清。翌年，与朱由崧、秦王、晋王、衡王、德王、荆王等九王一起在北京被清军斩杀，罪名为"谋不轨"（即谋拥立朱常淓造反）。

马士英潜与阮大铖计，议立福王，咨可法。可法以七不可告之，而士英已与黄得功、刘良佐、刘泽清、高杰发兵送福王至仪真，于是可法等迎王。王名由崧，父常洵，以神宗爱子始封福王。

此为南都定策时已开众正被摈之隙。三案之衅，皆涉郑贵妃及福王。今之嗣福王立，将为东林患，固微属东林私意，但积久之国衅，亦自以消弭为宜，且其七不可之说，实有所见，观后来弘光不道，尽应其语。以伦序言，福王为神宗孙，乃烈皇从弟；潞王为神宗侄，乃烈皇从叔，其可嫌者甚微，而潞王两世皆以轻财急公闻，详具本传，所谓贤明者不妄。明祚危悬丝发，择君宜急，不得谓尽缘东林党见也。故主立潞王者多为殉国正人。马、阮成心翻覆，挟福王为奇货，并以七不可之议告王，使与诸正人构怨，罪以二心，由是诸忠尽斥外。马、阮当权，怂恿弘光为祖母复仇，尽翻逆案，促使南都一年而覆。若拥立稍得其人，当时明室气脉相续，人望尚归一，号令易行，即清人亦有顾忌，未尝不以南北分疆为幸，何敢遽期统一哉？南都一下，情势大变，既立福王，必至于此。一废一兴，天实为之，论明事者不能不叹息痛恨于马、阮矣。

五月戊子朔，王入南京，谒孝陵及懿文太子陵，谒奉先殿，以西华门外内守备府为行宫。百官进见，王赧然欲避。史可法陈战守大计，当素服郊次，发师讨罪，示天下以必报仇之义。王唯唯不能答。庚寅，初三日，王就监国位，发大行皇帝丧，大赦，免新加练饷及崇祯十二年以后一切杂派，并十四年以前各项钱粮实欠在民者。旋以史可法、高弘图、马士英入阁，士英仍督凤阳。方廷推阁臣，诚意伯刘孔昭以附和士英有拥立功，攘臂欲并列，众以本朝无勋臣入阁例，孔昭勃然曰："即我不可，马士英何不可？"乃并推士英。又议起废，推郑三俊、刘宗周、徐石麒，孔昭独举阮大铖，可法以先帝钦定逆案沮之。士英闻以阁臣仍督师之命，大怒，以可法七不可书奏之王，而拥兵入觐，拜表即行，可法遂请督师，出镇淮扬。丙申，初九日，士英入朝。戊戌，十一日，群臣劝进。先是，张慎言主即正位，可法以太子存否未确知，或南下，姑徐之。至是急劝进，遂定十五日壬寅即皇帝位，以明年为弘光元年。于是刘孔昭讦奏张慎言定策时有二心，高弘图、姜曰广皆乞退，太常少卿李沾又劾吕大器二心。初可法、弘图、曰广、慎言等皆宿德在位，将以次引海内人望图治，而士英结操江刘孔昭、总兵高杰、刘泽清、刘良佐、黄得功等趣可法督师，留己辅政。以定策时有异议为二心，使诸宿德皆不安。而极力引大铖，大铖名在逆案。士英特言其山中致书与定策谋，又令孔昭及侯汤国祚、伯赵之龙等攻慎言，而荐大铖知兵。大铖复结太监韩赞周，因以遍结群阉，备言东林与郑贵妃、福王之相厄，以倾可法等，而盛称大铖才。遂命大铖冠带陛见，旋以中旨起为兵部添注右侍郎，都御史刘宗周力争，乞寝成命，有旨切责。未几，大铖兼右佥都御史巡阅江防，不数月而升尚书，悉引逆案中人，遍布言路，结勋臣刘孔昭辈，尽罢吕大器、姜曰广、刘宗周、高弘图、徐石麒诸大臣。士英独握大柄，一听大铖，日以锄正人、引凶党为务。清兵南下，可法以闻，士英大笑不止。人问其故，士英曰："此史公妙用也。岁将暮，将吏应叙功，军资应稽算，此特为之地耳。"侍讲卫胤文窥士英指，论可法督师为赘，即擢胤文兵部侍郎，督高杰所部兵以分督师之权，可法益不得调遣诸镇，束手于北兵之来矣。

其生衅于内以挠边备者，左良玉拥兵镇武昌。福王之立，马士英结高杰等江北四镇居为功，良玉不预闻。既而监国诏至，诸将或劝率兵东下，不奉诏，良玉虽不从，而迟迟不遽拜诏。九江总督袁继咸书至，言福王伦序之正，邀同入朝，乃开读如礼。马、阮以继咸疏论老成当用，举刘宗周、黄道周等名，士英恨其刺己。继咸又为姜曰广辩诬。湖广巡按御史监良玉军之黄澍劾士英，士英遣缇骑逮之，继咸为澍申理。士英积怒，遇所陈奏及题用监司郡县官悉停寝，而大铖在兵部，于继咸奏调部将给敕时索贿愈苛。马、阮党屡劾继咸。有御史黄耳鼎者，劾继咸诬以劝良玉立他宗，良玉不从，冀构继咸、良玉之隙，而良玉常以不拜监国诏自疑，闻疏语益惧。弘光元年三月，有称崇祯太子者至南都，朝廷指为伪，锢之狱中。士民不满弘光之政，藉藉谓士英等朋奸导王，谋害故太子。黄澍又在良玉军中日夜言太子冤状，请引兵除君侧恶，士英又以憾继咸裁上游诸军饷，良玉大憾，上疏请全太子，斥士英等为奸臣，并移檄远近，声士英罪。士英惧，乃悉遣阮大铖、朱大典、黄得功、刘孔昭等率兵御之，又檄江北刘良佐等兵从以西上。时清兵日南下，廷臣有言亟守淮、扬者，士英厉声叱言："若辈东林犹借口防江，纵左逆入犯。北兵至犹可议款，左逆至则若辈高官，我君臣死耳。"力排备御淮、扬之议。会良玉死，其子梦庚真反，连陷郡县，至采石，得功与相持。大铖、孔昭方虚张捷音，以邀爵赏，而清兵已破扬州，史可法殉，直逼都城，弘光出走太平奔得功军。士民破狱出所谓故太子者立之。数日而清兵至，勋戚及大臣挟以出降。刘良佐在降将中，请于清帅豫亲王多铎，追擒弘光自效，及之芜湖，得功自刎，良佐挟弘光归，南都亡。隆武时上尊号曰圣安皇帝。明年五月，弘光被害于北京。永历时上谥曰安宗简皇帝。弘光在位，政由马、阮，其所自为之事，惟亟选淑女，思听梨园新声。自崇祯十七年五月即位，八月间以母妃命大选淑女，群阉借端肆扰，隐匿者至邻里连坐。兵科给事中言中使四出搜巷，凡有女之家，黄纸贴额，持之以去，闾井骚然，明旨未经有司，中使私自搜采，甚非法纪。御史朱国昌亦以为言。乃命禁讹传诳惑者。寻复使太监李国辅等分诣苏、杭采访，民间嫁娶一空。是年除夕，御兴宁宫，忾然不怡，侍臣请故，曰："后宫寥落，且新春南部无新声。"内监韩赞周泣曰："臣以陛下令节思皇考先帝耳，乃作此想耶？"又元夕上自张灯，赞周曰："天下事正难措手，卧薪尝胆，犹恐不胜，躬此琐屑胡为？"曰："天下事有老马在，汝不必多言。"清兵至，各城闭门，集内官问计，韩赞周劝以亲征，不听，集梨园子弟杂坐酣饮，漏二鼓，与内官数十人跨马出通济门而去。

故太子之狱，当时哗然谓太子为真。以今考之，上年冬，太子已见于北都，清廷亦以为伪而杀之，有太子外祖周奎一家先与相认，并长公主亦在奎家，兄妹相见大哭，则此为真太子也。后周奎出首，清使明故妃嫔宫监杂辨，凡言真者杀之，自无敢辨其非伪者。且《清实录》于顺治元年五月，摄政王入北京时，书改葬明帝后及袁贵妃，后又书明熹宗妃任氏等发现，给予收养，并无袁妃其人，乃于辨识故太子时，又忽书袁妃与其事，盖以袁妃为太子庶母，自应能识太子，不比天启任妃之疏远。任妃乃客氏养女，所以蛊惑熹宗者，其人流落民间，旋自出乞恩，且曾冒充天启皇后，为内监高永寿识破。此人求媚于清，而以太子为伪，自在意中。清乃又伪托为袁妃，致《实录》前后矛盾。盖北都所杀太子为真，南都太子实伪，但南中士民痛恨弘光，益盼太子为真而坚信之耳。逮刘良佐挟弘光回，南都市民至夹路唾骂，投以瓦石，以此为救亡图存之主，宜其难矣。故无论北向中原，即欲仅成偏安之局亦不可得，不能不谓马、阮之拥立为速斩明祀之因也。南都伪太子一案外，又有伪妃童氏，弘光之所不认，士民则皆以为帝之蔑伦失道。事不甚系兴亡，欲详当读南明专书。马、阮之归结，或言降清后有通福京文据被诛，或言马自走死，而阮则尚有导清兵炮攻金华以报私憾之事。亡国大罪人，即一死亦不足蔽辜，传闻纵有异词，于罪恶无所轻减也。

第二节　隆武朝事

　　隆武帝讳聿键，为明疏属，原嗣封唐王，太祖第二十三子唐定王
桱之后，父器墭为唐世子。祖端王硕熿，惑于嬖妾，欲立其爱子，囚
世子十余年，王年十二从囚。世子为其弟毒死，地方守道知府怵端王
以事露获罪，惧而请立王为世孙，王年二十八矣。逾三年，崇祯五年，
端王薨，王嗣位。九年八月，京师戒严，王率护军勤王，又杀其两叔。
事闻，下旨切责，部议以擅出境罪，废为庶人，安置凤阳高墙。凤阳

陵阉索贿不得，用祖制墩锁法困苦之，有司廪禄不时，资用乏绝，王病几殆，妃曾氏刲股疗之始愈。南都立，大赦，出高墙，礼部请复故爵不许，命徙居广西之平乐府。乙酉五月，行抵杭州，南都已覆，王劝潞王监国，不听。时镇江总兵郑鸿逵、郑彩自京口，户部郎中苏观生自南都胥会于杭。逵、彩与王语及国难，沾泣襟袂，奇之，使所部卫王入闽。既而杭州文武大吏以潞王降清，二郑全师回闽，与巡抚张肯堂等议奉王监国。弘光元年六月甲戌，二十三日，次浦城。闰六月癸未，初二，各官迎谒于水口驿，南安伯郑芝龙、礼部尚书黄道周及肯堂三上笺劝进。丁亥，监国福州。鸿逵又议："不正位无以厌众心，杜后起。"丁未，二十六日，即皇帝位，大赦，改元隆武，以福建为福京，福州为天兴府。上少遭患难，慨然以复仇雪耻为务，布衣蔬食，不御酒肉，敕司礼监："行宫不得以金玉玩好陈设。"器用甆锡，帏幄衾褥皆布帛，后宫无嫔御，执事三十人而已。郑芝龙进美女十人，留之而绝不御。中宫懿旨选女厨十人，上以为扰民不许。素好读书，博通典故，手撰三诏《登位诏》。与《鲁监国书》，群臣皆莫能及。在凤阳幽禁时，遭吏虐几殆，淮抚路振飞疏请加恩罪宗，置吏无状者石应诏于法，登极后感旧恩，募能致振飞者赏千金，秩五品。振飞至，拜太子太保，吏、兵二部尚书，文渊阁大学士。开储贤馆，定十二科取士，以苏观生领之。爱郑芝龙子郑森才，赐国姓，改名成功，命提督禁旅，即延平王也。是时宗室诸王流窜南方，臣民奉之建义者如云而起，其不忘明则同，而属望不一，无统摄号令可行，已与南都初建时物情迥异。义师前仆后继，徒为忠臣义士以死殉国之归宿。其稍能支持者，则以浙东张国维、朱大典、孙嘉绩等奉鲁王以海监国于绍兴，赖海上风涛能限戎马，入海中自保甚久。此外则倏起倏仆，亦有甫谋起事而已败死者。时李自成已一据京师而败；张献忠乃独霸于川中，以崇祯十七年之冬，十一月庚子，十六日，据成都，称大西国王，大顺元年。自成死后，其众推其兄子锦为主，同自成妻高氏，归于湖广督师何腾蛟，一时增兵十余万，其属皆授总兵官，锡锦名赤心，高氏弟一功名必正，号其营为"忠贞营"，此军遂为南明之主力矣。

隆武之为君，胜于弘光者不可以道里计，而事势之不及弘光时亦不可以道里计。东南财赋之地，无一足资统摄之人，起义者数十百起，均散漫，徒供清军荼毒，稍能自立之鲁监国，即与福京势不相下，何以尊国势而御外侮？此不能尽责两方之不顾大局，其威信不素立，名分不前定，同时起事，拥戴者各认所主，无天然折服之道也。弘光时则惟定一君，又惟以南都为应建国之地，故使得南都建号者早为隆武，至少可偏安暂定，以后各视机会为进退。天生马、阮以破坏之，使明臣无择君之余地，则其不欲一姓再兴，若冥冥中有主之者矣。鲁与福京之龃龉别见第四节《鲁监国事》。

隆武帝之恭俭，承弘光之后，亦若崇祯之承天启，而其见短之处，亦正与烈皇相类。《明史·路振飞传》："王每责廷臣怠玩，王即谓隆武帝。振飞因进曰：'上谓臣僚不改因循必致败亡，臣谓上不改操切亦未必能中兴也。上有爱民之心，而未见爱民之政；有听言之明，而未收听言之效，喜怒轻发，号令屡更，见群臣庸下而过于督责，因博览书史而务求明备，凡上所长皆臣所甚忧也。'其言曲中王短云。"此可知其人君之度矣。帝始为郑氏所拥戴，闽中兵事惟郑氏擅之。芝龙以海盗受巡抚熊文灿之抚，至是拥众在闽，兄弟进侯封，子侄居显职，自负勋望，与辅臣黄道周争班列，欲占其上，不得则与廷臣不睦。又张战守兵数，饷不能给，则设助饷事例，大鬻官爵。趣使出兵，则以饷绌为辞。黄道周以武臣无出兵意，自请以使相募兵江西，为进取计。既行，帝决意亲戎，而兵事皆掌于郑氏。帝将行推毂礼，芝龙乃以弟鸿逵为帅，从子彩为副，分向浙、赣，出关未越五百里，疏报饷竭而还。何腾蛟纳自成之众，兵势既盛，乃遣人迎帝入楚，杨廷麟方以兵部尚书领忠诚社兵驻赣州，迎帝入江西，各为恢复计。原任知州金堡陛见，言腾蛟可恃，帝决出赣州后幸楚。隆武元年十一月，下诏亲征。十二月甲申，初六日，发福京。壬寅，十九日，督师黄道周败绩于婺源，被执。清兵克抚州，渐迫赣南。

二年，即清顺治三年，正月己酉朔，帝在建宁，以三大罪自责，不受朝贺。江、楚迎驾疏相继至，帝决出汀入赣，与湖南为声援。郑芝龙使军民数万人遮道号呼，拥驾不得前，表请回天兴，帝不得已驻延平。芝龙有异心，其子成功不附，对帝言："受恩义无反顾，愿效死。"帝嘉之，封为忠孝伯，挂招讨大将军印，时三月戊申朔也。是日，黄道周殉节于江宁，报至，恸哭辍朝。道周与弘武朝史可法皆纯忠大节，为万世钦仰，道周学问尤高，学者称石斋先生，邃于《易》，著述极盛，世称其能前知云。帝趣出师，郑氏不应，吏部尚书张肯堂疏请北征，乃加少保、兼户、工二部尚书，总制北征军，实无一卒。肯堂孙茂滋，家居华亭，起义而败，亡命入闽，言吴淞败卒犹相保聚，招之可集。肯堂请帝由浙东亲征，己以舟师抵吴淞，招诸军为犄角，芝龙复尼之，不克行。五月丙午朔，清兵逼赣州，杨廷麟、万元吉固守。是月，浙东江上兵溃，清兵以六月一日渡钱塘江，鲁监国航海去，浙之陆地绍兴、金华、衢州、严州皆陷，张国维、朱大典等皆死。郑鸿逵闻警遁入关。芝龙即通款于清降臣洪承畴，托言海寇至，撤兵回安平，守关将士皆随去，仙霞岭空无一人。帝犹择日赴赣州，清兵过衢州，帝于甲午，二十一日，出延平，宫眷皆骑，犹载书十余簏以从。次日乙未，清兵入仙霞关。丁酉，二十四日，取延平，守土之臣多死之。清统兵贝勒询知帝由汀州趋江右，自取福京，而遣降将李成栋追帝。

庚子，二十七日，抵汀州，明日五鼓，有数十骑称扈跸者，突入行宫，从官福清伯周之藩、给事中熊纬皆斗死，帝后皆遇害。或曰清兵挟帝后归福州，后至九泷投水死，帝死于福州。十月，赣城闻汀州之讣，全城气索。丙子，初四，城破，杨廷麟、万元吉、郭维经、杨文荐等皆死之。永历帝立，遥上尊号曰思文皇帝。丁酉春，上谥曰绍宗襄皇帝。

绍武讳聿𫔋，隆武帝第四弟，隆武改元，封唐王以主唐祀。闽事败，浮海至广州，镇将林察迎之。时两广总督丁魁楚已奉永历帝监国肇庆。故大学士苏观生先由隆武帝遣募兵南安为入赣地，自南安遣主事陈邦彦奉表劝进，贻书魁楚欲与共拥戴事，魁楚拒之。乃自南韶旋师广州，与旧辅何吾驺等以十一月癸卯朔拥王监国。丁未，初五，立为皇帝，称号绍武。以都司署为行宫，封拜拥立诸人，观生独掌军国事。按日举行幸学大阅郊天祭地诸巨典，一月覃恩数次，举朝无三品以下官。凡宫室服御卤簿，仓卒不办，通国奔走，夜中如昼，至有假冠服于优伶者。永历帝闻王建号，遣给事中彭耀、主事陈嘉谟至广州谕止，复召见观生所遣劝进之陈邦彦赍敕继行。耀、嘉谟备陈天潢伦序及监国先后，并责观生诸人甚切。观生怒，执杀二人。邦彦闻之不敢入，遣人以敕授观生，观生遣师拒桂兵于三水，为桂总督林佳鼎所败。佳鼎乘胜东下，广州总兵林察招海盗数万人战海口，佳鼎败死，肇庆大震，观生意得，遂务粉饰为太平。降将李成栋率清兵自闽入广，下惠、潮，即用两府印移牒广州报平安，观生信之不为备。十二月丁亥，十五日，王方视学，百僚咸集，俄报清兵逼，观生叱之曰："昨潮州尚有报，安得惑众妄言！"斩报者。已，兵自东门入，始召兵，不能集。城陷，王被获，安置东察院，馈之食不食，曰："我若饮汝一勺水，何以见先人于地下？"遂投缳死。观生亦自缢，官属从死者数人，而何吾驺率众降。

第三节 永历朝事

永历帝，神宗孙，桂端王常瀛少子，讳由榔。端王于天启七年就国衡州。崇祯十六年，张献忠陷衡州，走广西，居梧州。南都亡，广东在籍尚书陈子壮将奉端王监国，会隆武帝立，议遂寝。端王薨于梧，长子安仁王由楥袭封，居肇庆，未几亦薨。隆武帝以由楥弟永明王袭，即帝也。帝盖于崇祯九年先封永明，至是袭封，诏中有"天下王之天下"语。又尝语群臣："永明王神宗嫡孙，统系最正，朕无子，后当属之。"隆武二年八月，汀州变闻，总督丁魁楚、巡抚瞿式耜与巡按御史王化澄等议监国，旧臣吕大器等先后至，佥谓王统系正，贤而当立，乃以十月十四日丙戌监国肇庆，颁诏楚、滇、黔、蜀，魁楚、式耜、大器皆为大学士，化澄以下进爵有差。壬辰，二十日，湖广督抚何腾蛟、堵胤锡奉表劝进。以马吉翔、郭承昊、严云从、吴继嗣为锦衣卫使，以前太监王坤为司礼监秉笔太监。坤肆恶崇祯时，弘光时亦任事，入闽不用，至是复见任。宫宦卫使有承平时宿弊。是月，清兵取兴化、漳州，守臣皆死之。十一月癸卯朔，赣州败报至，魁楚、王坤奉王奔梧州，式耜不能止。丁未，_{初五}，闻苏观生以唐王称帝于广州，魁楚奉王以甲寅日，_{十二日}，还肇庆。十八日庚申，即皇帝位，仍称隆武二年，改明年为永历元年。十二月癸酉朔，郑成功以父芝龙降清，劝止不听，走海上起兵，鸿逵义而从之。甲戌，_{初二}，林佳鼎为广州兵所败，内批以王化澄代佳鼎督师。王坤复疏荐人望数十，给事中刘尧疏论坤，夺尧官，御史童琳言事，下廷杖，式耜力持之，得寝。盖阉人用事，内批、廷杖等旧习，寖寖复行之。旋广州败报至，式耜请守峡口，不从。丁酉，二十五日，王坤又趣帝奔梧州。是月，清兵在蜀，败张献忠，献忠死于西充凤凰山，余部孙可望等陷重庆之佛图关，渐入黔。

永历元年，_{清顺治四年}，正月癸卯朔，帝在梧州。十六日戊午，李成栋以清兵取肇庆，帝奔平乐，瞿式耜从，诸臣多弃上自去，丁魁楚降于成栋，旋为成栋所杀。式耜奉帝由平乐如桂林。成栋尽取广东属郡，又取梧州、平乐、浔州。王坤又请帝入楚，式耜止之不得，请暂驻全州，疏言："半年之内，三四播迁，兵心民心，无不惶惑。我进一步，敌亦进一步；我去速一日，敌来亦速一日。若去而不守，即拱手送敌，请得以身留桂。"乃进式耜文渊阁大学士，兼吏、兵二部尚书，留守桂林，以焦琏兵隶之。二月丙戌，十五日，帝幸全州，时定蛮侯刘承胤自武冈以兵入卫，驻全州。清兵取长沙，何腾蛟退衡州。孙可望连陷贵州列郡。三月乙卯，十四日，清兵攻桂林，式耜率琏拒战，破之。清兵既退，承胤援兵至，反与琏兵主客不和，相击斗，大抢而去。承胤逐王坤，名尊朝廷，劫驾幸武冈，改其州为奉天府，政事皆决焉，跋扈遂不可制。李成栋闻桂林有主客衅，再来犯，焦琏复大破之，桂林获全，成栋不复来窥。八月，琏复收阳朔、平乐，陈邦傅复梧州，全桂稍定。方择日迎驾返桂林，而降将孔有德、耿仲明等以清兵又由湖南克宝庆，逼奉天，刘承胤降，帝走靖州，又如柳州，复奔象州。式耜连疏请还跸桂林，清兵又连取永州、辰州，逼全州，何腾蛟御却之，复逼梧州，帝欲走南宁，道阻，乃还桂林。

二年，顺治五年，正月丁酉朔，帝在桂林。是日，降将金声桓偕其党王得仁以南昌叛清来归。得仁又克九江，寻引还。会声桓攻赣州，而桂林有郝永忠败兵入掠之乱，式耜被劫出城。帝走南宁，何腾蛟入援，清乘之取全州。式耜、腾蛟复入桂林。清兵直抵桂林北门，腾蛟督焦琏等大破之。闰三月，清历作四月，李成栋又以广东叛清，劫总督佟养甲来归，乃迎驾还肇庆。腾蛟亦复取全州、永州、衡州，诸军更连复宝庆、常德。既而军帅内哄，争驻军地不相下，尽弃湖南新复州县，楚事遂不可为矣。

三年，顺治六年，正月庚申朔，帝在肇庆。戊寅，十九日，清克南昌，杀金声桓、王得仁，江西复陷。又陷湘潭，腾蛟死之。二月甲寅，二十五日，长沙复陷。乙卯，二十六日，李成栋兵溃于信丰，溺死。初，江、广反正，楚军奏捷，中外谓兴复可期，一朝崩溃，举朝大骇。是时滇中孙可望已由巡抚杨畏知招使归款，滇境尚为明有。四年，顺治七年，正月乙卯朔，帝尚在肇庆，清兵旋陷南雄，帝出奔。清兵至韶州，南澳总兵吴六奇降，进逼广州，帝至梧州。十一月，清克广州，遂入桂林，瞿式耜、张同敞死之，大臣之忠正者尽矣。帝奔浔州。五年，顺治八年，二月，帝在南宁，孙可望遣兵至，杀大学士严起恒等，挟封秦王，并杀大学士杨畏知，自是政在可望。九月，陈邦傅诱杀宣国公焦琏，率浔州数叛将降清。帝闻报，发南宁。十月，次新宁。十二月，清取南宁，帝走土司中，孙可望遣兵迎扈，请移跸安隆。六年，顺治九年，二月，帝至安隆所，改名安龙府。可望奏遣所部李定国拒清将孔有德，刘文秀拒吴三桂。七月，定国复宝庆、全州，有德走桂林，定国攻拔之，有德自杀，执叛将陈邦傅父子，送贵阳可望所诛之。文秀亦取叙州，三桂走绵州，进拔重庆。赏恢复川、楚功，封定国、文秀皆为王，而可望驿驿有篡国意。帝在安龙，日益穷促，将吏罕人臣礼。马吉翔掌戎政，宦官庞天寿督勇卫营，谋逼上禅位可望。可望又自设内阁六部官，尽易旧印，立太庙，享太祖高皇帝主于中，张献忠主于左，右则可望祖父，拟国号曰后明。帝闻之忧惧，遣人密敕定国，谋出险。可望亦忌定国，袭之而败，相持不发。自六年，顺治九年，至十年，帝皆在安龙，时清已为顺治十三年矣。其间于八年二月，可望闻密敕事，遣人至安龙胁帝索主谋者。帝谓必外人假敕宝所为，可望杀大学士吴贞毓等多人。帝在安龙，涂韦薄以处，日食脱粟。守将承可望意，更相凌逼，挟弹乘马，直入宫门，文吏乘舆过殿，呵之不下。九年冬，仍改安龙为安隆，岁造开销银米册报可望，称："皇帝一员月支若干，皇后一口月支若干。"帝亦隐忍之，苟延残喘而已。

十年，顺治十三年，正月，可望复遣兵袭定国于南宁，为所败，降其众三千人，遂进趋安龙。可望知定国既决裂，必至安龙卫帝，三月，遣所部白文选将兵迎帝入贵州。太后闻之哭，从官皆哭，文选心动，故缓行候定国至，与连和，奉帝走云南，抵曲靖。守滇者刘文秀，

亦怨可望，因偕扈入省垣，沐天波迎驾，帝即居可望第。沐氏世镇云
南，当北都既陷，所在蠢动，云南元谋土司吾必奎反，连陷郡县，天
波檄各土司讨之。既定，而后至之阿迷土司沙定洲听奸民艳称沐氏世
守之富，于隆武元年十二月朔，入城辞行，呼噪焚劫，天波逸而家属
尽死，资产尽被劫，省城为所踞。伪疏达福京，行镇守府事，悉兵追
天波，陷列城。时杨畏知为金沧副使，以好语给定洲，又为天波筹策，
得保楚雄、永昌两地，与之相持。石屏人龙在田为副将，退窜大理，
始尝从熊文灿军，文灿受张献忠降于谷城时，与献忠部下多相识，献
忠死，可望入黔，逼滇境，在田使人告急乞援，可望乃入滇。定洲久
围楚雄，畏知坚守不下，可望来围解，与可望战大败，遁归阿迷，可
望遂据云南，故省城有其第。阿迷地险，可望遣刘文秀攻不下，定国
攻之，乃尽灭沙氏，故定国兵强，遂非可望所能制。定国亦归心于帝，
可望篡夺之谋惮不敢发。及是，定国合文秀、文选与天波同奉帝都于
滇，改云南府为滇都。可望虽怒，而以家口在滇，未敢反。明年夏，
永历十一年，清顺治十四年。帝归可望妻子，七月，可望反，定国、文
秀御之。文选先归黔，至是纠可望部下马进忠等悉反正，可望狼狈归
黔，挈妻子奔长沙降清。帝自入滇，稍具国体，追上弘光、隆武两朝
尊谥等事，皆十一年四月朔事也。自此至十二年顺治十五年。之冬，
帝皆在滇都。清于十二年二月，命贝子洛托、都统卓布泰偕降臣洪承
畴、吴三桂、线国安分楚、蜀、粤三路取云贵。会永昌有反者，定国
讨平之，清兵入黔不及救，遂失贵州地。至十月，清三路师皆会平越，
势不可敌，定国部署诸将力抗。十二月，定国战败，清兵直抵曲靖，
定国奔还滇都，请上出幸。时刘文秀已前死，遗表请帝入蜀；定国主
入湖南蛮中；天波主走腾越入缅甸，众多是天波。定国泣请留太子慈
炬督师，以牵制缅甸，帝犹豫不忍别幼子，乃尽发滇都，定国以大兵

殿后，国势既摇，人心思叛，可望余党纠众谋劫定国，定国严备之。百官扈从男妇马步数十万人，日行不过三十里，兵士乏食，取之民间，所在逃避，御前供顿缺，庶僚贫病，离次不前，乘舆奔播之艰，不可言矣。

十三年，顺治十六年，正月癸巳朔，帝次永平。乙未，初三日，清兵入滇都。丙申，帝驻永昌，下诏罪己。定国还前所赐督师黄钺，请削秩，不许。清兵益逼，定国遣兵扈上入腾越，身率大军继，渡潞江，相视磨盘山之险，设二伏以待追兵，三桂果入伏。忽大理寺卿卢桂生来降，泄其计，三桂大惊，以炮发其伏，所设之伏遂失序，清兵不尽覆，犹丧都统以下十余将，精卒数千，定国亦损兵而奔。诸军在滇境踞险设守者，闻定国走，皆遁。帝先自腾越出奔，行二日，闻磨盘山之败，定国远逃，踉跄逮夜犹行，迷路大谷中，群臣妻子不相顾，乱兵劫掠，火光烛天，惊扰奔驰，及天明仍在故处，而贵人宫女已失去过半。乃决意入缅，而清兵亦惩于磨盘山之役，惮险不敢穷追，留三桂镇云南，班师。帝至缅境囊木河，天波谕缅人奉迎具表如常仪。既居缅，天波谋拥太子返入铁壁关，调度各营为声援，王后不可，不果行。定国以帝入缅甸，君臣俱困异域，日益为缅人所轻无益，闻白文选在木邦，就之谋再举。文选意在卫帝，意不合，自率所部入缅，缅人以兵来拒之，文选与战不胜，亦不得入。定国在孟艮集溃兵，势稍振。从臣后至者与帝相失，帝尚驻井梗，诸臣径抵缅都阿瓦城。缅人以文选之兵亦前抵阿瓦阻还，疑来者复有异图，发兵围之，有被杀者，有自缢者，亦有降缅者，有流入暹罗国者，有被安置远方者，久之无存焉。三桂兵至姚安，文武往往出降。天波在内谋奉帝出缅，辄为马吉翔等所沮，定国、文选及诸遗臣在外，屡以兵迎帝出缅，缅人不允，从臣亦多不愿行，辄为缅人所使，以帝命止兵。帝于永历十三年四月，缅人备龙舟鼓乐，迎于井梗，移跸阿瓦，至则于城外五六里者梗地有草庐十余间，奉帝居之，编竹为城，守兵百余人，从臣自备竹木，结宇聚处。久而与之习，短衣跣足，与缅妇之来贸易者杂戏，踞地喧笑，呼卢纵酒，缅人益轻之。其冬十月戊子朔，尚颁历于缅。十四年，顺治十七年，正月丁巳朔，帝在者梗。其秋，文选举兵迎帝，帝居者梗，为阿瓦之旧城，缅王居新城。文选抵阿瓦，隔新城不得达者梗，急攻新城垂克，缅人绐缓师以城奉帝，稍撤退，缅复固备，再攻反为所败，望城痛哭而去。而帝左右招权纳贿，以官为市，马吉翔用事，醉梦如故，庶僚贫者饥寒褴褛，大臣有三日不举火者。吉翔辈以语激帝，帝掷皇帝之宝，令碎之以给从臣，典玺太监李国用叩头不奉诏，吉翔与李国泰竟鏊以分饷，拥资自赡不顾也。有蒲缨者，大开赌肆，昼夜呼卢，帝焚其居，缨赌如故。华亭侯王维恭与杨太监拳殴喧欢，声彻内外，俱为缅人所哂。是年，清议省云南俸饷，撤旗兵归，裁绿营额。三桂乃请索帝于缅，绝后患。清帝重其事，戒勿轻举，而三桂为拥兵计，力持之。十五年，顺治十八年，正月辛亥朔，帝在者梗。丁巳，初七日，清世祖崩，己未，初九月，圣祖即位，以明年为康熙元年。定国、文选方连兵迎跸，缅人阻之，与战，大破缅兵，斩其将边牙稞。临金沙江，缅人尽烧其江船，据险设炮以守。定国等粮少气沮，退驻海滨。三桂檄缅人献帝自效，缅王不允。王弟弑其兄自立，来索贺礼，且言供给之劳，以七月十六日邀当事大臣渡河与盟，辞不赴。逾二日再至，请盟后得贸易自便，毋使我国久奉刍粟，既盟需饮咒水为信，故请大臣尽往，乃行，缅人缚而骈杀之，自黔国公沐天波以下四十二人皆遇害，存者惟帝与太后以下二十五人，其余宫眷及诸臣妻缢死者累累，从官未遇害者亦多自缢，凡自缢有名氏可记男女二十二人。八月，定国、文选次桐坞，以十六舟攻缅，缅人凿沉其五，文选为部将所挟先引还，定国不得已，亦退还孟艮。九月，三桂以清兵追帝于缅甸，用降将马宝单骑说文选降。十二月丙午朔，三桂驻兵缅境旧晚坡，帝以书责之，词甚哀切。越二日戊申，缅人舁上暨太后中宫以献。见三桂，责问之，三桂不觉屈膝愧汗，自是不复见。总兵邓凯前以疾不与咒水之祸，至是从帝被执归，劝帝自决，帝未允。明年，清康熙元年三月十三日丙戌，三桂以帝还云南。四月十五日戊午，辇帝及太子出，以弓弦绞于市。太子时年十二，死时亦能骂贼。定国闻滇讣，躄踊号哭，表上帝祈死，于六月十一日生辰病作，谓其子嗣兴及部将靳统武："毋降清。"越数日卒，统武亦卒，嗣兴竟以所部降，而定国遂为永历朝最后之忠臣。邓凯入昆阳普照寺为僧。帝在缅末叶之事多其所述。

第四节　鲁监国事

　　鲁王讳以海，太祖第十子鲁荒王檀之后，兄以派崇祯九年嗣封。
十二年，清兵入边，破兖州，以派被执，死。十七年十二月，乃以王
嗣封。京师陷，诸王皆南下。弘光元年四月，命移驻台州。五月，南
都不守。六月，浙中潞王亦降。闰六月，九江道佥事孙嘉绩、吏科都
给事中熊汝霖起兵余姚，兵部尚书张国维起兵东阳，刑部员外郎钱肃
乐起兵于鄞。鄞首遣举人张煌言奉笺赴台，请王监国。同时，宁波各

县以兵以饷来归者数起，旬日复上笺，而国维等表亦至，迎王即日移驻绍兴，部署卿贰庶官，列兵江上，画地戍守。总兵方国安自浙西来，王之仁故为定海总兵，由定海会兵者，与浙东义师屡战清兵皆捷，浙西义师亦蜂起，然不能进取杭州，已失机会。未几，分地分饷之议起，地丁正饷尽予方、王正兵，义兵取给义饷，待富户乐输，交争不平，而国安尤横暴，并取义饷。时隆武帝立于闽，颁诏至，将吏惶惑，谣称将避返台州。国维亟驰还，令勿宣诏，与汝霖议，以唐、鲁均宗室，无亲疏之别；义兵同举，无先后之分，一称臣则江上诸将须听命于闽，无号令可行；肃乐则谓大敌在前，未可先自相仇，宜权称皇太侄报命，议大不合。卒如国维指以报，而闽、浙成水火。煌言受官为行人，自请充使赴闽释嫌。用内臣安凤仪、李国辅兼制军饷，饷更不可问。十一月，监国劳军江上，驻西兴，筑坛拜方国安为帅，各营金听节制。国安遂檄初派支应义饷之鄞县、奉化不得应给，义军饷绝，肃乐以忠义相激，尚不敢叛。而马士英、阮大铖先后窜入国安军中，请朝见，不许。十二月，监国回绍兴，以谢三宾为礼部尚书，入阁办事。三宾，鄞人，故官太仆，家极富，清兵下浙西，往纳款归。至肃乐起义于鄞，三宾密书贻王之仁曰："翕翕訾訾，出自庸妄六狂生，而一稚绅和之，将军以所部来，斩此七人，则事定矣，某当奉千金为寿。"稚绅谓肃乐年未四十，六狂生则诸生董志宁、陆宇、张梦锡、华夏、王家勤、毛聚奎，首倡义邀肃乐集绅议事，而拒已受清命之降官者也。肃乐亦遣人劝之仁来归，之仁两答之，约期至。至则会乡老出三宾书，数其罪。三宾叩首乞命，愿出万金助饷。至是，贿监国妃父张国俊，入政地，外倚方、王势，内通安、李二阉，与马、阮相呼应，遂表里作奸。方、王中之仁非国安比，见江上事阘冗，疏言："义师初起，人人有直下黄龙之志，一败后遂欲以钱塘为鸿沟，天下事尚何忍言！臣愿率所部沉船决一战，今日欲死犹及于战，他日即死恐不能战也。"不报。肃乐疏陈利害，言："国有十亡无一存，民有十死无一生。"监国亦深然之而无如何，但加肃乐官以慰之，力辞不许。余姚知县王正中进县人黄宗羲监国鲁元年丙戌《大统历》，命颁行民间。铸"大明通宝"钱。

监国之立，由浙东文士，不习兵事，而拥兵者为方国安、王之仁。之仁虽忠烈，卒能殉国，然其争饷自擅，固武夫恒态，义师为所窘而溃，数月间事耳。其间已用阉人，徇外戚，无大志可知。颁历、铸钱等事，行之井井，固文人之所为也。

监国元年，隆武二年，清顺治三年，正月，遣使奉书入闽。三月，谍言清兵由海道来，移肃乐守海口，久之无所得饷，乃与孙嘉绩合疏请以兵归武臣，身并从军自效，温旨慰留。诸帅嫉甚，诬其贰于闽，遣客刺之。肃乐乃弃军拜表行，监国骇叹，令往海上偕石浦、舟山镇将张名振、黄斌卿等作窥吴计。清兵入钱塘，国维、之仁拒之，获胜，遂围杭州，不克而还。隆武帝亦遣使来犒师，为方国安部兵所杀，或曰马、阮嗾国安为之，构闽、浙之隙。乃命国维分兵备闽。四月，清兵隔江炮击国安营，破其厨灶，国安以为天夺其食，遽拔营走绍兴，劫王南行，将投闽，而马、阮衔弗纳之怒，劝献监国降清，遣人守监国。守者病，监国得脱，趋海门航海去。国维退守东阳，江上师尽溃，时新举义者纷集，亦皆散去。清兵取绍兴，士大夫抗节死者甚众。义乌亦破，国维死之。王之仁入海，沉其妻孥，由松江至南京，抗言于洪承畴而死。朱大典守金华不下。国安、马、阮降清，为清兵攻金华，大铖先在金华被逐，知其城有不固处，导国安炮攻之，遂陷，大典发火药全家自焚死。监国出海时，石浦守将张名振以舟师扈行。至舟山，黄斌卿不纳，乃入闽。时福京已陷，隆武帝已殂，郑彩以军入海。十一月，监国至厦门，郑芝龙已投清，令彩执监国归顺，彩不可。既而成功起兵海上，亦驻厦门，意不欲奉监国，仍用隆武年号，郑彩乃奉监国改次长垣，是为江上溃后第一次监国入闽。

　　监国二年，永历元年，清顺治五年，正月癸卯朔，监国在长垣，海上诸军及闽陷后遁入海之遗臣皆来会。二月誓师，攻取闽、浙沿海郡县，时有得失，而占地较广，军声颇振。其冬，颁监国三年历，而成功亦颁隆武四年历，于是年海上遂有二朔。三年，永历二年，清顺治五年，监国在闽安镇，郑彩专政，监国无如何。三月，清调两广、江、浙之兵进迫，尽陷诸城，仅存宁德、福安两邑，义师中士大夫多殉节者。六月，兵部尚书大学士钱肃乐卒。四年，永历三年，清顺治六年，正月，监国次沙埕。三月，宁德破。四月，福安破，闽地悉陷。六月，张名振复健跳所，遣使奉迎。七月，监国复入浙，次健跳所，郑彩弃监国去。九月，名振等讨黄斌卿，诛之。十月，监国驻舟山。是冬，遣使乞师日本，不得请而返。五年，永历四年，清顺治七年，正月，监国在舟山。至明年秋，清大举攻舟山，名振奉监国捣吴淞，以牵制清闽督陈锦之兵，以大学士张肯堂留守。九月，舟山陷，肯堂以下死义者烈且众。清兵相谓：“南下所不易拔者，江阴、泾县合舟山而三耳。”名振还救不及，与大学士沈宸荃、兵部侍郎张煌言扈王再入闽，次厦门。郑成功以礼待监国颇厚，既而稍衰，依成功者累年。成功犹敬煌言，煌言亦极推其忠。七年，永历六年，清顺治十年，煌言间行入吴淞，寻招军天台。明年，会名振之师入长江，趋丹阳，掠丹徒，登金山，望金陵遥祭孝陵，以救永历帝之急，烽火连江，江南震动。约上游相应，而失期不至，退次崇明。是年去监国号。明年，永历八年，清顺治十一年，煌言、名振再入江，掠瓜洲、仪真，薄燕子矶，上流终不应，仍东返。

是年名振卒，遗言令部下属煌言，煌言始有军。监国既去号，称鲁王，移南澳。至永历十一年，顺治十四年，清徙舟山之民，煌言复以军居之。上年三月，永历帝由安龙入滇都，以李定国、刘文秀力脱孙可望之厄，稍自振。鲁王去号后通表入滇。永历十二年，顺治十五年，帝遣使进郑成功延平郡王，并加煌言兵部左侍郎兼翰林院学士。成功隆武、永历两朝旧臣，煌言则从鲁监国归命。其时存鲁王为明一线之传于海上者，成功实据澎湖、厦门、金门等岛，为之地主，而以寓公礼奉鲁王。其始终从监国，由劝进而从亡，由筹策而督军，为鲁延命脉于海上者煌言一人而已。清两江总督郎廷佐以书招之，煌言复书反以廷佐为明勋旧之裔，劝令反正，其书尚传于世。

永历十二年秋，成功兴师北伐，煌言以师会，而以监军为称号，抵浙境，攻破乐清、宁海等邑。比次羊山，飓风碎巨舰百余，义阳王者亦溺焉，成功废然返。其冬，清兵迫滇都，永历帝奔永昌。明年，永历十三年，清顺治十六年，帝自永昌入腾越，遂入缅甸，李定国与吴三桂有磨盘山之恶战，虽未为获胜，又却清兵不出边者两年。而成功、煌言大举救滇，于是年五月入江，抵京口，夺瓜洲，围镇江，与清军大战，金鼓与江声相沸腾，士卒皆殊死斗，濒江列城，震惧走降相继，是为镇江之捷。煌言以偏师先下仪真，且与成功部将劝据镇江断南北之冲，使南都坐困，成功不从，煌言遂掠上游，取江浦，受芜湖降。成功以大军攻南都。煌言相度形胜，分军一出溧阳窥广德，一守池州截上流，一拔和州以固采石，一入宁国以逼徽州，传檄郡县，大江南北，相率送款，郡则太平、宁国、池州、徽州，县则当涂、芜湖、繁昌、宜城、宁国、南陵、太平、旌德、泾县、贵池、铜陵、东流、建德、青阳、石埭、含山、巢县、舒城、庐江、建平、高淳、溧阳，州则和州、广德、无为，凡得四府三州二十二县。煌言考察官吏，黜陟廉明，江楚鲁卫人士多诣军门受约束。成功薄金陵观音门，清兵得黔中凯旋之师济之，守益固。成功轻敌，纵酒弛备，煌言与甘辉苦谏，以严城师老，猝不得拔，必生中变，令改图，复不纳。七月壬午，二十三日，清兵由仪凤门穴城出，衔枚疾走，直捣中坚，别以骑兵数万绕山后夹攻之，成功军大败，甘辉马蹶被擒死。成功退攻崇明不下，弃而归，煌言亦弃芜湖，转辗行皖南山中，由徽州达严州、台州，招集散亡，驻闽境之沙关，告败于行在。永历帝专敕慰问，进煌言兵部尚书，并以逊居国外，手敕命鲁王仍监国，成功意不欲，未行。自江南败归，成功以海上势日蹙，乃谋拓地海外。台湾时为荷兰国人所霸占，以明年永历十四年，清顺治十七年，三月，由澎湖渡台，取赤嵌城，攻荷兰所踞之王城，久不下。煌言屡劝成功争内地为恢复计，成功不从，攻荷兰王城，至岁杪乃下。又明年永历十五年，清顺治十八年，正月初七，清世祖崩，圣祖继立后，煌言尚亟劝成功出师，以台湾新定，未能应。煌言乃遣人入郧阳山中纠故十三家军，使之扰楚救滇。十三家亦已衰，无能为用。是年十二月，缅人生献永历于吴三桂军。明年清康熙元年，五月，成功亦卒于台，煌言大哭曰："吾无望矣！"会闽南诸遗老以成功卒，谋复奉鲁王监国，煌言喜，劝成功子经继父之志，经不能复振。明统已不存，煌言乃散军居南田之悬岙，从者只数人。清犹购缉之，不能得，系累其妻子族属以待。旋募得其故校，使投舟山为僧，以伺煌言。南田无粮，蓄一舟出籴米，故校识其舟子，侦得煌言迹，盖舟子以故校本隶煌言，又已为僧，意其为世外故人而不避之也，遂为所劫而吐实。以甲辰七月十七日潜入煌言所居，尽劫诸人去。清帅礼待劝降，不从。九月初七日刑于市，从者皆殉。故校得官巡海，为义士所刺死，明乃无人。十一月辛卯，十六日，鲁王殂于金门，明亡，时为清康熙三年。